教育部　财政部职业院校教师素质提高计划成果系列丛书
教育部　财政部职业院校教师素质提高计划职教师资开发项目
《市场营销》专业职教师资培养资源开发（VTNE072）（负责人：史保金）

国际市场营销

主　编　陈转青　郭　萍
副主编　李　玲　聂志鹏
编写者（按拼音字母为序）
马清学　王　魁

科学出版社

北　京

内 容 简 介

本书主要介绍企业在经济全球化背景下开展国际市场营销活动的基本理论、基本方法和基本技巧。本书共分五个模块：模块一是对市场营销和国际市场营销的界定；模块二是国际营销环境分析，包括国际技术与自然环境、国际文化环境、国际经济环境、国际政治与法律环境；模块三是国际市场营销调研，主要包括构建国际市场营销信息系统和实施国际营销调研；模块四是国际营销战略，包括国际目标市场营销战略、国际市场进入战略及国际市场营销竞争战略；模块五是国际营销组合策略，主要有产品、价格、渠道和促销等策略。"国际市场营销"是一门实践性较强的课程。本书遵循行动导向编写原则，以设置任务为板块引导学生自主学习，锻炼学生营销实践及创新能力。本书内容新颖，理论和案例衔接紧密，充分体现理论性和实践性相结合。

本书适合高等院校市场营销、国际贸易、工商管理等专业学生作为学习教材，同时也适合国际营销企业的管理人员及营销人员使用。

图书在版编目（CIP）数据

国际市场营销/陈转青，郭萍主编.—北京：科学出版社，2017
（教育部　财政部职业院校教师素质提高计划成果系列丛书）

ISBN 978-7-03-052258-0

Ⅰ.①国…　Ⅱ.①陈…　②郭…　Ⅲ.①国际市场—师资培训—教材
Ⅳ.①F740.2

中国版本图书馆 CIP 数据核字（2017）第 053441 号

责任编辑：张　宁/责任校对：郑金红
责任印制：张　伟/封面设计：黄华斌

科 学 出 版 社 出版

北京东黄城根北街 16 号
邮政编码：100717
http://www.sciencep.com

北京京华虎彩印刷有限公司 印刷

科学出版社发行　各地新华书店经销

*

2017 年 3 月第 一 版　开本：787 × 1092 1/16
2017 年 3 月第一次印刷　印张：16 1/2
字数：379 000

定价：49.00 元

（如有印装质量问题，我社负责调换）

教育部　财政部职业院校教师素质提高计划职教师资开发项目

项目专家指导委员会

主　任： 刘来泉

副主任： 王宪成　郭春鸣

成　员：（按姓氏笔画排列）

刁哲军　王乐夫　王继平　邓泽民　石伟平　卢双盈　刘正安
刘君义　米　靖　汤生玲　李仲阳　李栋学　李梦卿　吴全全
沈　希　张元利　张建荣　周泽扬　孟庆国　姜大源　夏金星
徐　朔　徐　流　郭杰忠　曹　晔　崔世钢　韩亚兰

出 版 说 明

　　《国家中长期教育改革和发展规划纲要（2010—2020年）》颁布实施以来，我国职业教育进入到加快构建现代职业教育体系、全面提高技能型人才培养质量的新阶段。加快发展现代职业教育，实现职业教育改革发展新跨越，对职业学校"双师型"教师队伍建设提出了更高的要求。为此，教育部明确提出，要以推动教师专业化为引领，以加强"双师型"教师队伍建设为重点，以创新制度和机制为动力，以完善培养培训体系为保障，以实施素质提高计划为抓手，统筹规划，突出重点，改革创新，狠抓落实，切实提升职业院校教师队伍整体素质和建设水平，加快建成一支师德高尚、素质优良、技艺精湛、结构合理、专兼结合的高素质专业化的"双师型"教师队伍，为建设具有中国特色、世界水平的现代职业教育体系提供强有力的师资保障。

　　目前，我国共有60余所高校正在开展职教师资培养，但由于教师培养标准的缺失和培养课程资源的匮乏，制约了"双师型"教师培养质量的提高。为完善教师培养标准和课程体系，教育部、财政部在"职业院校教师素质提高计划"框架内专门设置了职教师资培养资源开发项目，中央财政划拨1.5亿元，系统开发用于本科专业职教师资培养标准、培养方案、核心课程和特色教材等系列资源。其中，包括88个专业项目，12个资格考试制度开发等公共项目。该项目由42家开设职业技术师范专业的高等学校牵头，组织近千家科研院所、职业学校、行业企业共同研发，一大批专家学者、优秀校长、一线教师、企业工程技术人员参与其中。

　　经过三年的努力，培养资源开发项目取得了丰硕成果。一是开发了中等职业学校88个专业（类）职教师资本科培养资源项目，内容包括专业教师标准、专业教师培养标准、评价方案，以及一系列专业课程大纲、主干课程教材及数字化资源；二是取得了6项公共基础研究成果，内容包括职教师资培养模式、国际职教师资培养、教育理论课程、质量保障体系、教学资源中心建设和学习平台开发等；三是完成了18个专业大类职教师资资格标准及认证考试标准开发。上述成果，共计800多本正式出版物。总体来说，培养资源开发项目实现了高效益：形成了一大批资源，填补了相关标准和资源的空白；凝聚了一支研发队伍，强化了教师培养的"校—企—校"协同；引领了一批高校的教学改革，带动了"双师型"教师的专业化培养。职教师资培养资源开发项目是支撑专业化培养的一项系统化、基础性工程，是加强职教教师培养培训一体化建设的关键环节，也是对职教师资培养培训基地教师专业化培养实践、教师教育研究能力的系统检阅。

自 2013 年项目立项开题以来，各项目承担单位、项目负责人及全体开发人员做了大量深入细致的工作，结合职教教师培养实践，研发出很多填补空白、体现科学性和前瞻性的成果，有力推进了"双师型"教师专门化培养向更深层次发展。同时，专家指导委员会的各位专家以及项目管理办公室的各位同志，克服了许多困难，按照两部对项目开发工作的总体要求，为实施项目管理、研发、检查等投入了大量时间和心血，也为各个项目提供了专业的咨询和指导，有力地保障了项目实施和成果质量。在此，我们一并表示衷心的感谢。

教育部　财政部职业院校教师素质提高计划成果系列丛书

编写委员会

2016 年 3 月

前　言

　　本书是"教育部　财政部职业院校教师素质提高计划"、史保金教授主持的《市场营销》专业职教师资培养资源开发（VTNE072）的成果之一。

　　《国际市场营销》的根本目的在于提高营销专业人才国际营销的理论素养，实现企业国际营销人才"专业化"。通过教材开发和相应培养，中职师资市场营销专业学生逐步接受以任务为导向的学习过程，真正成为市场所需的专业性人才。

　　本书框架共五个模块：模块一是认识国际市场营销，包括认识市场营销、分析国际市场营销两个任务；模块二是国际营销环境分析，包括国际技术与自然环境、国际文化环境、国际经济环境、国际政治与法律环境四个任务；模块三是国际市场营销调研，包括构建国际市场营销信息系统、实施国际营销调研两个任务；模块四是国际营销战略，包括国际目标市场营销战略、国际市场进入战略、国际市场营销竞争战略三个任务；模块五是国际营销组合策略，包括国际产品策略、国际价格策略、国际渠道策略、国际促销策略四个任务。

　　为了使国际营销理论知识和营销实践相互对接，本书的五个模块遵循行动导向的准则，根据营销活动的特点，在每个任务中都设置与之情节相对应的实训项目，既使国际营销教学紧密结合企业营销活动的发展脉络，同时给予学生适当的实践训练机会。

　　本书以就业为导向，以满足企业营销人才需求为宗旨，强化国际营销实践训练，在体系上围绕"一个主线，两个层面"进行编写。"一个主线"是指以营销专业技能应用能力为主线；"两个层面"是指营销专业基础综合素质训练和营销专业技能综合能力训练。企业国际营销活动即"国际营销战略+国际营销策略"，企业国际营销成功的关键在于顺应国际营销环境。国际营销活动被分解成各个任务，任务最后以情景实训结束，即任务导向和情景实训导向相互交织在一起，使学生在完成国际营销的任务中完成实训。每一个任务后面会有实践能力拓展，实践能力拓展包括案例、案例分析和实践困境讨论，这部分内容是本书的创新点，案例和实践困境讨论相互联系，实践困境讨论反映的是营销领域中引起人们困惑、需要讨论的问题。

　　本书的编写打破传统的教学论编写方式，以企业营销活动规律为载体，分教学模块呈现，以具体任务配置国际营销活动。任务结构包括学习目标、任务描述、任务实施、任务小结、相关知识、实践能力拓展、情景实训。每一个任务以学习目标开始，对任务进行描述，经过任务实施，让学生达到完成任务的能力。

本书由河南科技学院陈转青主持编写并且负责最后的统稿，河南科技学院的多位教师参与了本书的编写，具体编写分工如下：陈转青负责模块四的任务一、任务二，郭萍负责模块五的任务一、任务二和任务三，聂志鹏负责模块二，马清学负责模块三，李玲负责模块一，王魁负责模块四的任务三、模块五的任务四。

在本书编写过程中，编写人员参阅了大量国内已出版的著作或教材及相关网站上的资料，在此向这些资料的作者们一并表示感谢。

鉴于本书编者认识能力有限，书中难免存在疏漏之处，敬请广大读者批评指正。

编　者

2016 年 10 月

目　　录

模块一

认识国际市场营销

任务一 认识市场营销

【学习目标】

✧ 了解市场营销组合及其新变化；

✧ 掌握市场营销的核心概念；

✧ 掌握市场营销的关键要素。

【任务描述】

不同的视角，不一样的市场

美国一家制鞋公司要寻找国外市场。公司派了一个业务员去非洲的一个岛国，让他了解一下能否将公司的鞋销售给他们。这个业务员到非洲后待了一天，发回一封电报："这里的人不穿鞋，没有市场。我即刻返回。"

公司又派了一名业务员。第二个业务员在非洲待了一个星期，发回一封电报："这里的人不穿鞋，市场很大，我准备把本公司生产的鞋卖给他们。"公司总裁得到了两种不同的结果后，为了了解更真实的情况，于是又派出了第三个业务员。

该业务员到非洲后待了三个星期，发回一封电报："这里的人不穿鞋，但是他们脚上长有脚疾，需要穿鞋。不过我们公司生产的鞋对他们来说太窄，我们必须生产宽鞋来卖。这里是部落首领统治，他不让私自进入当地市场。我们必须向部落首领进贡，每年投入大约 1.5 万美元。我们每年能卖大约 2 万双鞋。这里的人很穷，多数买不起鞋，但这里盛产菠萝，我吃过这里的菠萝，少有的香甜，但因为没有销路，价格非常低。我们可以把鞋子换成菠萝出售，根据市场行情，投资收益率大约为 15%。"

资料来源：于雁翎. 市场营销理论与实务[M]. 北京：现代教育出版社，2012

思考：

（1）如果你是案例中的总裁，你将采纳哪一个业务员的建议？为什么三个业务员面对同样的市场反应差异如此之大？

（2）市场营销是什么？除了销售，市场营销还包括哪些要素？

【任务实施】

市场营销在我们的生活中无处不在，企业需要营销，以满足消费者需求并获得利润；明星需要营销，以获得更多的粉丝；城市需要营销，以吸引更多的可用社会资源，提升城市综合竞争力；等等。市场营销就在我们的周围，但是市场营销远非消费者所能看到的内容，除了我们看到的广告和接触的销售之外，它是一系列流程的综合，是一个庞大的系统。

一、市场营销的内涵

市场营销一词由英文"marketing"而来，源于 20 世纪初的美国，它体现着一种全新的现代经营思想，其核心是以消费者需求为导向，消费者或客户需求什么就生产、销售什么。这是一种由外向内的思维方式，与传统的以产品吸引、寻找顾客的由内向外的思维方式恰恰相反。在某种意义上讲，谈论市场营销应该为公司做些什么，就是在谈论公司应该持有什么样的最终目标和战略目的。

1. 市场营销的定义

市场营销是一个复杂的概念，对其理解可谓仁者见仁，智者见智。西方有些营销学者从宏观角度对市场营销下定义。例如，杰罗姆·麦卡锡（E. J. McCarthy）在其 1960 年所著的《基础市场学》里把市场营销定义为一种社会经济活动过程，其目的在于满足社会或人类需要，实现社会目标。又如，菲利普·科特勒（Philip Kotler）在其 1967 年所著的《营销管理》里指出，"市场营销是与市场有关的人类活动。市场营销意味着和市场打交道，为了满足人类需要和欲望，去实现潜在的交换"。

还有些市场营销的定义是从微观角度描述的。例如，美国市场营销协会（American Marketing Association）于 1960 年对市场营销下的定义是：市场营销是"引导产品或劳务从生产者流向消费者的企业营销活动"。1960 年麦卡锡也从微观角度对市场营销进行定义：市场营销"是企业经营活动的职责，它将产品及劳务从生产者直接引向消费者或使用者以便满足顾客需求及实现公司利润"。麦卡锡的这一定义比美国市场营销协会的定义前进了一步，指出了满足顾客需求及实现企业盈利成为公司的经营目标。但这两种定义都说明，市场营销活动是在产品生产活动结束时开始的，中间经过一系列经营销售活动，当商品转到用户手中后就结束了，因而把企业营销活动仅局限于流通领域的狭窄范围，而不是视为企业整个经营销售的全过程，即包括市场营销调研、产品开发、定价、分销广告、宣传报道、销售促进、人员推销、售后服务等。

随着市场经济的发展，市场营销的内涵不断丰富，市场营销学界又对市场营销的定义进行了补充和完善。美国市场营销协会于 1985 年对市场营销下了更完整和全面的定义：市场营销"是对思想、产品及劳务进行设计、定价、促销及分销的计划和实施的过程，从而产生满足个人和组织目标的交换"。这一定义之所以比前面的诸多定义更为全面和完善，主要是因为：①产品概念扩大了，它不仅包括产品或劳务，还包括思想；②市场营销概念扩大了，市场营销活动不仅包括营利性的经营活动，还包括非营利组织的活动；③强调了交换过程；④突出了市场营销计划的制订与实施。

克里斯琴·格罗路斯（Christian Grönroos）1990年在其著作《服务管理和营销》中对市场营销这样定义：所谓市场营销，就是在变化的市场环境中旨在满足消费需要、实现企业目标的商务活动过程，包括市场调研、选择目标市场、产品开发和定价、渠道选择、产品促销、储存、运输和销售及提供服务等一系列与市场有关的企业业务经营活动。

尽管上述定义不尽相同，但可以归纳出这样几个共同点：①市场营销是一个综合的经营管理过程，贯穿于企业经营活动全过程；②市场营销是以满足顾客需求为中心来组织企业经营活动，通过满足需求达到企业获利和发展的目标；③市场营销以整体性的经营手段来适应和影响顾客需求。

2. 市场营销的核心是交换

交换是指通过提供某种东西，作为回报从别人那里取得所需物的行为。交换的发生，必须具备五个条件：①至少有两方；②每一方都有被对方认为是有价值的东西；③双方能够沟通信息和传送物品；④交换是自愿的；⑤每一方都认为与另一方进行交换是适当的或称心如意的。其中，第五条是最重要的。具备了上述条件，就有可能发生交换行为。

交换是社会再生产过程的不可缺少的一个环节，是联结生产及由生产决定的分配和消费的桥梁。当人们决定以交换方式来满足需要或欲望时，就产生了市场营销。人们通过自给自足或自我生产方式，或通过偷抢方式，或通过乞求方式获得产品都不是市场营销，只有通过等价交换，买卖双方彼此获得所需的产品，才产生市场营销。因此，交换是市场营销的核心。

二、市场营销学的理论基础

市场营销作为一项交换活动早已存在。在自给自足、生产者与消费者同为一人的情况下，不会存在交换问题。当人们认识到生产、分工协作、取长补短、互通有无会提高生产者共同的福利后，生产逐渐集中，生产者与消费者分离，以交换为中心的营销活动就成为重要的经济活动。市场营销管理产生于资本主义商品经济高度发达以后。市场营销学于20世纪初期产生于美国，是系统地研究市场营销活动规律的一门学科。几十年来，随着社会经济及市场经济的发展，市场营销学发生了根本性的变化，从传统市场营销学演变为现代市场营销学，其应用从营利组织扩展到非营利组织，从国内扩展到国外。当今，市场营销学已成为同企业管理相结合，并同经济学、行为科学、人类学、数学等学科相结合的应用边缘管理学科，其理论基础主要有生产目的论、价值实现论和需求层次理论。

1. 生产目的论

目的论是用目的或目的解释世界的哲学学说。在如何解释世界的事物和现象及它们之间关系的问题上，目的论认为某种观念的目的是预先规定事物、现象存在和发展及它们之间关系的原因和根据。

生产目的论是政治经济学研究的范畴，该理论认为在一种特定的社会生产中，生产受一种特定的动机支配，这种特定的动机是该种社会生产的根本动力，支配着生产的现实过程。

归结到市场营销范畴也就是消费是生产的动力和目的，消费反作用于生产，消费拉动经济增长，促进生产的发展，消费对生产起导向作用；一个新消费热点的出现，会带动一个产业的出现和成长。消费为生产创造新的劳动力，能提高劳动力质量及劳动者的生产积极性。

2. 价值实现论

商品价值是凝结在商品中的无差别的人类劳动力或抽象的劳动力。任何商品都有价值，但商品的价值是不能自我表现出来的，必须通过交换才能得以实现，由另一种商品（现发展为货币）表现出来。

货币出现后，商品交换包括卖和买两个先后衔接的阶段。商品生产者只有把商品卖出去，并且卖出好价钱，才能生存发展下去。如果商品卖不出去，就意味着生产者的劳动未得到社会认可，他所需要的商品也买不回来。而要使自己的商品能够卖出去，并卖出好价钱，商品生产者就要为购买者着想，生产适销对路、质量上乘的商品。

在经济发展的不同时期，顾客对商品有不同的要求，构成商品价值的要素及各种要素的相对重要程度也会有所不同。例如，在计划经济体制下，由于商品长期短缺，人们把获得商品看得比商品的特色更为重要，因而顾客购买商品时更看重商品的耐用性、可靠性等性能方面的质量，而对商品的花色、式样、特色等却较少考虑；在市场商品日益丰富、人们生活水平普遍提高的今天，顾客往往更为重视商品的特色质量，如要求功能齐备、质量上乘、式样新颖等。

在经济发展的同一时期，不同类型的顾客对商品价值也会有不同的要求，在购买行为上显示出极强的个性特点和明显的需求差异性，这就要求企业必须认真分析不同经济发展时期顾客需求的共同特点及同一发展时期不同类型顾客需求的个性特征，并据此进行产品的开发与设计，增强产品的适应性，从而为顾客创造更大的价值。

3. 需要层次理论

需要层次理论是行为科学的理论之一，由美国心理学家亚伯拉罕·马斯洛在 1943 年的《人类激励理论》中提出。该理论把需要分成生理需要（physiological needs）、安全需要（safety needs）、社会需要（social needs）、尊重需要（esteem）和自我实现需要（self-actualization）五类，依次由较低层次到较高层次排列。

第一层次：生理需要，如水、食物、睡眠、生理平衡等。如果这些需要（除性以外）的任何一项得不到满足，人类个人的生理机能就无法正常运转。换言之，人类的生命就会因此受到威胁。在这个意义上说，生理需要是推动人们行动首要的动力。马斯洛认为，只有这些最基本的需要满足到维持生存所必需的程度后，其他的需要才能成为新的激励因素，而到了此时，这些已相对满足的需要也就不再成为激励因素了。

第二层次：安全需要，包括人身安全、健康保障、财产所有、家庭安全等。马斯洛认为，整个有机体是一个追求安全的机制，人的感觉器官、效应器官、智能和其他能量主要是寻求安全的工具，甚至可以把科学和人生观都看成满足安全需要的一部分。当然，当这种需要一旦相对满足后，也就不再成为激励因素。

第三层次：社会需要，包括友情、爱情等。人人都希望得到相互的关心和照顾。感情上的需要比生理上的需要更为细致，它和一个人的生理特性、经历、教育、宗教信仰都有关系。

第四层次：尊重需要，包括自我尊重、信心、成就、被别人尊重、尊重他人等。人人都希望自己有稳定的社会地位，要求个人的能力和成就得到社会的承认。尊重的需要又可分为内部尊重和外部尊重。内部尊重是指一个人希望在各种不同情境中有实力、能胜任、充满信心、能独立自主。总之，内部尊重就是人的自尊。外部尊重是指一个人希望有地位、有威信，受到别人的尊重、信赖和高度评价。马斯洛认为，尊重需要得到满足，能使人对自己充满信心，对社会满腔热情，体验到自己活着的用处和价值。

第五层次：自我实现需要，包括创造力、解决问题的能力、自我价值实现等。自我实现需要是最高层次的需要，是指实现个人理想、抱负，发挥个人的能力到最大程度，达到自我实现境界的人，接受自己也接受他人，解决问题能力增强，自觉性提高，善于独立处事，要求不受打扰地独处，完成与自己的能力相称的一切事情的需要。人必须干称职的工作，才会感到最大的快乐。马斯洛提出：为满足自我实现需要所采取的途径是因人而异的。自我实现需要是在努力实现自己的潜力，使自己越来越成为自己所期望的人物。

从企业经营消费者满意（customer satisfaction，CS）战略的角度来看，每一个需要层次上的消费者对产品的要求都不同，即不同的产品满足不同的需要层次。将营销方法建立在消费者需要的基础之上考虑，不同的需要也即产生不同的营销手段。根据五个需要层次，可以划分出五个消费者市场：

（1）生理需要→满足最低需要层次的市场，消费者只要求产品具有一般功能即可。

（2）安全需要→满足对"安全"有要求的市场，消费者关注产品对身体的影响。

（3）社会需要→满足对"交际"有要求的市场，消费者关注产品是否有助于提高自己的交际形象。

（4）尊重需要→满足对产品有与众不同要求的市场，消费者关注产品的象征意义。

（5）自我实现需要→满足对产品有自己判断标准的市场，消费者拥有自己固定的品牌。需要层次越高，消费者就越不容易被满足。

经济学中，"消费者愿意支付的价格≌消费者获得的满意度"。同样的产品，满足消费者需要层次越高，消费者能接受的产品定价也越高。市场的竞争，总是产品越低端竞争越激烈，价格竞争显然是将"需要层次"降到最低，消费者感觉不到其他层次的"满意"，愿意支付的价格当然也低。

三、市场营销组合

市场营销组合是指企业针对目标市场的需要，综合考虑环境、能力、竞争状况，对企业自身可控制的各种营销因素（产品、价格、渠道、促销等）进行优化组合和综合运用，使之协调配合，扬长避短，发挥优势，以取得更好的经济效益和社会效益。

1. 4P 组合

在 20 世纪 60 年代初，根据需求中心论的营销观念，麦卡锡在《基础营销》一书中提出了著名的 4P 组合。麦卡锡认为，企业从事市场营销活动，一方面要考虑企业的各种外部环境，另一方面要制定市场营销组合策略，通过策略的实施，适应环境，满足目标市场的需要，实现企业的目标。

麦卡锡绘制了一幅市场营销组合模式图（图 1-1-1）。图 1-1-1 的中心是某个消费群，即目标市场，中间一圈是四个可控要素——产品（product）、渠道（place）、价格（price）、促销（promotion），即 4P 组合。在这里，产品就是考虑为目标市场开发适当的产品，选择产品线、品牌和包装等；价格就是考虑制定适当的价格；渠道就是要通过适当的渠道安排运输储藏等把产品送到目标市场；促销就是考虑如何将适当的产品，按适当的价格，在适当的地点通知目标市场，包括销售推广、广告、培养推销员等。图 1-1-1 的外圈表示企业外部环境，它包括各种不可控因素，包括经济环境、社会文化环境、政治环境、法律环境等。麦卡锡指出，4P 组合的各要素受到这些外部环境的影响和制约。

图 1-1-1　市场营销组合模式图

2. 6P 和 11P 组合

市场营销 6P 组合是由菲利普·科特勒提出的，它是在原 4P 的基础上加上政治（politics）和公共关系（public relations）组成的。6P 组合主要应用实行贸易保护主义的特定市场。随后，科特勒又进一步把 6P 发展为 10P。他把已有的 6P 称为战术性营销组合，新提出的 4P——研究（probing）、划分（partitioning）即细分（segmentation）、优先（prioritizing）即目标选定（targeting）、定位（positioning），称为战略营销。他认为，战略营销计划过程必须先于战术性营销组合的制定，只有在搞好战略营销计划过程的基础上，战术性营销组合的制定才能顺利进行。科特勒等在《日本怎样占领美国市场》中讲到战略营销与战术营销的区别时指出："从市场营销角度看,战略的定义是企业为实现某一产品市场上特定目标所采用的竞争方法,而战术则是实施战略所必须研究的课题和采取的行动。"现在,战略营销与战术营销的界限已日趋明朗化,通用汽车公司等已按这两个概念分设了不同的营销部门。

20世纪90年代,又有学者提出,包括产品、价格、销售渠道、促销、政治力量和公共关系的6P组合是战术性组合,企业要有效地开展营销活动,首先要有为人们(people)服务的正确的指导思想,又要有正确的战略性营销组合[市场调研(probing)、市场细分(partitioning)、市场择优(prioritizing)、市场定位(positioning)]的指导。种战略的4P营销组合与正确的指导思想(people)和战术性的6P组合就形成了市场营销的11P组合。

3.4C和4R组合

20世纪90年代,美国市场学家罗伯特·劳特伯恩(Robert Lauterborn)提出了以4C为主要内容的作为企业营销策略的市场营销组合,即4C理论,即针对产品策略,提出应更关注顾客的需求与欲望;针对价格策略,提出应重点考虑顾客为得到某商品或服务所愿意付出的代价;并强调促销过程应是一个与顾客保持双向沟通的过程。4C组合包括顾客(customer)、成本(cost)、便利(convenience)、沟通(communication)。

21世纪初,美国学者唐·舒尔茨(Don Shultz)提出了基于关系营销的4R组合,并受到广泛的关注。4R阐述了一个全新的市场营销四要素——关联(relevance)、反应(response)、关系(relationship)和回报(return),即与顾客建立关联;提高市场反应速度;建立和顾客的互动关系;回报是营销的源泉。4R以竞争为导向,在新的层次上概括了营销的新框架,体现并落实了关系营销的思想。

市场营销组合的出现和变迁,意味着市场经营观念完成了新旧观念的转变,即发展到了新观念——市场营销观念。市场营销观念的核心是以目标顾客的需要为中心,实行市场营销组合,着眼于总体市场,从而取得利润,实现企业营销目标。在这里,市场营销组合作为营销手段至关重要。市场营销组合也体现了现代市场营销学的一个重要特点,即具有鲜明的"管理导向":着重从市场营销管理决策的角度,着眼于买方行为,重点研究企业市场营销管理工作中的各项战略和策略,从而使决策研究法在诸多研究方法中显示出其概括性强、适应面广的优点,并成为研究市场营销问题普遍采用的重要方法。

四、市场营销观念

市场营销观念的演变与发展,可归纳为七种,即生产观念、产品观念、推销观念、市场营销观念、客户观念、社会市场营销观念和大市场营销观念。

1. 生产观念

生产观念是指导销售者行为的最古老的观念之一。这种观念产生于20世纪20年代。

奉行生产观念的企业不是从消费者需求出发，而是从企业生产出发。其主要表现为"我生产什么，就卖什么"。生产观念认为，消费者喜欢那些可以随处买得到而且价格低廉的产品，企业应致力于提高生产效率和分销效率，扩大生产，降低成本以扩展市场。例如，美国皮尔斯堡面粉公司从 1869 年至 20 世纪 20 年代，一直运用生产观念指导企业的经营，当时这家公司提出的口号是"本公司旨在制造面粉"。 美国汽车大王亨利·福特曾傲慢地宣称："不管顾客需要什么颜色的汽车，我只有一种黑色的。"这也是典型生产观念的表现。显然，生产观念是一种重生产、轻市场营销的商业哲学。

生产观念是在卖方市场条件下产生的。在资本主义工业化初期和第二次世界大战末期到战后一段时期，由于物资短缺，市场产品供不应求，生产观念在企业经营管理中颇为流行。中国在计划经济时期，由于市场产品短缺，企业不愁产品没有销路，工业和商业企业在其经营管理中奉行生产观念，具体表现为：工业企业集中力量发展生产，轻视市场营销，实行以产定销；商业企业集中力量抓货源，工业生产什么就收购什么，工业生产多少就收购多少，也不重视市场营销。

生产观念是一种"我们生产什么，消费者就消费什么"的观念。因此，除了物资短缺、产品供不应求的情况之外，有些企业在产品成本高的条件下，其市场营销管理也受产品观念支配。例如，亨利·福特在 20 世纪初期曾倾全力于汽车的大规模生产，努力降低成本，使消费者购买得起，借以提高福特汽车的市场占有率。

小案例

"张裕"营销观念的改变

1892 年（清光绪十八年），著名华侨巨商张弼士先生在烟台创办张裕酿酒公司。张裕之命名，前袭张姓，后借"昌裕兴隆"之吉，经过十几年的努力，张裕终于酿出了高品质的产品。1915 年，在世界产品盛会——巴拿马太平洋万国博览会上，张裕的白兰地、红葡萄、雷司令、琼瑶浆（味美思）一举荣获四枚金质奖章和最优等奖状，中国葡萄酒从此为世界所公认。

改革开放后，社会经济环境为张裕提供了前所未有的发展机遇。张裕产品凭借其卓越的品质，多次在国际、国内获得大奖，成为家喻户晓的名牌产品。然而，名牌不等于市场，金字招牌对于张裕来说是一个极大的优势。但是，这个优势却不足以使张裕在市场上所向披靡。在改向市场经济的头两年中，由于市场观念差，企业缺乏适应市场竞争的能力，盲目生产，等客上门，受到了市场的惩罚：1989 年，张裕的产值较上一年下降了 2.5%，产量下降了 26.2%，6 条生产线停了 4 条，1/4 的职工没有活儿干，近一半的酒积压在仓库里，累计亏损 400 多万元，生存和发展都面临着严峻的挑战。关键时刻，张裕人并没有气馁、退缩。在积极反思失败原因、努力摸索市场规律、下功夫钻研营销后，公司确立了"市场第一"的经营观念和"营销兴企"的发展战略，实现了两个根本性转变：一是企业由"销售我生产的产品"转变为"生产我销售的产品"，一切围绕市场转；二是由"做买卖"转变为"做市场"，从"推销"变成"营销"。这两个转变使企业的经营不再是单纯的生产和推销问题，而是以市场为导向的调研、决策、实施、监控的有机结合，在满足消费者利益的同时为企业创造最佳效益。在正确营销观念的指导下，1997年、1998年连续两年产销量、销售收入和市场占有率均高居同行业榜首；在 1998 年度全国产品市场竞争力调查中，荣获消费者心目中的理想品牌、实际购买品牌和 1999 年购物首选品牌三项第一。

资料来源：http://www.xiaoshou.cn/article-503-1.html

2. 产品观念

产品观念也是一种较早的企业经营观念。产品观念认为，消费者喜欢高质量、多功能和具有某种特色的产品，企业应致力于生产高价值产品，并不断加以改进。它产生于市场产品供不应求的"卖方市场"形势下。当企业成功研发一项新产品时最容易以产品观念为导向，进而诱发"营销近视症"，即不适当地把注意力放在产品上，而不是放在市场需要上，在市场营销管理中缺乏远见，只看到自己的产品质量好，看不到市场需求在变化，致使企业经营陷入困境。

>> 小案例 >>

爱尔琴钟表公司之痛

美国爱尔琴钟表公司自 1869 年创立到 20 世纪 50 年代，一直被公认为是美国最好的钟表制造商之一。该公司在市场营销管理中强调生产优质产品，并通过由著名珠宝商店、大百货公司等构成的市场营销网络分销产品。1958 年之前，公司销售额始终呈上升趋势。但此后其销售额和市场占有率开始下降。造成这种状况的主要原因是市场形势发生了变化：这一时期的许多消费者对名贵手表已经不感兴趣，而趋于购买那些经济、方便且新颖的手表；而且，许多制造商迎合消费者需要，已经开始生产低档产品，并通过廉价商店、超级市场等大众分销渠道积极推销，从而夺得了爱尔琴钟表公司的大部分市场份额。爱尔琴钟表公司竟没有注意到市场形势的变化，依然迷恋于生产精美的传统样式手表，仍旧借助传统渠道销售，认为自己的产品质量好，顾客必然会找上门。结果，致使企业经营遭受重大挫折。

资料来源：http://wenwen.sogou.com/z/q163376047.htm

3. 推销观念

推销观念产生于 20 世纪 20 年代末至 50 年代，是为许多企业所采用的一种观念。推销观念主要表现为"我卖什么，顾客就买什么"。推销观念认为，消费者通常表现出一种购买惰性或抗衡心理，如果听其自然的话，消费者一般不会足量购买某一企业的产品，因此，企业必须积极推销和大力促销，以刺激消费者大量购买本企业产品。推销观念在现代市场经济条件下被大量用于推销那些非渴求物品，即购买者一般不会想到要去购买的产品或服务。许多企业在产品过剩时，也常常奉行推销观念。

4. 市场营销观念

市场营销观念是针对上述诸观念的挑战而出现的一种新型的企业经营哲学。这种观念是以满足顾客需求为出发点的，即"顾客需要什么，就生产什么"。尽管这种思想由来已久，但其核心原则直到 20 世纪 50 年代中期才基本定型，当时社会生产力迅速发展，市场趋势表现为供过于求的买方市场，同时广大居民个人收入迅速提高，有可能对产品进行选择，企业之间为实现产品的销售竞争有限的客源，竞争加剧，许多企业开始认识到，必须转变经营观念，才能求得生存和发展。市场营销观念认为，实现企业各项目标的关键在于正确确定目标市场的需要和欲望，并且比竞争者更有效地传送目标市场所期望的物品或服务，进而比竞争者更有效地满足目标市场的需要和欲望。

> **小案例**

真正的"顾客至上"

英国航空公司的一架波音 747 飞机在东京起飞前，因机械故障，不得不向购买该航班机票飞往伦敦的 191 名乘客发出通知：008 号航班推迟 20 小时才能起飞，请各位旅客换乘其他航班。随后，190 名航客经劝说改乘其他航班。唯有一位日本乘客大竹秀子，坚持非008 号航班不乘。在此情况下，008 号航班经维修排除故障后，载着大竹秀子一位乘客直飞伦敦。在历时 13 个小时、13 000 千米的航班中，353 个座位的大飞机中，15 名客舱服务员和 6 名机组人员热忱地为她一人服务。英国航空公司在这件事上所表现出来的"顾客至上"的经营观念被媒体报道后，一夜之间成为航空界的美谈，使千千万万的乘客为之惊讶、赞叹，并为能乘上该航空公司的航班而感到自豪。无独有偶，2012 年的春节，中国澳门航空公司也遇到了类似的问题。除夕之夜，一架飞机即将从澳门飞往上海，登机的乘客却只有一人。本来该航空公司可以安排该乘客换乘由香港飞往上海的航班，但公司却没有这样做，而是照常起飞。一架飞机上，数名机组人员服务一位去上海的乘客，准时地抵达上海机场。

资料来源：张卫东. 市场营销理论与实训[M]. 北京：电子工业出版社，2012

市场营销观念的出现，使企业经营观念发生了根本性变化，也使市场营销学发生了一次革命。

市场营销观念与推销观念有着很大的差别。西奥多·莱维特（Theodore Levitt）曾对推销观念和市场营销观念做过深刻的比较，指出：推销观念注重卖方需要；市场营销观念则注重买方需要。推销观念以卖方需要为出发点，考虑如何把产品变成现金；而市场营销观念则考虑如何通过制造、传送产品及与最终消费产品有关的所有事物，来满足顾客的需要。市场营销观念的四个支柱是市场中心、顾客导向、协调的市场营销和利润。推销观念的四个支柱是工厂、产品导向、推销和盈利。从本质上说，市场营销观念是一种以顾客需要和欲望为导向的哲学,是消费者主权论在企业市场营销管理中的体现。

5. 客户观念

随着现代营销战略由产品导向转变为客户导向,客户需求及其满意度逐渐成为营销战略成败的关键所在。各个行业都试图通过卓有成效的方式,及时准确地了解和满足客户需求,进而实现企业目标。实践证明,不同子市场的客户存在着不同的需求,甚至同属一个子市场的客户的个别需求也会经常变化。为了适应不断变化的市场需求,企业的营销战略必须及时调整。在此营销背景下,越来越多的企业开始由奉行市场营销观念转变为客户观念或顾客观念。

客户观念是指企业注重收集每一个客户以往的交易信息、人口统计信息、心理活动信息、媒体习惯信息及分销偏好信息等,根据由此确认的不同客户终身价值,分别为每个客户提供各自不同的产品或服务,传播不同的信息,通过提高客户忠诚度,增加每一个客户的购买量,从而确保企业的利润增长。市场营销观念与之不同,它强调的是满足一个子市场的需求,而客户观念则强调满足每一个客户的特殊需求。

>>> 小案例 >>>

想顾客之所想

三年前,韩国一家大集团副总裁到澳大利亚出差,住进丽兹·卡尔顿酒店后,打电话给客房服务部门,要求将浴室原放置的润肤乳换成另一种婴儿牌的产品,服务人员很快满足了他的要求。

然而,事情并没有随这位副总裁的离开而结束。三周后,当他住进美国新墨西哥的丽兹·卡尔顿酒店后,发现架子上已摆着他惯用的乳液,根本用不着他再次打电话,这时一种回家的感觉油然而生。这家酒店在其全球联网的电脑档案中,详细记载了超过23万个客户的个人资料,由此可以向客户提供并非一般意义的"入住酒店",使顾客在他乡也能满意。

资料来源:http://www.doc88.com/p-702869109060.html

需要注意的是,客户观念并不适用于所有企业。一对一营销需要以工厂定制化、运营智能化、沟通网络化为前提条件,因此,贯彻客户观念要求企业在信息收集、数据库建设、电脑软件和硬件购置等方面进行大量投资,而这并不是每一个企业都能够做到的。有些企业即使舍得花钱,也难免会出现投资大于回报,由此带来收益减少的局面。客户观念最适用于那些善于收集单个客户信息的企业,这些企业所营销的产品能够借助客户数据库的运用实现交叉销售,或产品需要周期性地重购或升级,或产品价值很高。客户观念往往会给这类企业带来异乎寻常的效益。

6. 社会营销观念

社会营销观念是对市场营销观念的完善和补充。它产生于20世纪70年代西方资本主义出现能源短缺、通货膨胀、失业增加、环境污染严重、消费者保护运动盛行的新形势下。因为市场营销观念回避了消费者需要、消费者利益和长期社会福利之间隐含着冲突的现实。社会营销观念认为，企业的任务是确定各个目标市场的需要、欲望和利益，并以保护或提高消费者和社会福利的方式，比竞争者更有效地向目标市场提供能够满足其需要、欲望和利益的物品或服务。社会营销观念要求市场营销者在制定市场营销政策时，要统筹兼顾三方面的利益，即企业利润、消费者需要的满足和社会利益。

上述六种企业经营观的产生和存在都有其历史背景和必然性，都是与一定的条件相联系、相适应的。当前，外国企业正在从生产型向经营型或经营服务型转变，企业为了求得生存和发展，必须树立具有现代意识的市场营销观念、社会市场营销观念。但是，必须指出的是，由于诸多因素的制约，并不是所有企业都树立了市场营销观念和社会市场营销观念。事实上，还有许多企业仍然以产品观念及推销观念为导向。

中国仍处于社会主义市场经济初级阶段，由于社会生产力发展程度及市场发展趋势、经济体制改革的状况及广大居民收入状况等因素的制约，中国企业的经营观念仍处于以推销观念为主、多种观念并存的阶段。

7. 大市场营销观念

大市场营销观念于 20 世纪 80 年代中期产生。20 世纪 70 年代末，资本主义经济不景气和持续滞胀导致西方国家纷纷采取贸易保护主义措施。在贸易保护主义思潮日益增长的条件下，从事国际营销的企业为了成功进入特定市场从事经营活动，除了运用好产品、价格、渠道、促销等传统的营销策略外，还必须依靠权力和公共关系来突破进入市场的障碍。大市场营销观念对于从事国际营销的企业具有现实意义，重视和恰当地运用这一观念有益于企业突破贸易保护障碍，占据市场。

【任务小结】

市场营销是一个综合的经营管理过程，贯穿于企业经营活动全过程。市场营销以整体性的经营手段来适应和影响顾客需求，以满足顾客需求为中心来组织企业经营活动，通过满足需求达到企业获利和发展的目标。

在长期的营销实践中，随着市场环境的变化，营销观念也在不断地发生变化，从最初的生产观念，经由产品观念、推销观念，演进到市场营销观念，再发展到客户观念、社会营销观念乃至大市场营销观念。观念的变化使企业的营销活动更加符合环境的变化。

【相关知识】

1. 市场的三要素

$$市场=人口+购买力+购买欲望$$

人口是构成市场的基本要素，哪里有人，有消费者，哪里就有市场。一个国家或地区的人口多少，是决定市场大小的基本前提。

购买力是指人们支付货币购买商品或劳务的能力。购买力的高低由购买者收入多少决定。一般地说，人们收入越多，购买力越高，市场和市场需求越大；反之，市场越小。

购买欲望是指消费者购买商品的动机、愿望和要求。它是消费者把潜在的购买愿望变为现实购买行为的重要条件，因而也是构成市场的基本要素。

2. 需求

需求是经济学概念，是指针对特定目标的具有购买能力（支付能力）的欲望。欲望能否转化为需求，受支付能力的制约。在市场营销中，把暂时没有购买能力或购买欲望不强的情况称为潜在需求。随着购买力和购买欲望的提高，潜在需求会逐渐转变为（有效）需求。

【实践能力拓展】

（一）案例

小小神童缘何畅销？

一般来讲，每年的 6 月至 8 月是洗衣机销售的淡季。每到这段时间，很多厂家从商场撤回促销员。张瑞敏很纳闷儿："天气越热，出汗越多，老百姓换洗衣服越勤才是。为什么洗衣机反倒卖不动呢？难道夏天衣服都不想用洗衣机洗吗？"经过调查方知，不是老百姓不想用洗衣机洗，而是现有的洗衣机容量太大，5 千克的洗衣机洗夏天衣服不划算，既费水又废电。于是，海尔很快开始研发小容量的洗衣机，很快科研人员就设计出一种洗衣量只有 1.5 千克的洗衣机——小小神童。小小神童投产后先在上海试销，因为张瑞敏认为上海人消费水平高又挑剔。结果，上海人马上认可了这种世界上最小的洗衣机。该产品在上海热销之后，很快又风靡全国。不到两年，海尔的小小神童在全国卖了 100 多万台，并出口到日本和韩国。张瑞敏告诫员工说："只有淡季的思想，没有淡季的市场。"

在西藏，海尔洗衣机甚至可以合格地打酥油。2000 年 7 月，海尔集团研制开发的一种可打酥油的高原型小小神童。洗衣机在西藏一上市便受到消费者欢迎，藏族同胞声称："购买这种洗衣机，从此可以告别繁重的家务劳动了。"

资料来源：于雁翎. 市场营销理论与实务[M]. 北京：现代教育出版社，2012

（二）案例分析

从以上案例我们可知，抓住客户的心理，了解客户的需求，找准卖点，加上适用的产品是营销的关键。企业要取得营销的成功，必须在关注客户、聚焦需求上下功夫。首先，要善于发现需求。发现需求是营销成功的关键。要善于融入市场，倾听客户的心声，做有心人，善于通过闲谈发现需求，通过接触挖掘需求，通过主动推荐寻找需求，在用心寻觅中发现需求和商机。其次，要善于引导需求。发现需求的目的是引导需求、满足需求。营销人员要充分了解产品的功能和特性，甚至产品的延伸功能，善于找到产品和客户需求的切合点，将需求真正变成现实；要站在客户的角度，追求客户价值的最大化，帮客户量身打造个性化的方案，让客户真正获得实惠，提高应用价值，将需求转变成机会。最后，要学会创造需求。需求是可以发现的，也是可以创造的。创造需求，不是无中生有，而是一种更高层次的消费满足。一方面，切实站在客户的角度，想客户所想，激发客户的潜在需求。另一方面，则要不断追踪先进产品技术，升级改造产品，引领客户消费需求，让客户尽享轻松生活和工作。

（三）实践困境讨论

从以上案例及分析结果来看，有以下问题值得我们讨论。

1. 如何找准产品卖点？

所谓卖点，是指所卖产品具备的前所未有、别出心裁或与众不同的特色、特点。这些特点、特色，一方面是产品与生俱来的，另一方面是通过营销策划人的想象力、创造力产生的。

任何产品在营销传播中都应该有自己独特的卖点主张（unique selling proposition，USP），这一理论包含三个方面的含义：一是任何产品应该向消费者传播一种主张、一种忠告、一种承诺，告诉消费者购买产品会得到什么样的利益；二是这种主张应该是竞争对手无法提出或未曾提出的，应该独具特色；三是这种主张应该以消费者为核心，易于理解和传播，具有极大的吸引力。

但是仔细观察一下就会发现，市场上有很多产品没有卖点，是这些产品的企业管理者都不重视卖点的挖掘吗？并非这样，虽然很多学者和专家都提出了提炼卖点的方法和技巧，然而如何充分挖掘和提炼对顾客有吸引力的卖点却是很复杂的，没有规律可循。因此，市场上有的产品卖点清晰，市场通畅，有的产品观感平平，只能靠价格和促销苦苦支撑市场。

2. 如何区分小需求与大市场？

案例中海尔公司有效地识别顾客需求，生产合适的产品投入市场，满足顾客需求从而赚得满盆金箔。然而不是所有顾客的需求都值得企业去挖掘、生产产品去满足，这就存在着小需求与大市场的问题。企业不仅要积极调研，与顾客及时沟通，了解顾客的需求动向，更要评估顾客需求与市场规模的问题。随着经济生活水平的提高，人们的购买力已经不成问题，对于产品的个性需求越来越分化。企业在对不同需求的顾客细分的同时，还要考虑到满足相似需求的市场规模。因为市场的要素不仅仅是购买力和购买欲望，人口也是其中一个非常关键的要素。

【情景实训】
营销观念的应用

1. 实训名称

营销观念的应用。

2. 实训目的

通过实训，帮助学生掌握并应用市场营销的观念。

3. 实训内容

以小组为单位，选择大学生熟悉的校园市场，各组大学生选定一种产品，确定该产品的需求并策划校园营销方案。

4. 实训步骤

（1）把全班同学分成6组。
（2）每组选择合适的产品。
（3）小组内讨论，分析最佳校园营销方案并形成书面报告。

5. 实训要求

每组成员必须熟练掌握营销观念。小组规模一般是4~6人，每小组选举组长协调小组的各项工作。辅导老师及时检查各小组任务的完成情况，并组织小组进行经验交流。

任务二　分析国际市场营销

【学习目标】
◇ 了解国际市场营销的含义；
◇ 了解国际市场营销的发展；
◇ 掌握国际市场营销的观念；
◇ 掌握国际市场营销与市场营销和国际贸易的区别；
◇ 掌握国际市场营销的基本理论。

【任务描述】
李宁公司的国际市场营销

1990年，昔日中国的体操王子李宁以自己名字命名的体育用品品牌李宁公司迅速成为最具知名度的国内体育品牌。1992年，李宁公司成为第一个赞助中国奥运代表团的中国体育用品企业。2000年，李宁公司在欧洲九个国家拓展了自己的特许经销商，还成功赞助法国体操团队，开创了中国本土化体育品牌在奥运会上赞助海外奥运代表团的先河。2004年雅典奥运会，李宁公司特地为中国体育代表团打造了"锦绣中华"领奖服和"极光"领奖鞋，同时还与西班牙篮球协会签约，成为西班牙男女篮球队2004~2008年的指定运动装备赞助商，并全面赞助西班牙各级篮球队。

2006年，李宁公司成为苏丹国家田径队官方合作伙伴，并赞助苏丹田径队全套李宁品牌装备，其中包括2008年北京奥运会全部苏丹田径运动员的比赛和领奖装备，苏丹田径队成为李宁品牌签约的第一支国家级田径队。借此，李宁公司成功借势发力，为其全球范围内的奥运营销大战积蓄筹码。对李宁公司而言，与苏丹国家田径队的合作，标志着李宁产品的专业属性再次得到国家级运动员的认可和使用，进一步巩固了李宁品牌产品的专业属性。在2008年北京奥运会上，由中国国家跳水队、中国国家体操队、中国国家射击队、中国国家乒乓球队、西班牙男女篮球队、苏丹国家田径队组成的"李宁品牌代表队"在鸟巢亮相。

李宁公司通过体育营销不但在中国市场上稳稳站在了体育用品品牌第一的位置，还慢慢渗透到了国际市场。通过赞助体育赛事，李宁公司成为民族品牌演绎体育营销的经典案例。

资料来源：肖祥鸿. 国际市场营销[M]. 广州：中山大学出版社，2009

思考：

（1）企业应如何开展国际市场营销？

（2）开展国际市场营销应注意什么？

【任务实施】

当今世界是开放的世界，经济是全球化的经济。各国经济相互渗透，相互影响。商品流通范围不再局限于一个地区一个国家，企业经营投资范围也不再局限于一个国家。跨国经营企业应运而生，它们先是把产品运往他国销售，然后又在他国生产产品、销售产品。由此，市场营销从国内营销扩展到国际营销。

一、国际市场营销的含义

（一）国际市场营销的定义

国际市场营销（international marketing）是指商品和劳务流入一个以上国家的消费者或用户手中的过程。换言之，国际市场营销是一种跨国界的社会和管理过程，是企业通过计划，定价促销和引导，创造产品和价值并在国际市场上进行交换，以满足多国消费者的需要和获取利润的活动。

对国际市场营销的概念理解应注意下列几点。

（1）国际市场营销的主体是企业。营销是微观领域以企业为单位进行的活动，国际市场营销是企业跨越国界实施营销，活动的主体仍然是企业。

（2）国际市场营销是营销的"跨国"。企业的国际市场营销带有跨国界的性质，但产品并不一定跨国界转移。产品出口到其他国家营销只是国际市场营销的一种形式，企业还可以在其他国家投资，就地生产和销售。

（3）国际市场营销的目的是满足国外消费者和用户的需求。企业跨国界营销是通过满足国外消费者和用户的需求来获取利润。国外消费者和用户不是国内的复制，由于经济、文化等方面的差异，国内外消费者和用户的需求存在差异，因此，企业国际市场营销必须注意产品和劳务的市场适销性。

（4）国际市场营销必须从国际市场整体着眼。企业进入一个以上的国家市场，市场决策必须考虑市场整体，资源的配置、产品和价格的决策等都是以整体经济利益的最大化为出发点。

（二）国际市场营销与国内市场营销

国际市场营销是国内市场营销在国际市场的延伸。因此，国际市场营销和国内市场营销在理论基础和营销技巧上大体相同，最终目的和使用的手段也基本相同。但是国际市场营销又不仅仅是国内市场营销的简单延伸，两者存在着较大的区别。

1. 面临的营销环境不同

国际市场营销的环境和背景与国内市场营销不同，主要体现在地理位置、气候、政治法律、经济文化、科技物质等的差异上。

环境和背景上的差异要求国际市场营销比国内市场营销更注重市场环境的调研和分析，在产品的功能设计、外观设计、质量、品种、规格或包装等方面，都应该以目标市场国的消费者的需要、价值观、效用观为标准，而不是想当然地以本国人的标准代替他国人的标准。

>> 小案例 >>

飞利浦巧改剃须刀应对日本市场

荷兰的飞利浦公司在日本销售小型家用电器时，针对日本人的特点进行产品改进，以适应日本市场的需求，获得了丰厚的利润。飞利浦公司发现日本人的厨房比较狭窄，便缩小了咖啡壶的尺寸，因此受到日本家庭主妇的欢迎；剃须刀是飞利浦公司的重要产品，当飞利浦公司发现日本人的手比较小时，便缩小了剃须刀的尺寸，因而受到日本人的喜爱。

资料来源：http://www.qingdou.cc/chapter_414959_7.html

企业在国际市场营销中，必须考虑目标市场国消费者的特点、偏好和风俗习惯等因素，如此才能取得国际市场上营销活动的成功。

2. 利用资源、获得比较优势的程度不同

企业从事国内市场营销通常是利用本国资源，在本国生产，并在国内市场上销售。

在国际市场营销中，由于资本、资源、技术服务的广泛流动，生产一种产品可以是第一国的资源、第二国的资本、第三国的技术、第四国的劳动等。国际市场营销使资源在两个或两个以上的国家进行配置，强调发挥不同国家的特长，组合成一个有竞争力的综合产品。这种国际上各种要素的组合可以提高效益，降低成本，获得比在国内市场营销中更大的比较优势。

3. 营销组合不同

国内市场营销主要涉及 4P 组合，即生产、价格、渠道、促销；而国际市场营销跨越国界，除了传统 4P 之外，还要考虑如何运用政治权力和公共关系打破进入他国市场的障碍。因此，国际市场营销主要涉及 6P 组合。

因为国际市场营销环境较之国内市场营销环境更复杂多变，除了政治权力和公共关系外，基本 4P 组合也比国内市场营销要复杂。例如，产品策略的标准化、个性化和民族化问题；定价策略受国际市场价格和汇率变化的影响问题；销售渠道的长短、宽窄和国外中间商的介入问题；促销活动因各国经济发展的水平不同和文化差异而有所不同；等等。

4. 管理复杂程度不同

市场营销管理是指对企业的市场营销活动进行系统的规划和控制的过程。市场营销是一个由各种因素组成的系统，与国内市场营销系统相比，国际市场营销系统显然更加复杂。

（1）从市场营销系统的参加者来看，国际市场营销的参加者不仅包括国内市场营销渠道的企业、国内的竞争者和公众，而且包括国外市场营销渠道的企业、国外的竞争者和公众。

（2）从系统涉及的市场来看，与国际市场营销相关的市场，不仅包括国内的市场体系，而且包括国外的市场体系，是两种市场的交织。

（3）从流程来看，国际市场营销包含的资源流程、货物流程和劳务流程，都可以是跨越国界的，是一种国际流程。

（4）从影响系统的力量来看，国际上各种势力都会对国际市场营销产生巨大影响，国内外力量共同构成国际市场营销的约束条件。

国际市场营销系统的复杂性决定了国际市场营销管理的难度要比国内市场营销管理难度大。国际市场营销环境复杂，不可控因素多，预测难度大，直接或间接影响了营销的决策、计划和调控；由于跨国家、跨地区经营，文化、社会、政治方面的各种不稳定因素很多，企业各种营销策略的协调困难加大。

国际市场营销与国内市场营销的区别如表 1-2-1 所示。

表 1-2-1　国际市场营销与国内市场营销的区别

市场营销类型		国际市场营销	国内市场营销
市场营销环境		不熟悉的营销环境	熟悉的营销环境
市场营销组合策略	产品策略	复杂	较容易
	价格策略	很复杂	较容易
	渠道策略	很复杂	较容易
	促销策略	难度更大	难
营销战略及营销管理过程		更复杂	复杂

（三）国际市场营销与国际贸易

国际贸易是指国家之间进行的有形商品、无形商品及服务的交换活动，是国家之间分工的表现形式，反映了世界各国通过世界市场的商品、资金、科技、服务等方面的相互联系与结合。从概念上理解，国际贸易和国际市场营销存在着一些共同点：①二者都是以获得利润为目的而进行的跨国界的经营活动；②二者都是以商品与劳务作为交换对象；③二者都面临着相同的国际环境；④二者的理论基础都是早期的比较利益学说及国际产品生命周期理论。

但国际贸易和国际市场营销分属不同的学科，在范围、超越国界的方式、交易的主体及实施的过程方面存在着较大的区别。

1. 范围不同

国际贸易由世界各国的对外贸易构成，而每一个国家的对外贸易又包括进口贸易和出口贸易，因此，国际贸易包括购进和售出两个主要方面。

而国际市场营销则主要是销售方面，即通过了解国际市场需求，向国际市场销售适销对路的产品或劳务，从而获得收益。

2. 超越国界的方式不同

国际贸易中，产品和劳务的交换必须是超越国界的，即参加交换的产品和劳务必须真正从一个国家转到另一个国家。

而国际市场营销中，作为超越国界的市场营销活动，是指这些活动超越国界，而不是指产品和劳务超越国界。企业在进行国际市场营销时，其产品和劳务可以超越国界，也可以不超越国界。例如，某企业在若干个国家分别设有生产厂，生产出来的产品用于满足东道国市场需要，尽管企业产品并未发生超越国界的交换，仅仅是在当地生产、当地销售，但企业所进行的市场营销活动确是超越国界。这是因为，企业要对国外生产厂进行整体规划与协调，制定各自的发展战略和经营战略。

3. 交易的主体不同

国际贸易是国家之间的产品和劳务的交换，是站在国家的立场上进行的活动。国际贸易中，国家要依据国际收支状况、外汇需求和国际经济合作等方面的情况做出符合国家整体利益的决策。

而国际市场营销则是企业的产品和劳务等与国际市场需求的不断适应的过程，卖主是企业（或其海外子公司），买主则可能是国家，也可能是这个国家的企业或个人，还可能是本企业的海外子公司或附属机构。国际市场营销一般是站在企业的立场上，由企业组织实施的。

4. 实施的过程不同

国际市场营销要涉及整个市场营销过程与企业发展战略等问题。从市场分析与市场机会的寻求、市场营销目标的确定到市场营销计划的制订、执行和控制等，都有一套行之有效的战略、战术、措施和方法。此外，所有相关的市场营销手段，都要根据市场营销观念和市场营销目标加以整合，进行最佳运用。

而国际贸易与之不同，尽管国际贸易也要涉及某些市场营销活动，如产品购销、实体分配、产品定价等，但在进行这些活动时往往缺乏整体计划、组织和控制，一般也没有产品的研制开发，无须构建国外分销网络，基本上不需要开展国际促销活动。

国际贸易和国际市场营销的区别如表 1-2-2 所示。

表 1-2-2　国际贸易与国际市场营销的区别

内容		国际贸易	国际市场营销
交易主体		国家	企业
产品是否跨越国界		是	不一定
目的		比较利润	利润
实施过程	产品购销	是	是
	实体分配	是	是
	定价	是	是
	市场调研	一般没有	有
	产品研发	一般没有	有
	分销网络构建	没有	有
	促销	一般没有	有

二、国际市场营销的发展

国际市场营销的发展与全球经济发展和本国市场经济发展紧密相连，其发展历程为初始进入阶段的跨越国界型或对外营销型—当地扩张阶段的异国型或国外营销型—全球化阶段的多国型或全球营销型。目前少数国家为初始进入阶段，多数国家为当地扩张阶段，少数经济发达国家已进入全球化阶段。

1. 初始进入阶段的跨越国界型或对外营销型

第二次世界大战之后至 20 世纪 60 年代以前，是国际市场营销发展的初始进入阶段。这一时期的企业由于国内市场供过于求、竞争激烈或其他原因向国外市场短期外销产品，企业是被动反应进入国外市场，但只以获取少量订单为目的，极少进行国际市场调研和针对不同市场进行产品开发。这一时期，企业只是把国际市场作为国内市场的补充，其跨国界的营销活动带有偶然性和随意性。

2. 当地扩张阶段的异国型或国外营销型

20 世纪 60 年代至 70 年代，是国际市场营销发展的第二阶段。这一时期日本、西欧经济发展迅速，与美国一起进行大规模海外投资，企业不再把国际市场作为国内市场的补充，而是日益重视他国市场，起初企业把国内营销策略和计划扩大到其他国家，开发他国市场，随着企业从事国际营销的经验日益丰富，企业开始重视和研究国际市场，把国内市场和国际市场作为一个整体看待，侧重于发现国际市场机会，往往采取在东道国投资、生产和销售的形式。

3. 全球化阶段的多国型或全球营销型

从 20 世纪 80 年代开始进入国际市场营销的最高发展阶段。这一时期由于科技的迅速发展，各国市场的同质化趋势加强，全球对外直接投资急剧增加。在这种情况下，国际市场营销进入多国型或全球营销型阶段。在日益发达的技术经济条件下，企业的市场营销活动突破国家（地域）的界限，通过对技术、资源、资金、人才的国际比较，按照资源配置最优化的原则，采取投资、生产、合作等方式，生产出最完整的产品去满足世界市场各国消费者的需要。

从国际市场营销的发展历程来看，企业所处的阶段取决于整个国家的经济发展水平。一般来说，经济发达国家的企业多数处于国际市场营销发展的较高阶段，发展中国家的企业相对处于国际市场营销的较低阶段。而随着国家经济发展水平的不断提高，企业的国际市场营销也将从低层向高层发展。

三、国际市场营销观念的演变

1. 国内市场延伸观念

国内市场延伸观念是指国内公司力图把国内生产的产品销售到国外市场，把国际业务看做第二位，是国内业务的延伸。它的主要动机是解决生产能力过剩的问题，国外销售被视为国内业务有利可图的延伸。由于企业本身资源的限制，很少针对国外市场调整营销组合方案，总是寻找和国内市场相似的市场以便产品能被接受，然后以和国内销售一样的方式将产品销售给国外客户。

2. 多国市场观念

企业一旦意识到市场差异和海外业务的重要性，其营销管理导向就可能转变到国别市场策略。以这一观念为导向的企业，意识到各国市场大不相同，只有对每一个国家制订独立的计划，才能取得销售的成功。以此为导向的企业以国别为基础，对每一个国家采取不同的营销组合策略。企业开始注重分析各个国家中不同的社会、经济、政治、文化、科技环境及由此造成的消费者的不同需求，在不同的目标市场国家提供不同的产品，使用不同的定价策略，采用不同的分销渠道，并使用不同的促销计划。彼此之间几乎没有相互的影响，不考虑与其他市场的协调问题，并且把广告活动当地化。

3. 全球市场观念

以全球营销观念为管理导向的企业通常称为全球公司，它们所开展的营销活动是全球营销，市场范围是整个世界。为了适应全球营销的复杂性，全球营销观念衍化为全球标准化、全球本土化、全球混合三种导向。不同的全球公司针对产品的特点采用不同的导向。

（1）全球标准化观念。西奥多·莱维特在其论文《市场的全球化》中提出全球标准化观念。在这一观念指导下，企业将世界市场视为一个统一的市场，强调需求的相似性，忽视需求的差异性，把具有相似需求的潜在消费者群体归入一个全球性的细分市场，在全球范围实行标准化的营销管理。采用这一导向的优点在于：第一，企业可以利用规模效应来节约成本。第二，企业通过标准化全球营销可以形成全球统一的品牌形象，实现组织结构的单纯化和管理控制的程序化。第三，企业通过标准化全球营销有利于规避市场风险。由于竞争越来越激烈，企业以全球细分市场为目标市场，可占领更多的市场份额，有效降低风险。全球标准化观念比较适用于三类产品：需求存在着全球类似性的产品，如汽车、农产品等；需要技术标准化的产品，如电器等；研究开发成本高的技术密集型产品。

（2）全球本土化观念。全球本土化观念强调市场需求的差异性，认为应按照消费者所处的地理位置、所在国籍及其文化背景和生活方式等标准来进行市场细分，针对各细分市场的不同需求推出不同营销策略。采用这一观念的优点在于：第一，可以更好地满足消费者。支持全球本土化的学者认为，世界市场是异质化的，有针对性的营销组合策略往往比标准化营销更为有效，在各国市场的竞争中会显示出更强的竞争力。第二，可以获得垄断优势。企业基于不同市场之间的差异，采用针对当地细分市场的更为准确的定位战略，获得在此细分市场的准垄断地位和建立价格歧视的条件，以此为基础可以设定较高的价格，从而抵消标准化全球营销所具有的成本优势。第三，可以减少全球企业内部的摩擦成本。标准化所带来的规模经济可以降低生产成本，但标准化也会在一定程度上增加总部和分支机构之间的摩擦，从而产生协调和配置成本。全球本土化营销则可以很好地解决这个问题。

（3）全球混合观念。全球混合观念认为，企业在进行全球营销时，应该将全球标准化与全球本土化的优点结合起来，通过两者的优势互补来增强企业的适应性。既要致力于需求的共性，追求市场营销组合各要素的标准化，又要注意到需求的差异性。该理论认为，企业在实施全球混合化时所面临的最关键的问题是要决定标准化和本土化各占多大比例。其具体的做法包括：①以标准化为主同时辅以本土化。肯德基是一家典型的采取这种做法的公司。它在推行全球标准化的同时，注重根据各个市场的区别，对其市场营销组合做相应修改，如针对中国市场其推出了老北京鸡肉卷。②以本土化为主同时辅以标准化。一般而言，为了维持品牌形象的全球统一，国际企业通常会要求在部分营销要素上保持尽可能的一致性。简单地说，全球混合化导向就是"思维全球化，行动本土化"。这一导向兼顾了全球化与本土化，更易于树立全球统一形象，且相对而言成本费用也不会增加太多。

>> 小案例 >>

宝洁国际化营销

　　1988 年，宝洁公司带着"生产和提供世界一流的产品和服务"的理念进入中国市场后，面临解决国际化品牌本土化问题。把产品信息反映的文化和细分市场的受众文化结合起来，是国际品牌本土化的要点。宝洁在坚持国际化广告策略的同时，抓住消费者购买日用洗洁品的共同消费心理，并针对中国市场和消费者进行适当的调整。

第一，坚持统一化的广告策略。

很多国外厂商和品牌进入中国市场后，都要改变其原来的营销及广告策略，适应当地的各种风俗习惯，使人们接受其产品。宝洁公司在中国主要还是采用其常规的广告策略及方式，这是因为这些策略已在一百多个国家或地区的市场经过长期的实践总结并得以验证。另外，从它的主要产品看，其产品作为家庭普通消耗品，人们主要看重的是其品质、使用的效果和价格，文化因素的影响较之其他商品要低得多。所以，宝洁坚持其原有形成的品牌个性，偏重理性诉求、统一化的广告策略。

第二，国际品牌的本土化。

为了深入了解中国消费者和市场，宝洁公司在中国建立了完善的市场调研系统及庞大的数据库，开展消费势态追踪并尝试与消费者建立持续的沟通关系，为这一国际品牌在中国市场本土化并扎根成长奠定了基础。宝洁公司在营销与广告活动中主要运用了如下策略。

（1）用心营造东方气息。1997年，宝洁公司在中国酝酿推出一种润发新产品，目标定位是成年女性。为迎合东方人文特质，取名为"润妍"，意指"滋润""容颜"。经过近三年的研制，最终推向市场的"润妍"融合了国际先进技术和中国传统中草药成分，特别强调专门为东方人设计，适合东方人的发质和发色。广告把水墨画、神秘女性、头发、芭蕾等画面进行组合，营造典雅的东方气息。同时在营销推广活动中，有多种形式的"润妍"活动，如举办"创造黑白之美"水墨画展等。这些活动都取得了极大的成功，也是融入本土文化的广告传播。

（2）产品命名的技巧。很多国外产品在进入中国后依然使用原来的名称，如 M&M 巧克力等。这样对于保持产品的国际性固然有一定的作用，但实际上对于中国消费者来说，如果连产品的名称都说不清楚，又怎么能让他们记住这个品牌并成为忠实的使用者呢？宝洁在这方面做得比较好，不但为每一个产品都结合产品特点选取了相应的中文名称，如飘柔（Rejoice）、潘婷（PANTENE）、海飞丝（head&shoulders）、沙宣（SASSOON）、舒肤佳（Safeguard）、玉兰油（OLAY）、激爽（Zest）等，而且名称有内涵，朗朗上口，有利于在中国的传播，也便于消费者对产品的记忆。

（3）在广告中采用中国人作为形象代言人。国内产品广告有时出现外国人的形象代言，以造成该产品已经国际化的印象。与此相反，我们在中国看到的宝洁广告中几乎不存在这一现象。大部分产品的广告是由中国普通女性直接陈述产品性能或使用的体会。

宝洁在美国本土的广告中是很少使用名人为其产品进行宣传的。但是现在我们看到宝洁在中国的广告中使用的明星也逐渐增多，如潘婷广告中的章子怡和萧亚轩，海飞丝广告中的王菲和周迅，汰渍广告中的郭冬临等。这也是宝洁在中国广告策略的一个较大的变化。我们可以归结以下两点：一是宝洁产品在中国定位为中高档，其主要消费者是16~40岁的人群，收入为中等或中等偏上，崇尚品牌和产品品质，容易与代言的明星形象联系在一起；二是名人广告已经成为一种时尚，选用大牌明星还象征着企业与品牌的实力，况且只要名人广告运用适当，效果还是比较明显的。

资料来源：http://jiaju.ppsj.com.cn/2012-10-30/4120645446.html

四、国际市场营销学的基本理论

（一）成本论

1. 绝对成本论

绝对成本论是英国古典经济学家亚当·斯密提出的，是早期的分工贸易理论内容之一。斯密认为，一国在某种产品的生产上所花费的成本绝对地低于他国，就称为绝对优势。如果这种绝对优势是该国所固有的自然优势或已有的获得优势，它就应该充分利用这种优势，发展某种产品的生产，并且出口这种产品，以换回他国在生产上占有绝对优势的产品，这样做对贸易双方都更加有利。斯密的这种国际贸易理论被称作绝对优势说，也称绝对成本论，又称地域分工论。

绝对成本论的核心是要求自由竞争、自由贸易，依靠市场这个"看不见的手"来对供求关系进行自发调节，维持均衡，控制社会利益，从而使社会获得进步和稳定。这种主张符合当时新兴资产阶级的要求，为突破封建统治对生产力的束缚提供了理论根据。

2. 比较成本论

比较成本论是英国资产阶级在争取自由贸易的斗争中产生和发展起来的。1815 年英国颁布了《谷物法》，引起粮价上涨，地租猛增，这对地主贵族有利，却严重损害了工业资产阶级的利益。围绕《谷物法》的存与废，双方展开争论。代表工业资产阶级的大卫·李嘉图发表了《论谷物低价对资本利润的影响》一文，主张实行谷物自由贸易，从而提出了比较成本论。

比较成本论是在绝对成本理论的基础上发展起来的。英国古典经济学家李嘉图进一步发展了斯密的观点，他认为每个国家不一定要生产各种商品，而应该集中力量生产那些利益较大或不利较小的商品，然后通过国际贸易，在资本和劳动力不变的情况下，生产总量将会增加，如此形成的国际分工对贸易各国有利。

（二）要素禀赋论

要素禀赋论是指狭义的赫克歇尔-俄林理论（Heckscher-Ohiln theory），又称要素比例学说（factor proportions theory）。该学说由赫克歇尔首先提出基本论点，由俄林系统完善。它主要通过对相互依存的价格体系的分析，用生产要素的丰缺来解释国际贸易的产生和一国的进出口贸易类型。

根据要素禀赋论，一国的比较优势产品是应出口的产品，是它需在生产上密集使用该国相对充裕而便宜的生产要素生产的产品，而进口的产品是它需在生产上密集使用该国相对稀缺而昂贵的生产要素生产的产品。简言之，劳动丰富的国家出口劳动密集型商品，而进口资本密集型商品；相反，资本丰富的国家出口资本密集型商品，进口劳动密集型商品。

（三）国际生产折衷理论

国际生产折衷理论是英国雷丁大学经济系教授邓宁（John Hazy Dunning）在《贸易、经济活动的区位与多国企业折衷方法探索》中首次提出的，并于 20 世纪 80 年代初在其著作《国际生产与多国企业》中对该理论进行了较为全面的阐述。

该理论提出了三个决定一国企业对外直接投资的变量，即所有权优势、内部化优势和区位优势。这三个优势变量的不同组合决定跨国公司在出口贸易、直接投资和许可证安排之间的选择。

1. 所有权优势理论

所有权优势理论是发生国际投资的必要条件，是指一国企业拥有或是能获得的国外企业所没有或无法获得的特点优势。其中包括：

技术优势——国际企业向外投资应具有的生产诀窍、销售技巧和研究开发能力等方面的优势。

企业规模——企业规模越大，就越容易向外扩张，这实际上是一种垄断优势。

组织管理能力——大公司具有的组织管理能力与企业家才能，能在向外扩张中得到充分的发挥。

金融与货币优势——大公司往往有较好的资金来源渠道和较强的融资能力，从而在直接投资中发挥优势。

2. 内部化优势理论

内部化优势是指为避免不完全市场给企业带来的影响将其拥有的资产加以内部化而保持企业所拥有的优势。其条件包括：签订和执行合同需要较高费用；买者对技术出售价值的不确定；需要控制产品的使用。

3. 区位优势理论

区位优势是指投资的国家或地区对投资者来说在投资环境方面所具有的优势。它包括直接区位优势（即东道国的有利因素）和间接区位优势（即投资国的不利因素）。

形成区位优势的四个条件，分别是劳动成本、市场潜力、贸易壁垒、政府政策。

劳动力成本———一般直接投资总把目标放在劳动力成本较低的地区，以寻求成本优势。

市场潜力——东道国的市场必须能够让国际企业进入，并具有足够的发展规模。

贸易壁垒——包括关税与非关税壁垒，这是国际企业选择出口或投资的决定因素之一。

政府政策——直接投资国家风险的主要决定因素。

国际生产折衷理论进一步认为，所有权优势、区位优势和内部化优势的组合不仅能说明国际企业或跨国公司是否具有直接投资的优势，而且还可以帮助企业选择国际营销的途经和建立优势的方式。邓宁教授提出的选择方案如表 1-2-3 所示。

表 1-2-3　邓宁教授提出的选择方案

经营方式	所有权优势	内部化优势	区位优势
对外直接投资	√	√	√
出口贸易	√	√	×
技术许可证贸易	√	×	×

（四）国际产品生命周期理论

国际产品生命周期理论（the theory of product life cycle）是美国哈佛大学教授雷蒙德·弗农（Raymond Vernon）于 1966 年在《产品周期中的国际投资与国际贸易》（*International investment and international trade in the product cycle*）一文中提出的，弗农试图用产品生命周期假说来揭示美国企业在第二次世界大战后开展对外直接投资和国际贸易的规律。该理论如图 1-2-1 所示。

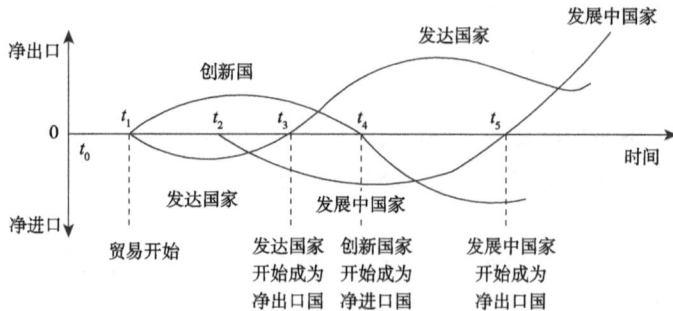

图 1-2-1　国际产品生命周期

$t_0 \sim t_1$，产品创新阶段，发达国家本国生产、本国消费，没有出口；$t_1 \sim t_2$，产品成熟阶段，产品主要在发明国生产并出口，或在其他工业国国内直接投资生产与销售；t_2 之后，产品进入标准化时期，$t_1 \sim t_3$，其他工业国主要承担该产品的生产与出口的职责；从 t_2 起原发明国变为净进口国，此时为资本密集型产品，t_3 以后，产品变为劳动密集型产品

该理论将产品生命周期划分为创新、成熟和标准化阶段，说明在产品生命周期的不同阶段，各国在国际贸易中的地位不同，并把企业的区位选择与海外生产及出口结合起来进行系统的动态分析。该理论将世界各国大体上分为三种类型，即创新国（一般是发达国家）、其他发达国家和发展中国家。

1. 创新阶段

创新阶段（$t_0 \sim t_1$）是指新产品开发与投产的最初阶段。创新国的企业凭借其雄厚的研究开发实力进行技术创新，开发出新产品并投入本国市场。由于需要投入大量的研发力量和人力资本，产品的技术密集度高，且由于生产技术不稳定、产量低，所以成本很高。生产主要集中在创新国，因为新产品的需求价格弹性较小，创新企业通过获得新产品技术工艺的垄断地位即可在国内获得高额垄断利润。对于经济发展水平相近的其他发达国家偶尔的少量需求，创新企业通过出口即可满足，因此这一阶段无须到海外进行直接投资。

2. 成熟阶段

成熟阶段（t_1~t_3）是指新产品及其生产技术逐渐成熟的阶段。随着新产品生产和市场竞争的发展，市场出现了一系列变化：新产品的生产技术日趋成熟，开始大批量生产；产品的价值已为经济发展水平相近的其他发达国家的消费者所认识，国外需求强劲；需求价格弹性增大，企业开始关注降低生产成本；生产工艺和方法已成熟并扩散到国外，研发的重要性下降，产品由技术密集型逐渐转向资本密集型。与此同时，随着创新国家向其他发达国家的出口不断增加，进口国当地企业开始仿制生产，而进口国为了保护新成长的幼稚产业开始实施进口壁垒，限制创新国产品输入，从而极大地限制了创新国的对外出口能力。因此，创新国家的企业开始到其他发达国家投资建立海外子公司，直接在当地从事生产与销售，以降低生产成本、冲破市场壁垒，占领当地市场。

3. 标准化阶段

标准化阶段（t_3 之后）是指产品及其生产技术的定型化阶段。生产技术的进一步发展使产品和生产达到了完全标准化，研发费用在生产成本中的比重降低，资本与非技术型熟练劳动成为产品成本的主要部分。企业的竞争主要表现为价格竞争，创新国家已完全失去垄断优势。于是，创新国家企业以对外直接投资方式将标准化的生产工艺转移到具有低成本比较优势的发展中国家，离岸生产并返销母国市场和其他发达国家市场。最后当该技术不再有利可图时，创新国家的企业将其通过许可方式转让。

可见，随着产品及其生产技术的生命周期演进，比较优势呈现出动态转移的特点，国际贸易格局相应发生变动，各国的贸易地位也随之发生变化，创新国由出口国变为进口国，而劳动成本低的发展中国家最终则由进口国变为出口国。根据该理论，各国应当依据比较优势的动态转移决定生产区位选择与贸易方向。

（五）相互需求理论

20 世纪 30 年代，廉价学派提出了相互需求理论。约翰·穆勒（John Mill）对李嘉图的比较成本论做出重要的补充，提出了相互需求理论，用以解释国际间商品交换比率。

穆勒认为两国进行交换，其交换比率取决于双方对该项商品需求的大小，并稳定在输出货物恰好能抵偿输入货物的水平上。例如，以同一劳动量，英国可生产呢绒 10 码①或亚麻布 15 码，德国可生产呢绒 10 码或亚麻布 20 码。在此情况下，英国可专门生产呢绒，德国可专门生产亚麻布，然后相互进行贸易，英国以 10 码呢绒换取德国的 17 码亚麻布，这样对两国都有利。但若英国对亚麻布的需求减少或德国对呢绒的需求增加，交换比率成为 10 码呢绒对 18 码亚麻布时，贸易条件对英国较有利；若交换比率成为 10 码呢绒对 16 码亚麻布时，贸易条件对德国较有利。这两种情况下，贸易都不易展开。只有在两国相互需求的商品价值相等时，贸易才能实现稳定的均衡。相互需求理论是对比较成本论的补充，

① 1 码≈0.914 米。

只能适用于经济规模相当、双方的需求对市场价格有显著影响的两个国家。

相互需求理论是对比较成本论的重要补充，因为比较成本论虽然揭示了分工和交换能为分工国带来利益，但是有两个问题没有解决：一是贸易给各国带来的利益有多大；二是这个范围内双方各占的比例是多少。而相互需求理论正好对这两个问题做出了补充，从而使比较成本论更完善。

【任务小结】

国际市场营销是一种跨国界的社会和管理过程，是企业通过计划，定价促销和引导，创造产品和价值并在国际市场上进行交换，以满足多国消费者的需要和获取利润的活动。国际市场营销的主体是企业，企业的国际市场营销带有跨国界的性质，但产品并不一定跨国界转移，目的是满足国外消费者和用户的需求，实施时必须从国际市场整体着眼。

国际市场营销与国际贸易的不同表现在范围不同、超越国界的方式不同、交易的主体不同和实施的过程不同。

国际市场营销学的基本理论包括成本论、要素禀赋论、国际生产折衷理论、国际产品生命周期理论、相互需求理论等。这些理论为国际市场营销学的发展奠定了坚实的基础。

【相关知识】

EPRG 框架

国际企业管理决策者用于指导其国际营销工作的导向有母国中心（ethnocentric）、多重中心（polycentric）、区域中心（regiccentric）和全球中心（geocentric），这四种导向共同构成 EPRG 框架。

（1）母国中心导向：母国中心导向是指以本国为基础的经营理念和忽视文化差异性的战略倾向。采用这种战略倾向的公司将外国市场视为国内市场的"自然延伸"，追求统一化和标准化，实施集中化决策，对下属分公司严密控制，下属分公司的关键职位由总公司外派人员担任。这种战略倾向忽视文化多样性的现实或认为文化多样性是一种破坏力量，强调以跨国公司总部的价值观"统帅"下属分公司的经营活动，认为在本国有效的管理方式，在其他国家也会同样有效。

>> 小案例 >>

日企集体滑铁卢背后：母国中心主义是致命伤

如果有人熟悉日本企业便不难发现，日本企业长期以来一直有着浓厚的母国中心主义色彩，日企的中高管成员几乎清一色是日本人，而几乎所有在中国的日企管理模式都是相似的。相关数据表明，日本跨国企业的高级管理层中 99% 是日本人。欧洲跨国企业有大概 78% 的高管来自母国，而美国企业的比例则是 82%。总体来说，跨国企业在人员配置上更倾向于在高职位上使用母国外派人员。大多数日本企业的国外分支机构，不仅董事总经理从日本派出，而且几乎所有他的直接下属都是日本人。欧洲工商管理学院教授 J. 斯图尔特·布莱克指出，"这导致公司在进行重大决策，特别是拟定全球战略时，没有人能给战略注入与众不同的他国观点"。

近几年，日企的颓势有目共睹。曾经风光无限好的日本企业在中国遭遇了各式各样的"滑铁卢"。

家电业务持续滑坡。松下是最早进入中国的日系家电巨头，但2011年、2012年连续巨亏，净亏损达404.8亿元并先后退出在厨卫电器、燃气台灶、嵌入灶、热水器等领域的中国市场，放弃了等离子电视业务。

索尼发布会上宣布2014财年净亏损额进一步扩大，由之前估计的500亿日元上升至2 300亿日元。据有关资料统计，索尼从2008年到2014年7年内，亏损额达1.15万亿日元，在2014年7月1日其彩电业务已被分拆独立运营。

2015年三洋电机将其在日本最后的子公司"三洋鸟取技术解决方案公司"的所有股权转让给一家投资基金，曾经的家电巨头就此画上句号。

生产出日本第一台彩色显像管电视的日本东芝也在2015年2月底宣布，3月起将逐步停止研发和销售面向海外市场的电视机，涉及北美、欧洲及亚洲的海外电视业务市场。

日企为何频频触礁？外界学者分析有很多方面。《华尔街日报》曾批评："索尼的核心问题在于，许多让索尼手足无措的新兴产品都需要不同的技术，如硬件、软件、内容及服务。这些技术在索尼内部都是受到严密保护的部门，而要让部门一起合作获取跨领域的成果非常难。"也有专家指出，曾经日本产品性价比优势在如今"微利时代"不再是重要原因，在智能设备时代，日本企业的优势的边际效用在迅速递减。日本企业之所以屡屡遭遇挫败，不仅仅在于日本产品的优势在减弱，更重要的在于日企母国中心主义的管理战略在如今的商业环境中不再适用。

资料来源：http://www.360doc.cn/article/20625606_463453032.html

（2）多重中心导向：当一个公司认识到国外市场有重大差异及国外业务对其组织的重要性后，就会对其经营采取多中心主义态度。处于这一阶段的企业允许其子公司独立经营、确立自己的营销目的和计划，以适应市场的具体情况。市场营销活动是按不同国家的情况来组织的，在各个国家的机构有自己的政策和方案。

（3）区域中心导向：地区中心主义观念的出现，标志着国际经营观念的成熟。公司视某一国际地区为市场力求制订综合性的地区市场计划，并针对这一地区确定营销战略，因此其国际营销战略往往是标准化和地方化的结合。

（4）全球中心导向：这是一种最彻底的国际化经营观念。在这一阶段，国际企业将以整个世界作为市场制订营销战略计划，以世界范围为基准开展营销活动，营销策略制定的国际标准化受到重视。

【实践能力拓展】

（一）案例

麦当劳在中国的本土化营销策略

麦当劳秉承"品质、服务、清洁和物有所值"的经营原则，坚持在中国建立完善的食品供应网络系统和人力资源管理及培训系统的理念，与本地共同发展、共同进步和繁荣。为了能适应中国市场的需求，麦当劳实行国际化的品牌在中国市场实现本土化营销策略。在本土化营销方面，麦当劳公司因地制宜，制定符合当地市场的本土化营销组合策略。

1. 产品标准化与本土化融合

国际化的品牌，本土化的经营，一直是麦当劳的全球策略。虽然国际化是个趋势，但产品及营销策略却不见得标准化，同样一件产品，在某个地点受欢迎，换了另一个地方却可能没市场，因此针对产品做适当的改变，往往就可以适应当地市场的需求。麦当劳公司向顾客提供的核心食品始终只是汉堡包、炸薯条、冰激凌和软饮料等。但是进入中国市场后，考虑到中国消费者在饮食习惯、消费水平等方面的因素，推出了麦乐鸡、麦乐鱼、麦辣鸡腿汉堡、麦香猪柳蛋餐等符合中国消费者饮食习惯的快餐食品。2004年11月推出的麦当劳本土化产品"珍宝三角"——中国市场上第一款使用大米的食品，更是麦当劳首款除汉堡以外的主食。为了降低成本，麦当劳公司还实行了原料生产、采购上的本土化。北京的麦当劳公司的产品原料有95%以上在中国本土生产和采购。

2. 促销本土化

促销组合策略包括广告、人员推销、公共关系和营业推广。制定本土化促销组合策略必须考虑当地的文化、风俗和传统。麦当劳公司深知要在中国市场取得成功，必须入乡随俗，获得消费者的了解和认同，拉近与消费者在心理和文化上的距离。本土化促销主要通过在电视、报纸、互联网上做广告，广告的创意手法常常是利用已有品牌视觉要素——企业标志M的造型，广告主角都是普通的中国老百姓，广告充满人情味；其营业推广手段常常是利用价格折扣、优惠券和赠品，为消费者送去额外惊喜和愉悦。

春节，是中国人民最重视的传统节日。2003年麦当劳公司抓住机会在新春来临之际，推出了"福气满满麦当劳"的活动。从1月15日至2月11日，所有中国内地的麦当劳餐厅呈现一派新春景象，麦当劳给顾客提供了新年福饰。这种新年福饰由麦当劳传统的明星产品巨无霸、薯条、苹果派和可乐四款产品的模型组成，这一独特、新颖的创意将中国的传统文化与麦当劳传统美食巧妙、有机地结合在一起，令人耳目一新。

"取之于社会，用之于社会"是麦当劳公司的长期承诺和经营宗旨。麦当劳公司自进入中国以来，一直致力于积极支持本地的多项公益事业。2002年11月20日，麦当劳中国发展公司向中华慈善总会捐赠了由全国500多家麦当劳餐厅共同筹集的善款100万元，用于购买《新华字典》，捐赠给贫困地区的12万多名小学生，充分体现了麦当劳努力成为所服务社区的优秀公民的企业传统。

3. 价格本土化

在价格策略的执行上，麦当劳执行的是本土化策略而不是全球化策略。在不同的国家，麦当劳产品的价格政策不同。例如，2010年，巨无霸在美国卖3.73美元，在日本卖3.78美元，到了中国却只卖1.966美元。麦当劳是根据以下几个步骤决定它的本土化价格的：①选择价格目标；②分析目标市场的需求；③对成本进行估算；④对竞争者的成本和价格进行分析；⑤选择合适的定价方法；⑥选择最终的价格。

麦当劳的定价体系是建立在一系列因素之上的，这些因素包括交通运输情况、生活水平、地理位置、市场研究和顾客分析，任何调整价格的决定都是事先做过充分研究和分析的。它的价格总会根据供应链成本做出相应的调整。2009年在澳大利亚，麦当劳有意上调其位于郊区的产品价格，是因为在他们看来郊区消费者更能接受较高的价格。

资料来源：http://www.wenku.baidu.com./link？url=bxtENPVIEFLR6XQVbYZZTVY900RFRRR220-k_Ek4eaIla5hER

（二）案例分析

从以上案例我们可知，麦当劳中国近年来在本土化进程上一直在努力进行着调整。在过去，麦当劳在中国讲究的是"洋范儿"，一直奉行全球标准化策略，其老对手肯德基自2002年就开始推出本土化产品"寒稻香蘑饭"，后又相继推出各式米饭、粥、烧饼、豆浆、油条、老北京鸡肉卷等产品。但麦当劳中国迟迟没有动作。但随着市场业绩的下滑和中式快餐硬件资源的提升，麦当劳也不得不考虑本土化问题。其中国总裁曾启山明确表示：虽然作为一家快餐公司，其清楚地知道自己的核心是什么，但他们也越来越深刻地认识到，提升品牌在中国的相关性是一件何等重要的事情。

（三）实践困境讨论

从以上案例及分析结果来看，有以下问题值得我们讨论。

1. 本土化与标准化如何权衡？

标准化与本土化是国际营销中的两种营销方案，前者指的是跨国经营的企业忽略国家和文化间的特殊差异，使用标准化的营销组合来应对全球市场；后者则是指企业针对各个目标市场的不同特点，选择适应当地经营环境的经营模式。在国际营销中，很多企业都面临一个共同的基本问题，即采用标准化方案还是采用本土化方案，这也是国际市场营销理论与实践中至今争论不休的问题。

企业对标准化和本土化的选择，可间接反映其对全球化的认识。迄今为止，采用不同方案的企业都有很多成功和失败的案例：一份研究报告曾对全球27家著名的大跨国公司，如可口可乐公司、麦当劳、索尼公司等进行了调查，发现有30%的营销计划是高度标准化的；但也有不少调查表明，国际营销的重大失误之一，就是营销方案没有实行本土化的结果。标准化与本土化孰是孰非、企业在国际营销中究竟采用哪种方式更为有效还真是没有规律可循。

2. 如何本土化？

国际化就离不开本土化，跨国企业的本土化早已不是一个新话题，但成功的本土化并没有统一的标准：并非一体化、规范化程度越高就是成功，也并非差异化、个性化程度越高（即全盘本土化）就是成功；并非进入一个新市场后在越短时间越快速地实现本土化就是成功，也并非在一个更长的时间跨度内逐步实现本土化就是成功。也就是说，本土化并没有定式，很难找出通用的策略与方法。

本土化策略的制定本身也是非常复杂的问题，跨国公司本土化过程中响应本土需求能力欠缺，尤其是在需要复杂信息的产品/服务开发和营销方面，如研究目标市场消费者的需求与特点、喜好何种促销方式、对广告的偏好如何、如何与本土的政府部门或协会实现有效沟通与合作等。另外，目标市场的本土需求是动态变化的，尤其是在当今瞬息万变的时代，即使跨国公司把握住了现阶段的需求，可能在很短的一段时间内又悄然发生了变化。

【情景实训】
国际营销发展阶段及国际营销理念

1. 实训名称

分析跨国公司国际营销发展阶段及国际营销理念。

2. 实训目的

根据企业资料，判断其国际营销发展阶段及国际营销理念。

3. 实训内容

请选定一家跨国公司，查阅其现有市场及经营产品、营销策略，分析其所处的国际营销发展阶段及秉持的国际营销理念。

4. 实训步骤

（1）把全班同学分成三组。
（2）每组选定一家公司，查阅相关资料。
（3）小组内讨论，分析其所处的发展阶段及秉持的国际营销理念，并形成书面材料。

5. 实训要求

每组成员必须熟练掌握国际营销理念类型及各类型表现特征。国际营销发展阶段有跨越国界型或对外营销型、异国型或国外营销型、多国型或全球营销型；国际营销理念有国内市场延伸观念、多国市场观念和全球市场观念（全球标准化、全球本土化和全球混合）。

模块二

国际营销环境分析

任务一 国际技术与自然环境

【学习目标】
❖ 了解技术环境对企业国际市场营销的影响；
❖ 理解科技创新的表现形式；
❖ 了解国际自然环境的基本差异；
❖ 掌握国际自然环境对企业国际市场营销的影响。

【任务描述】

柯达和富士的数字化生存道路

柯达的市场份额通过近乎垄断的"98协议"，得到了实实在在的提升。2001年，柯达在中国的市场份额达到了63%，超过富士近一倍。但从2000年起，数码相机市场连续高速增长，并呈现出集中爆发的趋势。在这个高速增长期，索尼、佳能、三星、尼康等数码企业纷纷杀入相机领域，其可替代的优势对传统胶片领域构成强烈冲击，当年，全球数码成像市场翻了差不多两倍，全球彩色胶卷的需求开始出现拐点，此后以每年10%的速度开始急速下滑。

尽管柯达的决策者此时做出了一个错误的决断：他们的重心，依旧放在传统胶片上。作为一个在传统胶片业占绝对份额的公司，柯达的决策者们并不希望看到数字业务太过迅猛的局面。"98协议"过后，柯达在中国范围展开了大量的投资，巨额的产能和规模还来不及消化，他们也不可能顾此失彼，下决心在数码领域投入过多的精力。对新一轮的数码变革，柯达的情境可用一句话来形容：一脚踩在油门上，一脚踩在刹车上，瞻前顾后，心态复杂。2000年，柯达的数码业务收入基本与1999年度持平，只占营业额的21%。

相比而言，没有太多选择的富士在数字业务转型上则心无旁骛。早在 1995 年，富士即在苏州成立了苏州富士胶片映像机器有限公司，着眼于高科技产业，1997 年，富士即开始生产数码相机。以技术立身的富士公司在数码相机领域拥有许多核心技术。2000 年，富士胶片与中国印刷科学技术研究所共同出资成立了富士星光有限公司，结合中国本土实际情况，自主研发推出了一系列高质量预涂式感光版（presensitized plate，PS 版），在国内印刷业得到广泛应用。富士星光还与国内企业进行技术合作，推出了两款国际领先技术的高速激光照排机。富士的数码冲印设备开始风靡全球，对传统冲印造成了很大冲击。

这一时期，柯达一直是被动的。直到 2001 年 3 月，柯达才在上海推出了数码冲印业务。就在 2003 年 10 月 23 日，柯达还高调宣称，与乐凯达成了一项为期 20 年的合作协议，柯达以总额约为 1 亿美元的现金和其他资产换取乐凯胶片 20% 的股份——柯达还在费尽周折地与传统胶片行业对手纠结。

到了 2002 年，一则数据很能说明问题：柯达的数字化率只有 25% 左右，而富士已达到了 60%。就在这年，据调查显示，2 300 万的美国家庭拥有了数码相机，比前一年增加了 57%。同期富士公司数码相机的销售量比 2001 年又翻了一倍，占据了日本市场的 30%，全球市场的 20%。

此时，柯达才意识到，传统胶片的辉煌时代已经一去不复返了。市场是残酷的，2000~2003 年柯达利润报告显示，柯达传统影像部门的销售利润从 2000 年的 143 亿美元锐减至 2003 年的 41.8 亿美元，跌幅达到了 71%。

目前，富士胶片在液晶显示屏材料中的 TAC 膜（三醋酸纤维膜）、高像素拍照手机的镜头组件和彩色相纸三大块，都占世界市场排名第一的位置。这和富士一直高度重视技术开发有关，因为富士一直认为"技术创新是企业的核心竞争力所在"。古森社长在给员工的 2008 年新年致词中表示：富士胶片要在 21 世纪成为"不断创新，持续发展的公司"。

资料来源：http://www.doc88.com/p-7498884151538.html

思考：

（1）科学技术是如何影响柯达与富士的营销决策的？

（2）科技创新对企业有何影响？

（3）面对科技创新企业应如何应对？

【任务实施】

科学技术飞速前进，新产品开发日新月异。每天世界上会有成千上万的专利和商标注册登录。自 2000 年以来，全球互联网使用者快速增加。2013 年全球移动互联网用户规模接近 24 亿。互联网为跨国公司提供了即时通道，并创造了前所未有的交易机会。

一、技术环境对国际营销的影响方式

（一）技术环境对顾客需求的影响

科学技术的进步，将会使人们的生活方式、消费模式和消费需求结构发生深刻的变化。

人民生活水平迅速提高，消费需求由低层次向高层次转变，由物质需求转向精神需求。服务产品趋向于个性化服务，甚至一对一服务。

在美国，由于汽车工业的迅速发展，美国成了一个"装在车轮上的国家"，现代美国人的生活方式，无时无刻不依赖于汽车。电子计算技术的发展使人们改变了传统的笔算和拨算盘珠的做法，甚至在日常生活中也逐渐离不开电子计算机和微型计算器。这些生活方式的变革，如果能被企业深刻认识，并主动采取与之相适应的营销策略，就能获得成功。所以，企业在组织市场营销时，必须深刻认识和把握由于科学技术发展而引起的社会生活和消费的变化，看准营销机会，积极采取行动，并且要尽量避免科技发展给企业造成的威胁。

（二）科技对产品策略的影响

企业要不断地对其产品实行技术创新，提高产品的技术含量是企业的重要竞争策略。科学技术的发展，使产品更新换代速度加快，产品的市场寿命缩短。科学技术的突飞猛进，新原理、新工艺、新材料等不断涌现，使刚刚炙手可热的技术和产品转瞬间成了明日黄花。这种情况下，要求企业不断地进行技术革新，赶上技术进步的浪潮。否则，企业的产品跟不上更新换代的步伐，跟不上技术发展和消费需求的变化，就会被市场无情地淘汰。科学技术的发展，使每天都有新品种、新款式、新功能、新材料的商品在市场上推出。因此，科学技术进步所产生的效果，往往借助消费者和市场环境的变化而间接影响企业市场营销活动的组织。营销人员在进行决策时，必须考虑科技环境带来的影响。

>> 小案例 >>

伊利：奶牛合作社

伊利作为中国乳业发展模式创新的领军者，创立并构建了"奶牛合作社"的核心内容及模式，那便是：建立牧场园区，免费让奶农进驻饲养奶牛，同时提供饲料的配给、技术咨询、资金协调、病疫防治等服务，最终负责统一收奶、统一检制、统一交售；同时，伊利还和奶农签订了保障合同，确保即使出现市场奶价暴跌的状况，也会以保护价来收购牛奶。

因此不但农业产业化经营在"奶牛合作社"当中得到了切实体现，而且依靠其完备的共赢模式，"奶牛合作社"带动农民脱贫致富的成效也非常明显。

近年来，乳品企业在奶源市场的争夺日趋激烈，行业内部盛传"得奶源者得天下"的说法。由于历史原因，中国奶牛的饲养模式仍处于"小规模，大群体"的阶段，奶牛饲养的规模化和产业化还非常落后，导致了原奶特别是优质原奶的市场供应严重不足。

在奶源基地的创新建设上，伊利实施了"三步走"的战略。20世纪90年代，伊利集团在中国乳品行业首创"公司+农户"的奶源基地模式，使伊利与百万农户形成了相互依托、同呼吸、共命运的鱼水关系，不仅使原奶质量大幅提升，还极大地提高了奶农的饲养能力和收入水平，此模式被乳制品工业协会作为典型向全国推广。随着奶牛养殖业规模的不断扩大和中国乳业的快速发展，伊利集团于2000年创新基地建设新模式，实行"公司＋牧场小区＋奶户"的养殖模式；2005年伊利集团顺应发展趋势，又在行业内率先实行"公司＋规范化牧场园区"的养殖模式。

2006年，伊利又提出了第四步走的发展模式，即建立由奶牛养殖户、政府职能部门、奶站经营者等组成的奶牛合作社，发展战略是：入社自愿、退社自由、民主管理、自主经营、利益共享、风险共担。这种模式可以为社员提供技术咨询、资金协调、科普宣传、疫病防治等服务，引导社员科学管理和规范喂养，同时负责统一收奶、统一验质、统一交售，从而进一步打通奶户与企业之间的渠道，保证高品质奶源的稳定供应。

截止到2007年，伊利集团已经累计投入20亿元用于奶源基地的建设，并向农户发放购牛贷款近20亿元。除此之外，伊利还一次性投入了4 000多万元设立奶牛防疫补贴和风险基金，累计投入320亿元收购原奶，带动了500万奶农的脱贫致富。"奶牛合作社"的成功和推广不但持续惠及数以万计的奶农，并为伊利的成长注入强大的动力，而且成为乳业推动新农村建设的实践的典范，被越来越多的奶农接受和推广。

由权威品牌研究机构"世界品牌实验室"发布的"2006年中国500最具价值品牌"中，伊利品牌价值大涨16.24亿元，以高达152.36亿元品牌价值继续蝉联行业首位，蒙牛的品牌价值略涨3.41亿元，达到88.54亿元。伊利进一步拉大其品牌优势。

资料来源：http://www.huhhot.gov.cn/fw/text.asp?id=6503&class=1005

（三）科技对营销方式的影响

科学技术的发展为提高营销效率提供了更新更好的物质条件。第一，科学技术的发展，为企业提高营销效率提供了物质条件。新的交通运输工具的发明或旧的运输工具的技术改进，使运输的效率大大提高；信息、通信设备的改善，更便于企业组织营销，提高营销效率。现代商业中自动售货、邮购、电话订货、电视购物等方式的发展，既满足了消费者的要求，又使企业的营销效率更高。第二，科学技术的发展，可使促销措施更有效。广播、电视、传真技术等现代信息传媒的发展，可使企业的商品和劳务信息及时准确地传送到全国乃至世界各地，这将大大有利于本国和世界各国消费者了解这方面的信息，并起到刺激消费、促进销售的作用。第三，现代计算技术和手段的发明运用，可使企业及时对消费者的消费需求及动向进行有效的了解，从而使企业营销活动更加切合消费者需求的实际情况。科学技术的发展，推动了消费者需求向高档次、多样化方向的变化，消费者消费的内容更加纷繁复杂。因此，生产什么商品，生产多少商品去满足消费者需要的问题，还得依靠调查研究和综合分析来解决。这种情况，完全依赖传统的计算和分析手段是无能为力的，而现代计算和分析手段的发明运用，提供了解决这些问题的武器。利用高级电子计算机对消费者及其需求的资料进行模拟和计算，分析和预测，就能及时、准确地为企业提供相关资料，以作为企业营销活动的客观依据。

（四）科技对营销管理的影响

国际营销是在国际市场上进行营销活动，企业面对的国际环境和因素比国内市场要复杂得多，因而传统的国际营销管理受地理位置和时间约束，一般采取松散型管理，而且对不同市场都必须设立相应的机构和配套组织，所以开拓国际市场成本相当高，而且控制风险相当大。而信息技术革命带来全球通信便捷，使远程办公、远程会议和远程管理成为可能，而且随着信息成本不断下降，这种现代化的管理模式和方式越来越易于操作，而且可以大幅度压缩传统的旅行费用和额外开支，可见国际营销的迅猛发展与信息技术革命是紧密相连的。同时知识经济兴起，促使企业从传统的侧重机构组织等硬管理，向教育、培训和提高员工的归属感等软管理转变，而培养国际员工的归属感并提高国际员工的素质与企业国际营销战略是紧密相连的。

（五）对竞争战略的影响

技术革命的加速发展，使企业获取巨大利润的同时，需要大量的投入并承担巨大风险，因此采用高技术开拓国际市场的企业，一般都注重与相关企业建立战略合作联盟，因而，使传统的单纯竞争形式变成既是竞争对手又是合作伙伴，相互依赖又相互竞争的形式，如美国的英特尔公司为开拓存储器市场就与日本的富士通公司联合开发研制，共同享受成果。同时由于知识经济的发展，国际市场的竞争由传统的对资本等低层次资源占有的竞争，转变为对知识生产、占有和利用能力的竞争。

二、互联网与国际营销

（一）互联网对国际营销的作用

知识经济时代要求企业的发展必须以服务为主，以顾客为中心，为顾客提供适时、适地、适情的服务，最大限度地满足顾客需求。互联网作为跨时空传输的"超导体"媒体，正好克服国际营销过程中时空的限制，可以为国际市场中所有顾客提供及时的服务，同时通过互联网的交互性可以了解不同市场顾客特定需求并针对性地提供服务，因此，互联网可以说是国际营销中满足消费者需求最具魅力的营销工具。互联网将同 4P（产品、价格、渠道、促销）和以顾客为中心的 4C（顾客、成本、便利、沟通）相结合对企业国际营销产生深刻影响。

（1）以顾客为中心提供产品和服务。针对国际市场顾客需求差异性大，利用互联网具有很好的互动性和引导性，企业可引导用户对产品或服务进行选择或提出具体要求，并根据顾客的选择和要求及时进行生产并提供及时服务，同时，企业还可以及时了解顾客需求的变化以及时满足顾客变化的需求，并提高企业的生产效益和营销效率，如美国 PC 机销售公司戴尔公司（Dell），在 1995 年还是亏损的，但在 1996 年，它们通过互联网来销售电脑，销售率增长了 100%。

（2）以顾客能接受的成本进行定价。传统的以生产成本为基准的成本导向定价，在当代经济全球化、全球竞争日益激烈的市场格局下，应当转变为以市场为导向的定价方法。由于国际营销面对不同市场和地区的顾客，其消费层次和需求千差万别，因而要求价格具有很大的弹性。以需求为导向定价，除考虑顾客的价值观念外，还要考虑顾客能接受的成本，并依据该成本来组织生产和销售。企业以顾客为中心定价，必须能测定市场中顾客的需求及对价格认同的标准，否则以顾客的接受成本来定价便是空中楼阁。顾客可以通过互联网提出接受的成本，企业根据顾客的成本提供柔性的产品设计和生产方案供用户选择，直到顾客认同后再组织生产和销售。

（3）产品的分销以方便顾客为主。网络营销是一对一的分销渠道，是跨时空进行销售，顾客可以随时随地利用互联网订货和购买产品。

（4）从强迫式促销转向加强与顾客直接沟通的促销方式。传统的促销是以企业为主体，通过一定的媒体或工具对顾客进行强迫式的促销，以加强顾客对公司和产品的接受度和忠诚度，顾客是被动地接受，缺乏与顾客的直接沟通，同时公司的促销成本很高。互联网上的营销是一对一式和交互式的，顾客可以参与到公司的营销活动中来，因此互联网更能加强企业与顾客的沟通和联系，直接了解顾客的需求，引起顾客的认同。

（二）技术革命发展趋势

人类社会自从进入蒸汽机时代以后，受到了技术革命带来的巨大冲击，尤其是当代技术革命对人们的思想观念、生存条件、工作方式等带来了空前的变化。技术革命推动社会发展，在知识经济时代，信息技术成为目前众多技术中发展最快，应用最广和经济效益最大的高新技术。信息技术发展的核心是计算机技术，因此各国特别重视对计算机技术的开发，特别是计算机的灵魂——软件技术的开发和使用，已经成为企业竞争的重要手段。在纷繁复杂的当代技术革命中，技术发展呈现出如下几个特点。

1. 技术思想科学化

第一，技术思想是以科学为先导，现代科学构成了现代技术的知识基础，现代技术的发展过程是以基础科学发展的自然规律为指导，经过技术科学探索得到某种类别的技术规律和技术理论，进而在工程科学指导下创造出全新的、特定的技术实体。可见现代技术是知识密集型技术，它不再是由经验寻找途径。第二，技术与科学相互渗透、同化，现代技术的发展在很大程度上以科学发展为前提，科学走在技术的前面，成为起先导作用的力量。第三，科学方法向技术化发展，科学研究形成了一套系统方法、控制论方法及信息论等科学方法，它们指导、规范技术革命和发展。

2. 技术构成复合化

现代技术是对多种科学知识的综合利用，是多种技术渗透、交叉、综合的多元复合体。科技的发展决定了社会需求的多元化，反过来社会需求的多元化、复杂化，又推动着技术的多元化发展。当今任何一门独立的科学和技术都难以满足社会需求的多元化，须由多种科学知识和技术相互依存、相互交叉联系而组合成一个技术体系，才能满足这种社会需求。20 世纪 40 年代以来，出现的高度综合性的技术，如计算机技术、加速器技术、原子能技术、空间技术、遗传工程等技术都是此类技术。例如，常用复印机上的静电复印技术，就应用了半导体光电技术、电磁感应技术、光学技术、传感器技术、微电子技术、自动控制技术、塑料加工技术、机械加工技术、计算机技术等多种技术。

3. 技术变革加速化

技术革命的加速化是现代技术发展的量的特征。它表现为重大技术变革的频率大大加快，技术从发明到应用的周期大大缩短，同类技术更新换代速度大大加快，技术的生命周期在缩短。例如，1946 年研制出的第一台计算机，到现在已经更新到第 4 代，速度提高上万倍，同时价格却下降上千倍，特别是计算机的核心芯片 CPU 基本上每隔 18 个月就更新一次，使同类微机产品从 20 世纪 80 年代初的 8088 发展到现在的 PⅢ，中间升级换代 7 次。

》》》 **小案例** 》》

苹果的高速成长

2003 年年初，苹果公司的市值在 60 亿美元左右。一家公司，在短短 7 年之内，市值增加了近 40 倍，如果说这是企业史上的一个奇迹，估计没人会反对这一观点。苹果公司以发明、创新著称，并在计算机与消费电子集成产品的发展上处于领先水平。

2003 年苹果推出了 iTunes。这是苹果历史上最具革命性创新的产品，推动了苹果市值的快速飙升。iTunes 是苹果终端的管理平台，无论是 iPod、iPhone 还是 iPad，都是通过 iTunes 来管理的。iTunes 是苹果的创新枢纽。可以说，没有 iTunes 的出现，就没有 iPhone 和 iPad 这样革命性的产品出现。随着 iTunes 的出现，苹果公司进入音乐市场，它不仅可以靠卖产品赚钱，还可以通过卖音乐来赚钱。短短 3 年内，iPod + iTunes 组合为苹果公司创收近 100 亿美元，几乎占到公司总收入的一半。

iTunes 受到了来自用户、合作伙伴的广泛支持。因为 iTunes 的存在，能够让更多人更方便地下载和整理音乐，大大促进了 iPod 的销售，并让 iPod 和其他音乐播放器区分开来，短时间之内占领了近 90% 的市场。唱片公司也欢迎 iTunes 的出现，在 iTunes 出现之前，唱片公司对于泛滥成灾的音乐盗版无能为力，iTunes 让他们觉得看到了盈利的可能性。当然最高兴的是苹果公司，它通过卖 iPod 赚硬件的钱，再通过 iTunes 赚音乐的钱。

苹果公司的过人之处，不仅在于它为新技术提供时尚的设计，更重要的是，它把新技术和卓越的商业模式结合起来。苹果真正的创新不是硬件层面的，而是让数字音乐下载变得更加简单易行。利用 iTunes + iPod 的组合，苹果开创了一个全新的商业模式——将硬件、软件和服务融为一体。这种创新改变了两个行业——音乐播放器产业和音乐唱片产业。

从苹果公司的高成长奇迹来看，高成长的公司对于赶超或打败竞争对手并不感兴趣，技术创新也不是他们的终极目的，他们真正感兴趣的是创造与众不同的市场！

资料来源：http://business.sohu.com/20051019/n240562734.shtml

三、国际营销自然环境

自然环境是国际营销环境的重要因素之一，但通常未引起人们足够的关注。自然环境主要包括自然条件和基础设施条件。自然环境是不可控的宏观环境，它对社会经济、市场结构、消费者态度和行为均产生影响，从而对企业营销产生深刻的影响。

（一）世界各国气候、地形及资源与国际营销

1. 世界各国气候、地形及资源

世界各国由于地理分布差异很大，造成各国气候、地形和资源的巨大差异。下面主要按各洲分别介绍一些典型国家的基本自然环境和资源情况。

（1）亚洲是世界最大的洲，亚洲海岸线绵长而曲折，大陆地形复杂；亚洲地区跨寒、温、热三带，气候类型比较复杂；亚洲矿产资源丰富，种类繁多。

第一，韩国。东亚的韩国位于朝鲜半岛，自然资源比较匮乏，原料、燃料主要依靠进口；河流短小流急，水利资源比较丰富；朝鲜半岛属于温带季风气候。

第二，日本。日本是太平洋的一个群岛国家，地形复杂，而且地震频繁，每天达 4 次之多；日本群岛四周临海，气候受海洋调节形成温和湿润的海洋性季风气候，降水也比较丰富；日本地下资源种类繁多，但储量少而且分布零散，日本鱼类资源比较丰富，日本大部分原材料依赖进口。

第三，泰国。东南亚的泰国，位于中南半岛的中部，全境大部分为低缓的山地和高原；大部分地区属于热带季风气候，全年可以明显分为三季：3 月至 4 月为热季，5 月至 10 月为雨季，11 月至次年 2 月为凉季；国内有丰富的锡矿和宝石，盛产贵重木材柚木。

（2）欧洲大陆是亚欧大陆伸入大西洋中的一个大半岛，冰川地形分布较广，高山峻岭汇集南部，地形多高原、丘陵和山地；欧洲大部分地区处在北温带，气候温和湿润；欧洲的矿产资源中煤、石油、铁量比较丰富。

第一，俄罗斯。俄罗斯位于欧亚大陆北部，地形复杂多样，境内地势东高西低，70%的土地是平坦辽阔的平原，境内水资源丰富，流域宽广；处于多种气候带，大多数地区属于温带和亚寒带大陆气候，冬季漫长严寒，夏季短促凉爽；自然资源种类繁多，储量丰富，自给自足程度高，森林覆盖率高达 40%，水利资源极为丰富。

第二，德国。德国位于欧洲中部，地势北低南高，北部为平原，南部为山区地带；矿物资源比较匮乏，但煤和钾盐比较丰富；农业生产现代化，畜牧业非常发达。

第三，英国。英国是大西洋岛国，东南部多为平原，北部多为山地和丘陵；多雨雾；煤、铁储量非常丰富，石油、天然气也比较丰富，其他矿物贫乏，森林覆盖率为 9%，沿海渔产丰富。

第四，法国。法国位于欧洲西部，地势东南高西北低，中南部有中央平原，西北部是北法平原；大部分地区属于海洋温带气候，南部沿海属于亚热带地中海式气候；铝、铀矿比较丰富；森林面积占全国的26%。

第五，意大利。意大利在欧洲南部，山地和山前丘陵占全国总面积的80%，平原仅占20%，北部为山区，有许多山口，是中欧通向地中海要道；阿尔卑斯山脉南面的波河平原是主要农业区；亚平宁山脉纵贯半岛南北，南部多火山和地震；北部山区属温带大陆性气候，半岛和岛屿属亚热带地中海式气候；汞、天然气、大理石、硫黄蕴藏较多，此外还有铝土矿、铅、锌、石油及少量煤和铁；水力资源估计为380万千瓦；森林面积占全国面积的20%左右。

（3）非洲沿海岛屿不多，大多面积很小，岛屿的面积只占全洲面积的2%。大陆北宽南窄，像一个不等边的三角形，海岸平直，少海湾和半岛。全境为高原型大陆，平均海拔750米。非洲大部分地区位于南北回归线之间，全年高温地区的面积广大，有"热带大陆"之称。境内降水较少，仅刚果盆地和几内亚湾沿岸一带年平均降水量在1500毫米以上，年平均降水量在500毫米以下的地区占全洲面积的50%。刚果盆地和几内亚湾沿岸一带属热带雨林气候。地中海沿岸一带夏热干燥，冬暖多雨，属亚热带地中海式气候。北非撒哈拉沙漠、南非高原西部雨量极少，属热带沙漠气候。其他广大地区夏季多雨，冬季干旱，多属热带草原气候。马达加斯加岛东部属热带雨林气候，西部属热带草原气候。非洲矿物资源丰富，目前已知的石油、铀、金、金刚石、铝土矿、磷酸盐、铌和钴的储量在世界上均占有很大比重。石油主要分布在北非和大西洋沿岸各国，估计占世界总储量的12%左右。铜主要分布在赞比亚与扎伊尔的沙巴区，金主要分布在南非、加纳、津巴布韦和扎伊尔，金刚石主要分布在扎伊尔、南非、博茨瓦纳、加纳、纳米比亚等地。此外还有锰、锑、铬、钒、铀、铂、锂、铁、锡、石棉等。森林面积约占全洲面积的21%。

（4）大洋洲的澳大利亚联邦位于南半球，在太平洋西南部和印度洋之间。澳大利亚大陆四面环水，因受亚热带高气压及东南信风的控制和影响，沙漠和半沙漠占全国面积的35%；黑煤和褐煤探明储量为6560亿吨，金矿储量丰富，是世界主要产金国之一；澳大利亚在水利资源上的一个最大特点，就是有极丰富的地下水，形成若干地下潜水区；森林面积约占全国总面积的5%；澳大利亚以动植物的珍异闻名，是世界上桉树的原产地，有袋鼠、鸭嘴兽、黑天鹅等珍奇动物。

（5）北美洲中部的美国，是世界最大国家之一，境内地势东西高，中央低；水利资源比较丰富；美国自然矿资源比较丰富，矿资源自给比较充分，森林面积占全国面积的30%；美国气候比较复杂，东北部属于大陆性温带针叶林气候，冬季比较寒冷，夏季温和；中部平原气候变化异常，温差变化大；西部地区内陆高原冬季干燥寒冷，西部太平洋沿岸则属于亚热带地中海式气候，北段属海洋性温带阔叶林气候。

2. 世界各国气候、地形及资源对国际营销的影响

（1）影响国际营销产品选择。气候、地形和资源这些自然条件体现了一个国家的物质特点，其影响范围很广。资源分布不均对国与国之间的贸易及企业国际营销有广泛的影

响。不同的国家由于其资源种类和数量差异较大，其生产的产品也呈现出很大差异性，特别是与资源密切相关的产品，如加拿大森林资源丰富，生产的纸张原料好，质量高，价格廉，具有很强的竞争力，对加拿大进行国际营销时应选择其薄弱方面，如以棉花作为原料的产品。因此，在开展国际营销时，选择的产品应是销售地国家所缺乏的或缺乏竞争力的，以提高产品国际营销的成功率。

（2）影响国际营销产品改进。一个国家的地形、地势和气候地理因素是企业进入该国市场必须考虑的重要因素，如一个国家的海拔高度、湿度和温度变化可能影响产品和设备的使用和性能的要求，在温带地区运转良好的产品到了热带有可能发生性能急剧恶化。即使是同一国家内，各地气候也可能有很大的差异，需要对产品或设备进行重大改造。

（3）影响国际营销时机选择。由于地理位置不同，不同国家在同一时期的气候表现出很大的差异性，甚至是相反的气候，特别是南北半球的截然相反的季节变化。因此在开展国际营销活动时，对于时令产品的国际营销要特别注意销售国的气候情况，如在中国很畅销的冬天服装，如果同时在澳大利亚销售，恐怕被认为是十分不正常的表现。

（二）环保主义运动、可持续发展战略与国际营销

1. 自然环境破坏及环保运动兴起

随着工业和经济发展，自然环境问题变得越来越严峻。污染问题的日益严重化，引起了各国政府高度重视，各国政府纷纷出台环保法律和法规，并提出可持续发展战略。

环保主义运动集中于为满足人们物质需要和欲望增加环境负担的成本，是关心社会的公民和政府为保护与改善人们生活环境所进行的有组织活动。环境保护主义者关注掠夺式的采矿、森林滥伐、工厂烟雾、广告牌和废弃物，以及休闲机会的损失和由于受到脏空气、脏水和化学品污染的食物对健康引起的问题。环境保护主义者并不反对营销和消费，只是希望这些活动遵循更多的生态原则。他们认为营销系统的目的应使生活质量最佳化，而生活的质量不仅是消费者商品和服务的量与质的问题，也是环境的质量问题。环境保护主义者希望环境成本应包含在生产者和消费者的决策之中，赞成使用税收和制定条例限制违反环保行为的真实社会成本，并要求企业在反污染的设施上投资，对不能回收的废弃品收税，引导企业和消费者重视环境保护。

2. 环保主义对国际营销的影响

环境保护主义运动和可持续发展战略的开展，使许多国家消费者开始关注自己赖以生存的环境，关注自己的消费行为是否造成环境污染，自觉使用以可再生资源所做的产品，使用带有环保标志的绿色产品；各国政府也采取积极措施，制定各种严格的环保政策，并强制要求企业购买设施和采取措施解决环境问题。因此，在开展国际营销活动时，必须密切关注当地政府和消费者对环境保护的关注程度，否则，再好的产品因不符合消费者的环保意识，也可能导致产品营销活动的失败。一般来说，西方发达国家消费者环保意识非常强，采取营销活动时要特意宣传产品使用了多少可再生资源，而且要强调对环境污染非常

小，以迎合消费者的环保观念；更重要的是，进行国际营销活动时，必须了解和遵循当地有关环保的法令和条规，否则产品可能遭到封存和禁止销售的处罚。企业在进行国际营销时，必须针对特定市场，对产品进行合适的包装、改造，避免引起环保问题争议。在对西方国家开展营销活动时，产品最好能通过 ISO14000 的环保认证标志，有国际认可的环保标志的产品可以在全球市场免除与环境相关问题的检查。这样既可以节省时间，也可以确立企业的环保品牌意识。

【任务小结】

科学技术包括本国、目标市场国和国际的科技发展水平，科技新成就及其应用状况，科技结构及变化趋势，目标市场国消费者对新技术的接受能力等。企业应密切关注科技新动向，并与研究消费者需求动向、产品策略、交易方式创新、营销管理变革和创新竞争战略等方面相结合。

自然环境包括本国、目标市场国和国际的自然资源分配、自然条件和气候、地理条件和文化遗产、景观等。企业应依据各国自然环境的优劣势选择适当的交易产品；适当调整自身产品的功能和应用内容，增强产品在国际市场上的适应性和竞争力；能依据自然环境的特点和变化选择国际营销的时机。

【相关知识】

技术环境是指目标市场地区科技发展状况和商品的技术水平，以及目标市场消费者对产品技术的接受能力等。分析企业的科技环境，就是分析其所在行业新技术、新工艺、新材料的研制发展情况及三新的应用情况。国际营销人员需要对其所在领域的技术环境了如指掌，能够准确判断该领域的生产力发展情况及工业化程度等。

一个国家的自然资源环境，包括自然资源、土地面积资源等。世界各国自然环境对国际营销的影响主要表现在影响国际营销产品选择、产品改进、营销时机选择等方面。了解各国的自然环境，对企业从事国际市场营销活动是十分有必要的。

可持续发展战略是指社会经济发展必须同自然环境及社会环境相联系，使经济建设与资源环境相协调，使人口增长与社会生产力发展相适应，以保证社会实现良性循环发展。

【实践能力拓展】

（一）案例

海尔的自主创新设计

海尔创立于 1984 年，经过 30 多年的拼搏创新，海尔从一家集体小企业发展成为全球白电第一品牌。1985 年，海尔从德国引进了世界一流的冰箱生产线。一年后，有用户反映海尔冰箱存在质量问题。海尔公司在给用户换货后，发现库存的 76 台冰箱虽然不影响冰箱的制冷功能，但外观有划痕。时任厂长的张瑞敏决定将这些冰箱当众砸毁，并提出"有缺陷的产品就是不合格产品"的观点，海尔砸冰箱事件在为企业赢得了美誉的同时，也反映出中国企业质量意识的觉醒，拉开了科技创新竞争的序幕。

1990 年，海尔冰箱开始进军德国，为了验证自己的品质，海尔人把冰箱揭掉商标，与同样揭掉商标的德国产品摆放在一起，进行全面质量检测，结果海尔一下子得了 8 个加号，得分最高，超过了德国利勃海尔冰箱。仅 6 年的时间，海尔就消化吸收了 2 000 余项国外冰箱生产技术，并将其转化为"海尔标准"，实现了海尔强大技术基础。为海尔实现自我技术创新打下了坚实根基。

海尔根据中国市场的需求，研制生产出第一台完全国产化的冰箱产品，此后，国内第一台分体组合式冰箱，世界第一台无氟、节能、大冷冻力三合一的抗菌冰箱等相继问世，海尔的技术创新步入新的台阶。于是，"海尔—中国造"响彻大江南北。如今，海尔一发不可收，东南亚海尔、中东海尔、欧洲海尔……到 2005 年 6 月，海尔已拥有 30 个海外制造基地和海外贸易公司。2004 年，海尔实现出口创汇突破 10 亿美元，海外生产、海外销售突破 10 亿美元；在美国 200 升以下冰箱市场中海尔占 30%以上的份额，居第一位。2005年前 4 个月，海尔出口创汇和海外生产、海外销售比去年同期分别增长 40%和 50%。

在中国家电业此起彼伏的价格大战和你争我夺的利润追逐战中，张瑞敏冷静地提出"不打价格战，要打价值战"的独到的观点。张瑞敏所说的价值战，就是以自己独特的追求自主创新技术的方式，实现企业、产品和市场价值，实现自主技术的扩张。这是海尔能够成为世界级品牌和世界级公司的核心基础。

综观海尔发展的历史，技术创新一直是其成长和壮大的主要动力。其成长轨迹对中国企业技术创新国际化进程有重要的启示作用。海尔技术创新国际化的过程大体经历了下列三个阶段：合资引进技术—建立自己的技术研究中心和发展体系—输出技术或在国外建立自己的研究与发展分支机构。如今，海尔每年的自主技术投入已经达到了年销售收入的 6%。

资料来源：http://business.sohu.com/20051019/n240562734.shtml

（二）案例分析

在国际营销中，企业若想成功，必须适应瞬息万变的国际市场，其中包括科学技术的创新与更新。科学技术的进步和发展，必将给经济、政治、军事及社会生活等各个方面带来深刻的变化，这些变化也必将深刻地影响企业的营销活动，给企业造成有利或不利的影响，甚至关系到企业的生存和发展。因此，企业应特别重视科学技术这一重要的环境因素对企业营销活动的影响，以使企业能够抓住机会，避免风险，求得生存和发展。

（三）实践困境讨论

从以上案例及分析结果来看，有以下问题值得我们讨论。

1. 跨国营销，科技创新为企业带来哪些影响？

科学技术的发展直接影响企业的经济活动。科学技术的发展，使产品更新换代速度加快，产品的市场寿命缩短。科学技术的发明和应用，可以造就新的行业、新的市场，使旧的行业与市场走向衰落。科学技术的发展和应用影响企业的营销决策。科学技术的进步，将会使人们的生活方式、消费模式和消费需求结构发生深刻的变化。

2. 国际营销者如何分析技术环境？

整个企业的研究开发经费总额、企业所在产业的研究开发支出状况、技术开发力量集中的焦点、知识产权与专利保护、新产品开发状况、实验室技术向市场转移的最新发展趋势、信息与自动化技术发展可能带来的生产率提高前景等，都可以作为关键战略要素进行分析。

【情景实训】

国际市场营销技术及企业应对措施

1. 实训名称

分析国际市场营销自然与技术及企业应对措施。

2. 实训目的

了解国际自然与技术营销的内容，及其对跨国企业的影响。

3. 实训内容

华为的创新之路给中国通信企业带来的启示

企业在创新方面的大智大勇体现在能不能创新（是否有创新环境和创新背景），想不想创新（创新动力在哪里、动力足不足），敢不敢创新（是否敢投入、投入力度有多大），会不会创新（创新管理和机制是否健全、创新策略是否正确）等方面。在明确"能创新"和"想创新"之后，华为在创新方面的大智慧更多地体现在坚定不移地加大创新投入，规范化的创新流程管理，以客户需求为导向的技术创新理念，创新之后的进一步开放创新，等等。从创立之初注册资本仅有 2.4 万元的民营科技企业，到如今让人尊敬的国际通信巨头，华为的创新应该能给中国的通信企业带来一些启示和借鉴。然而后起国家的企业和产业的崛起，必然会遭遇先机占据利益者的阻碍，来自国际环境的压力将会让中国企业的创新和发展面临严峻挑战。我们也期盼，中国通信企业的创新之路和发展之路，能在政府和本土市场的保驾护航之下，涌现出更多的"华为"。

第一，持之以恒的创新投入。

作为一个高科技企业，华为从成立之初就将使命锁定在通信核心网络技术的研究和开发上，明确技术创新是决定企业生死存亡的生命线。拥有企业自主知识产权和核心技术的产品，是华为技术创新的一个重要目标。华为明白，作为后起之秀，在科技含量高的通信领域，要实现与强大竞争力，一定要形成自己企业的核心技术产品，才能赢得市场支持。通信设备的技术主要体现在硬件和软件上，而硬件和软件的核心技术又分别体现在芯片和核心软件（如基本算法、协议、信令等）上。1993 年华为成立了基础研究部，专门负责研发华为通信设备所需要的专用集成电路（application specific integrated circuit，ASIC）。大量 ASIC 芯片的推出，不仅构筑了华为在硬件方面的核心技术基础，而且大大降低了成本。1996 年任正非提出了华为著名的"压强原则"，那就是通过持续、大规模科研投入和集中精力突破一点的方法，使华为与世界著名公司相比，部分产品达到先进水平，局部领先，从而获得市场的支持。2009 年，任正非又提到了"深淘滩，低作堰"。他说，深淘滩就是多挖掘一些内部潜力，确保增强核心竞争力的投入，确保对未来的投入，即使在金融危机时期也不动摇；低作堰就是不要因短期目标而牺牲长期目标，多一些输出，多为客户创造长期价值。

持之以恒、周而复始、心无旁骛的技术研发高投入为华为取得技术优势和产品核心竞争力奠定了坚实的基础。从 1993 年起，华为坚持以每年超过销售额 10% 的比例投入技术研发中。截至 2009 年年末，华为共有 10 000 多名工程师从事移动网络技术的研发工作，此外，华为 5 000 多名的市场人员，又是技术研发的先导与检验人员。

第二，规范化的创新管理流程。

"核心竞争力对企业来讲是多方面的，技术与产品仅仅是一个方面，管理与服务的进步远比技术进步重要。华为取得既往成功的关键因素，除了技术、人才、资本，更有管理与服务"，任正非曾这样总结华为的管理经验。他还以为，"产品发展的路标是客户需求导向；企业管理的目标是流程化组织建设"。这两句话贯穿在华为 20 年的发展历程，也由此形成了华为在复杂、激烈的市场竞争中取得卓越成绩的核心竞争力。

在技术研发管理方面，华为花重金从 1998 年开始总共用了 5 年的时间，来引进、推行 IBM 的集成产品开发（integrated product development，IPD）集成管理模式。IPD 让华为从技术驱动转向了市场驱动，彻底改变了华为的技术管理和项目研发流程。华为的技术管理体系包含了业务与产品分层、技术与平台规划、研发流程与项目管理、公共构建模块（common build block，CBB）管理、技术管理组织与绩效管理五大方面，使华为形成了从立项，到开发，到将产品推向市场，再到量产的项目管理，实现了公司范围内的跨部门协作，为华为在技术和产品上的成功奠定了坚实的基础。IPD 技术管理体系强调的核心思想，如技术开发是一项投资行为、基于市场的技术研发、业务分层管理、技术重用（CBB）、跨部门团队技术研发、结构化的研发流程、开放式创新等，在华为的技术创新管理中发挥着重要作用。

IPD 技术管理规范了华为的技术创新流程，保证了"以客户需求为导向"的技术创新，让华为的技术创新做到在准确理解客户需求之后，再将客户的需求准确传递，然后根据市场需求，准确进行创新取舍评判，并且保证了人力、能力的全面支持。全流通的创新管理保证了华为能够快速响应市场，优良服务客户，成就了华为在满足客户需求方面"让客户惊叹，让对手心寒"的高效配合能力。

第三，以客户需求为导向的技术创新。

任正非在 2009 年最后一天向华为内部员工发送题为"春风送暖入屠苏"的新年贺词表示，华为在全球的增长得益于"基于客户的持续创新"。

技术驱动型在通信业发展早期一度盛行，企业往往是先行研发出来产品，然后再去向客户进行推销，华为早期也习惯于这种模式。但技术驱动模式在通信市场日益成熟，市场竞争日益加剧之后，常常显现出技术与市场脱节的短板，往往企业埋头几年研发出的新技术新产品并不能为市场接受，不仅造成人才、财力、资源的巨大浪费，也沉重考验企业在市场的竞争力和发展能力。怎样才能提升企业核心竞争力，促进企业生存、发展能力的不断提升，是华为在技术驱动盛行期就开始苦苦思索的课题。

作为一个商业群体必须拥有两个要素才能活下去，一是客户，二是货源。1998年，华为果断地从IBM引入IPD集成研发模式，开始以"技术驱动"向"市场驱动"的全面转型。"坚持以客户价值观为导向，持续不断地提高客户满意度"的技术创新理念也在那个时候确立。例如，获得2008年度中国国家科技进步二等奖的华为分布式基站就是在仔细分析了客户需求的基础上研发出来的。华为发现欧洲移动运营商花在租用机房、设备用电、安装维护等方面的费用成为其最大的支出。基于欧洲客户这种需求，华为研发团队积极创新，开发出了分布式无线基站解决方案，设备可以安装在过道、楼梯间和地下室等狭小的空间，大大降低了机房的建设与租用成本，并且易于安装。

华为规定每年有5%的研发人员去做市场，每年有5%的市场人员去做研发。研发与市场的紧密结合，让华为能够准确地针对不同的客户需求，提供实现其业务需要的解决方案，根据解决方案开发出优先满足客户需求的质量好、运作成本低、服务好的优质产品。

第四，创新产品成为市场利器。

近几年来，华为以市场为导向的创新产品逐渐获得市场认可和欢迎，市场业绩也节节攀升，并出现快速增长势头：2005年，华为全年销售额为82.5亿美元；2006年为84.5亿美元，2007年全年销售额首破百亿美元，达160亿美元；2008年在全球金融危机爆发时逆势上涨，全年销售额达183.3亿美元，同比增长42.7%；2009年华为一举创下300亿美元的销售收入，超过诺西成为全球排名第二的通信企业，其中在无线通信设备领域的全年销售额达到100亿美元，无线基站发货量居全球首位，成为全球最大的无线设备供应商。华为基于智能架构的整体移动宽带网络解决方案、全套室内覆盖解决方案、绿色移动网络解决方案等业界领先的创新型解决方案和产品受到全球客户的欢迎，成为华为实现市场突破的利器。

以华为整体移动宽带网络解决方案为例，整体移动宽带网络解决方案通过"SingleRAN""高速云""连续云""IPTime""IPN"（intelligent packet network，即智能分组网络）等多种方案，帮助运营商以最经济的方式来保证用户体验，同时在向未来演进时保护现有的投资。由于采用了华为增强型高速分组接入（high-speed packet access+，HSPA+）、长期演进/系统结构演进（long term evolution/system architecture evolution，LTE/SAE）、家庭基站（femtocell）等下一代移动通信技术，在提升用户体验的同时能大幅度提高无线的空口使用效率，降低每Bit成本；同时通过华为的IPN解决方案能有效识别点对点（peer-to-peer，P2P）流量并进行管理，缓解"流量的提高与收入的增长不成正比"的状况。更为重要的是，通过IPN解决方案进行精细化运营，能够对用户实施个性化的运营策略，能够按不同SP/CP的内容和流量制定不同的分成模式，并可依据商业智能获得广告的精准目标受众，精确有效地实施移动广告，为用户、服务提供商/内容提供商（service provide/content provide，SP/CP）、移动广告商等价值链上的伙伴带来的新的价值，从而开拓了新的收入来源，有力地提升了运营商在移动宽带产业价值链中的地位和作用。

华为业界首创的整体移动宽带网络解决方案由于深谙运营商需求，一经推出就获得全球运营商的认可，在中国联通、Telenor、TeliaSonera、比利时电信、Net4Mobility、美国移动等运营商网络获得大规模应用。有关数据显示，截至 2009 年上半年，华为已经获得通用移动通信系统/高速分组接入（high-speed packet access，UMTS/HSPA）合同 150 个。截至 2009 年 12 月，华为已经获得 5 个 LTE 商用合同和 1 个预商用合同，为全球最多。同时，与全球运营商合作部署的 LTE 商用网络和试验网超过 42 个。华为在 LTE 的技术创新和市场领先，标志着华为已经成为下一代移动通信技术的领跑者。

第五，开放性创新汇聚创新合力。

在创新取得成绩和积累之后，华为积极开展了与其他企业和国际标准化组织之间的合作与开放式创新。从 20 世纪 90 年代中期开始启动知识产权战略，至 2009 年 6 月，华为已加入国际电信联盟（International Telecommunication Union，ITU）、第三代合作伙伴计划（3rd generation partnership project，3GPP）、第三代合作伙伴计划 2（3rd generation partnership project2，3GPP2）、开放移动联盟（Open Mobile Alliance，OMA）、欧洲电信标准化协会（European Telecommunications Standards Institute，ETSI）、国际互联网工程任务组（the internet engineering task force，IETF）等 123 个国际标准组织。在光纤传输、光纤接入、核心网、无线接入网、业务应用、下一代网络、互联网的服务质量（internet protocol quality of service，IPQoS）和安全领域等，共申请专利 39 184 件，其中长期演进技术（long term evolution，LTE）专利申请全球前三，拥有的 LTE 核心专利居全球通信设备商之首。但在华为看来，专利并不是一种目的，而是获得市场进入许可，同时是获得产品以及成本竞争力的商业手段。华为主张一方面"通过合理付费的交叉许可，创造和谐的商业环境"，另一方面，则要积极地积累自己的专利池，获得越来越多的筹码。通过专利许可谈判，至今华为已与通信行业几乎所有主要的知识产权（intellectual property rights，IPR）拥有者，如爱立信、诺基亚、北电、阿尔卡特、高通等公司达成 IPR 交叉许可协议。2008 年仅支付给西方公司的专利许可费用就超过 2 亿美元。

第六，持续创新引领行业发展。

2010 年新年伊始，华为发布了下一个十年通信行业趋势展望。华为认为，在一个电信渗透率饱和时代即将来临之际，"超越人口，发展用户""超越语音，发展业务""超越管道，发掘价值""超越行业，发展行业"的"四个超越"，将帮助运营商突破"人口、语音、管道、行业"的天花板，把电信行业带到新高度。华为预计，物联网、移动宽带、云计算、家庭网络四类创新型技术，将可以帮助运营商实现"四个超越"。在通信行业转型发展的下一个十年中，华为表示，将会一如既往地进行产品创新、业务创新、架构创新和技术创新，制定面向未来的 Single 网络战略，支撑未来业务的增长，带动整个行业的持续发展。

第七，创新发展面临挑战。

然而，中国的崛起，对中国通信企业的成长而言，是一把双刃剑。一方面，实力的增强有利于更快、更好的发展，另一方面，中国通信企业的强大，势必造成与先进国家既得利益者的利益冲突。中国通信企业的发展面临中国威胁论夸大化，以及贸易保护日渐抬头的严峻挑战。据悉，欧洲金属工人联合会和欧洲电信设备商下面的欧洲雇员委员会已正式向欧洲议会提交请愿书，要求从政策方面支持欧盟电信企业的发展；欧盟将对中国企业展开阻挠和限制，表现在经费支持本土企业的技术创新、更多采购本土企业产品、对外来企业进行市场限制、对专利采取重新审查措施等方面。

当前形势下，中国通信企业的发展和创新期待本国政策和市场的全力呵护和保护。中国知名创新专家、清华大学技术创新研究中心研究员高旭东教授表示，发展中国家相当的市场保护是本土企业生存和发展的基本条件。高旭东认为，一个行业的创新离不开稳定的产业基础和环境，一个企业的创新除了有技术投入、市场需求、创新机制和创新管理之外，更需要依靠本国的市场基础来支撑。华为人也说，当初我们敢于巨资创新投入，成功转战国际市场，是因为有强大、稳定的本土市场做靠山。

20 多年来，华为走过的道路并不平坦，未来还要面对来自国际、国内市场的更多挑战，强大、稳定的本土市场仍将是华为在国际市场取得成功的坚强后盾，也是华为未来技术创新的一块基石。我们相信，有了稳定的本国市场背景做支撑，我国通信企业的创新步子将会越迈越坚实、创新之路也才能越走越广阔。

资料来源：罗茜文. 华为的创新之路给中国通信企业带来的启示[J].移动通讯，2010，34（3）：13-16

4. 实训步骤

（1）把全班分成五组。
（2）每组讨论华为创新的发展路程。
（3）小组内讨论，然后由一名学生做汇报（可以用各种形式来表达）。

5. 实训要求

每组成员必须熟练掌握科技创新的表现形式及其对企业营销策略的影响

任务二　国际文化环境

【学习目标】
◇　理解文化的涵义；
◇　了解文化的构成要素；
◇　掌握文化的变化对企业国际营销的影响；
◇　掌握国际营销中的商业习惯。

【任务描述】

看肯德基在香港商场沉浮

商海沉浮，世事难料。1973 年 9 月，香港市场的肯德基公司突然宣布多间家乡鸡快餐店停业，只剩下四间还在勉强支撑。肯德基家乡鸡采用当地鸡种，但其喂养方式仍是美国式的。用鱼肉喂养出来的鸡破坏了中国鸡的特有口味。另外，家乡鸡的价格对于一般市民来说有些难以接受。

在美国，顾客一般是驾车到快餐店，购买食物回家吃。因此，在店内通常是不设座的。在中国香港市场的肯德基公司仍然采取不设座位的服务方式。为了取得肯德基家乡鸡首次在香港推出的成功，肯德基公司配合了声势浩大的宣传攻势，在新闻媒体上大做广告，采用该公司的世界性宣传口号"好味到舔手指"。

凭着广告攻势和新鲜劲儿，肯德基家乡鸡还是火红了一阵子，很多人都乐于一试，一时间香港肯德基店门庭若市。可惜好景不长，仅3个月后，就"门前冷落鞍马稀"了。到1975年2月，首批进入香港的美国肯德基连锁店集团全军覆没。

在世界各地拥有数千家连锁店的肯德基为什么唯独在香港遭受如此厄运呢？肯德基公司经过认真总结经验教训，发现是中国人固有的文化观念决定了肯德基的惨败。

10年后，肯德基带着对中国文化的一定了解卷土重来，并大幅度调整了营销策略。广告宣传方面低调，市场定价符合当地消费水平，市场定位于16岁至39岁之间的人。1986年，肯德基家乡鸡新老分店的总数在香港为716家，约占世界各地分店总数的十分之一，成为香港快餐业中，与麦当劳、汉堡皇、必胜客并列的四大快餐连锁店。

资料来源：http://wenku.baidu.com/view/934a9af1aef8941ea76e0551.html

思考：

（1）肯德基公司在20世纪70年代为什么会在香港全军覆没？20世纪80年代该公司为什么又能取得辉煌的成绩？

（2）国际营销环境下文化的构成要素有哪些？他们对企业国际营销的影响表现在哪些方面？

【任务实施】

企业在进入国际市场前，需要根据文化间的相似性和差异性，来制定适合于各个市场需求的营销战略与策略。不同文化背景下人们的需求往往是不同的，营销者必须将文化置于国际领域来进行比较分析，国际市场营销者必须具有对文化差异的敏感性。

一、语言

（一）口头语言

语言是文化的重要组成部分，离开语言就不能正常沟通。世界上大概有6 000多种口头语言。亚洲语言种类占世界语言种类的32%。语言是反映社会文化的一面镜子。不同的语言可以形成不同的社会文化圈子。人们为理解其他群体的社会文化，往往先从学习这一群体的语言开始。与此同时，对一种语言的理解，仅依靠学习语言的技术是不够的。学习一种语言，要真正融入这种语言所属群体的文化环境中。换言之，要真正学好一门语言，必须熟悉其文化背景。作为市场营销管理者，学习东道国的语言是必备的基本条件之一。

研究表明，大部分美国人不能流利的讲第二种语言，他们认为自己没有必要学习另外一种语言，认为英语是在国际商务环境中的通用语言。但事实上，他们在与不讲英语的国家在沟通过程中经常遭遇困难。许多美国人抱怨日本市场太封闭，然而日本商人则从另外一个角度看问题，他们认为美国商人不能够充分了解日本市场所出现的问题的原因在于日本商人努力学习英语，但是很少有欧美人学习日语。西方营销人员很难与日本的供应商、分销商及客户沟通，他们在日本的宣传活动也受到阻碍。

即使大部分欧美国家讲英语，如英国和美国，市场营销者也必须提高警惕。尽管英美两国在许多方面存在共性，但并不意味营销人员之间就不存在沟通障碍。美式英语和英式英语存在明显的区别。美国人用 apartment 和 elevator 而英国人则用 flat 和 lift。美国人用 underground 英国人则用 subway。即使是同一个单词具有同样的意思，但在拼写上也可能有差别。美国人使用 centre，英国人则用 center。

对语言措辞上的疏忽，直接体现在翻译上的缺陷。对产品说明书、广告、品牌方面的文字翻译尤其要谨慎，否则会带来不可估量的负面影响。美国通用汽车生产的 NOVA 牌汽车在美国市场非常畅销，然而在拉丁美洲频频受挫。其在西班牙语中是跑不动的意思。另外，凡是用数字 4 表示的营销品，在中国、日本、韩国等国家非常不受欢迎。韩国现代汽车 Hyun Dai 中 Dai 的英文发音同 die（死亡的意思）。因此，韩国汽车为美国的消费者专门制作为 Hyun Day，从而避免了语言发音带来的误解。一场由伊莱克斯公司发起的广告宣传，在推到美国市场时却遇到了麻烦。伊莱克斯吸尘器的营销主题在英国是用英语逐字解释的，到了美国却变成了俚语式的说明，影响了传递信息。所以，为了避免翻译问题，营销管理人员应尽量向当地人请教，采取"两次翻译"，即把翻译后的文字再请当地人翻译回本国语，看是否有不当之处。

（二）肢体语言

在国际营销中，除了口头表达、书面表达之外，肢体语言也不容忽视。不同的文化背景所表现出的肢体语言意义不尽相同。人们不仅借助口头语言或书面语言来沟通，还会用另外一种非语言方式——肢体语言来交流。肢体语言包括动作、外表、衣着、面部表情、手势与姿势等。在国际环境中，一些肢体语言是通用的，如微笑。但有些肢体语言在不同的文化背景下具有不同的含义。点头对于在大多数国家都意味着肯定，而摇头则意味着否定。但在北欧国家左右摆头则表示肯定的意思。在人与人面对面接触时，各国对距离的保持上也存在很大的差异。阿拉伯人在与人面对面交谈时，喜欢与对方保持非常近的距离。而美国人对此则感觉非常尴尬。日本人将长时间直视对方的眼睛视为粗鲁的冒犯，而美国人则认为避免视线的接触是不礼貌的。在拉美国家，长时间直视对方被视为一种粗鲁行为。除此之外，肢体语言也会因为人的性别、社会或经济阶层不同而有差异。

因此，国际市场营销者要了解东道国的语言表达的真正含义，还要了解其肢体语言所代表的真正含义。

二、宗教信仰

人们将宗教视为精神上的指引。教徒们会虔诚地遵守宗教教义。宗教信仰是指信奉某种特定宗教的人群对其所信仰的神圣对象（包括特定的教理教义等）由崇拜认同而产生的坚定不移的信念及全身心的皈依。宗教信仰可以用来指导和规范教徒在世俗社会中的行为，属于一种特殊的社会意识形态和文化现象。宗教是人类古老的文化现象之一。全球 60% 的人信奉宗教，其中影响最大的有基督教、伊斯兰教和佛教，分布在全世界 200 多个国家中。不同的宗教信仰对同一事物有着不同的态度，他们有自己独特的文化倾向和清规戒律，对节日礼仪、商品使用的要求和禁忌不尽相同。这些都会导致人们不同的需求和消费模式，影响着他们的消费行为。某些宗教影响甚至会对购买决策起着决定性的作用。

宗教的影响是多方面的，宗教会影响人们的工作习惯，基督教徒把努力工作和例行节约视为对上帝最好的赞美。许多欧美信徒都认为努力工作才是一个合格的基督教徒应该具备的道德。伊斯兰教也把努力工作视为对宗教的尊重与忠诚。印度教和佛教则引导教徒戒除欲望，他们认为欲望会使人焦虑。佛教徒重视佛的出生死亡日，以及满月，半月和没有月亮的日子。斋月的一整个月都是穆斯林的节日，在此期间他们从拂晓到黄昏都需要禁食，因此教徒们只能利用晚上的时间来就餐。除此之外，穆斯林每日要做五次祷告，做祷告时停止所有工作。

各种宗教都有其禁忌。印度教徒视牛为神明，他们从不吃牛肉，或者使用与牛相关的产品。在信仰佛教的国家不能随便摸小孩子的头顶。在法国，海尔产品的主要标志是一个棕色皮肤和一个白色皮肤的两个小男孩，这一标志深受在超市购买空调的女顾客们的喜爱。因为他们的形象会让人联想到西欧传统中的天使。然而在中东国家，这一形象却遭到了人们的不满。这两个小男孩没有穿衣服，所以他们不能出现在包装上。

毫无疑问，宗教对国际营销的影响不可估量。沙特阿拉伯广告不能带有任何妇女的图片，无袖装被视为对伊斯兰教的冒犯，在马来西亚任何无袖装的图片都是被禁止的。在进入国际市场前，营销管理者必须考虑到各国的宗教礼仪文化，开发制订针对海外市场的营销计划。

>> 小案例 >>

麦当劳推斋包吸引印度客

麦当劳虽然是一家美国快餐厅，不过，由于懂得入乡随俗，其在海外的销售一向都很理想。对于经济日益强劲，而大部分人不吃牛肉的印度，麦当劳正把未来的前途，押注在一种用薯蓉、豌豆和香料为主要材料的汉堡包——麦记斋包（McVeggie）上，以迎合当地大部分印度教徒的口味。

印度，这个亚洲第三大经济体和世界人口大国，正在迅速吸引西方快餐业在印度当地开分店。发展迅速的印度，预计到 2025 年中产阶级的人数将比 2009 年增加 9 倍，具备十分大的快餐市场发展潜力。麦当劳于 1996 年在新德里开设第一家专门店，成功依靠素食产品，包括 McAloo Tikki 三文治、素酥皮饼（Pizza Mcpuff）、蔬菜咖喱焗批（McCurry Pan）等发展到 170 间专门店。虽然麦当劳业务一度因全球经济衰退而大受打击，但是，印度麦当劳并未受影响，在 2009 年头九个月销售额仍取得三成增长，并计划在未来三年增加 120 间专门店。

麦当劳为配合印度人的饮食习惯，利用"麦记斋包"来抢占市场份额。素食汉堡包受欢迎的原因在于其适应当地饮食习惯。因为在 12.2 亿印度人口里超过 85% 的是印度教徒。印度麦当劳除了没有牛肉汉堡供应外，为了避免当地伊斯兰教教徒抵触，也不会供应猪肉汉堡。

印度麦当劳牛肉、猪肉的汉堡包由蔬菜或鸡肉代替，最低价 0.4 美元。一位住在新德里郊区的 19 岁印度学生米塔尔表示，麦当劳的斋包系列在印度是一种食品革新，不仅与平常在家食用的正餐不一样，而且又便宜又好吃。

麦当劳在印度所有的专门店均有单独为素食者而设的厨房，包括对大蒜和洋葱敏感的人士。成功的产品，如 McAloo Tikki 三文治和素酥皮饼（Pizza Mcpuff）会出口到中东，来到印度的一些外国人如果吃惯肉汉堡也都会从 Chicken Maharaja Mac 等鸡肉食品中得到惊喜。德国驻印度的一间建筑公司老板表示，印度麦当劳的食品种类和其他国家不一样，连鸡肉汉堡的味道都不同。

西方餐饮文化能成功攻占印度市场的另一个原因是其各方面的质素，包括卫生环境等，都比当地餐厅更佳。一位 63 岁，依靠种植大米为生的非素食者 Karamvir 表示，除了鱼柳包，他有时还会吃 McAloo Tikki 转换口味。同时，较其他餐厅更加注重食物卫生及质量的麦当劳也是 Karamvir 经常带家人光顾的重要原因。

资料来源：中华快餐网 http://www.cffw.net/zhkcw/762.html

三、价值观念

价值观是人们对好与坏、美与丑、正确与错误、善良与残酷、公正与不公正、得体与不得体所进行判断的标准。价值观寓于人的思想之中，是控制行为选择的心理活动，是人们对周围的世界进行思考并使自己与之适应的活动。一个社会群落的基本价值观念一旦形成，就会牢牢扎根于人们的心中，坚若磐石，挥之不去，而且代代相传。价值观可分为集体主义价值观和个人主义价值观。例如，日本人崇尚合作精神，以一致性、服从性作为衡量个人和公司成功的标准。美国人喜欢标新立异，强调个人主义，所以个人财富和公司利润是衡量个人和公司成功的准则。在日本许多公司管理人员认为购买外国产品的是不爱国的行为，并对生产和销售外国产品的人感到反感。因此，外国公司在日本雇佣当地大学毕业生时频频受阻。与中国人做生意，"关系"很重要。中国人认为要想做好一门生意，首先需要建立关系网，否则可能会遇到各种麻烦。

不同的价值观，对新事物的接受能力也存在差异。如果企业想把一些新技术、新产品推到国际市场，就需要考虑到东道国对新事物的接受能力。一般而言，传统并保守的国家，不容易接受新事物，更倾向于传统的产品。而思想开放的国家容易被新事物吸引。

价值观不同，合作的意愿也不同。一般来讲，在信任度高的国家，谈判磋商更直接、更容易进行，而低信任度的国家，通常会表现出怀疑的态度，尝试试探对方的虚实。

小案例

卢森堡宰鸡需"安乐死"

在中国，饭店、宾馆宰杀活鸡活鱼的现象随处可见。而在卢森堡，这种场面是根本看不到的，因为该国规定：餐饮业宰杀动物一律实行"安乐死"。

卢森堡对餐饮场所活禽活畜非常讲"人道"。在一家酒店就餐时我看到，店内的肉类菜肴均比青菜类菜肴价格高出数倍，甚至更多。一问导游才知道，由于酒店宰杀活鸡活鱼要派专人到政府指定的地点去宰杀，成本远比青菜要高许多，所以肉类菜肴价格就相对高一些。

见我们对此事半信半疑，导游答应饭后带我们去附近一个政府指定的活禽活畜宰杀中心参观。

一片宽阔的绿地中央，矗立着三间黄色的建筑物，这便是一个市镇级的活禽活畜宰杀中心。只见宰杀间里摆放着几个长长的灰色铁箱子，几名穿着白色制服的工作人员正把一只只活鸡活鸭赶进箱口。那些鸡和鸭，都好像喝醉了一般，摇摇摆摆，随意听人摆弄，确实是"呆若木鸡"！工作人员解释说，政府规定，凡是餐馆送到这里即将宰杀的活鸡活鸭等，必须先送到消毒室里消毒，然后给它们喂一些掺有安定和乙醇的混合药水，使鸡鸭进入一种神志不清的迷糊状态，之后才能把它们赶进"安乐筒"，就是那个长长的宰杀箱。活鸡活鸭进入安乐筒后，里面设有电击棒，将活鸡活鸭电昏，然后由输送带先后把它们输送到宰杀箱和褪毛箱。最后，由工作人员将鸡鸭的内脏收拾干净，装入黑色的无菌包装袋中，交给餐馆派来的专人手中，带回餐馆给客人烹调。

整个过程，活鸡活鸭都体验不到宰杀和死亡的痛苦。餐馆里出售的各类活鱼等，也都要送到这里来，送到不同的宰杀间进行"人道"式宰杀。在卢森堡，看不到餐馆自行宰杀活禽活畜或当街宰杀活物的现象。一旦哪家餐馆自行宰杀动物做菜，被发现或被人举报，会被处以 2 000 以上卢森堡法郎的处罚。而且所有公民和食客均有义务举报餐馆的恶意行为。

在中国，虐杀动物的食俗由来已久，且习以为常。大街之上，宰杀活狗、活鸡的血腥场面时有所见，南方一些城市竟然还出现了活切驴肉、活取猴脑的另类吃法，听来让人有些毛骨悚然。而卢森堡对活禽活畜的这种"安乐死"式宰杀方法，则显得文明、人道多了。这既体现了生态理念，又体现了对生命个体的尊重，很值得我们学习和深思。

资料来源：中国论文网.http://www.xzbu.com/6/view-1145174.htm，2015-06-05

四、风俗与习惯

风俗习惯是指个人或集体的传统风尚、礼节、习性，是特定社会文化区域内人们历代共同遵守的行为模式或规范。主要包括民族风俗、节日习俗、传统礼仪等。风俗经由历代传承，对社会成员有一种非常强烈的行为制约作用。虽然当今社会人们的文化差异日益缩小，然而风俗与习惯的变化在跨国营销中不容忽视。在商务谈判中，各国都有着自己的谈判习惯。西方国家的营销人员不会把大量的时间花费在与工作不相干或了解对手上，他们更注重谈判的最终结果。同时，他们公私分明，避免把个人关系同谈判业务联系在一起。他们认为个人关系对谈判结果没有影响。然而大部分亚洲国家却认为私人关系对整个谈判有很大的影响。在谈判前他们习惯先通过寒暄方式营造一种良好的谈判气氛，建立起舒适的私人关系。中国营销人员非常注重人际关系，并且喜欢建立长期的合作关系。他们善于彼此建立私人关系并信奉"买卖不成仁义在"的原则，即使谈判失败，也会为将来的合作奠定基础。在谈判中，当争执发生时，西方人往往表现得很直接，他们立场明确，据理力争。而大多数亚洲人则讲究和睦，推崇中庸之道，在处理争议时，尽量避免冲突。

泰国人习惯合掌行见面礼。泰国人绝对不用红笔签名，因为在泰国，人们用红笔把死者姓名写在棺材上。日本人不喜欢别人敬烟，他们习惯自己牌号的烟。中国人的习惯是"摇头不算点头算"，但在阿尔巴尼亚、保加利亚、斯里兰卡、印度、尼泊尔等很多地方，人们却以摇头表示同意，点头表示不同意。对戴帽子的男人，在美国和英国，遇到朋友，需微微把帽子揭起点头致意。但在意大利需把帽子拉低，以表示尊敬。

不同的风俗对馈赠礼物的要求也有差异。日本人无论是访亲问友或是出席宴会都要带去礼品，到日本人家里去做客必须带上礼品。日本人认为送一件礼物，要比说一声"谢谢"的意义大得多，因为它把感激之情用实际行动表达出来了。给日本人送礼要掌握好"价值分寸"，礼品既不能过重，也不能过轻。若过重，对方会认为你有求于他，从而推断你的商品或服务不好；若过轻，则会认为你轻视他。去日本人家拜访，一般带上些包装食品是比较合适的，但不要赠花，因为有些花是日本人在求爱时或办丧事时使用的。日本人对礼品讲究包装，礼品要包上好几层，再系上一条漂亮的缎带或纸绳。日本人认为，绳结之处有人的灵魂，标志着送礼人的诚意。接受礼品的人一般都要回赠礼品。日本人不当着客人的面打开礼品，这主要是为了避免因礼品的不适而使客人感到窘迫。自己用不上的礼品可以转赠给别人，日本人对此并不介意。日本人送礼一般不用偶数，这是因为偶数中的"四"在日语中与"死"同音，为了避开晦气，诸多场合都不用"四"，久而久之，干脆不送二、四、六等偶数了。他们爱送单数，尤其是三、五、七这三个单数。但"九"也要避免，因为"九"与"苦"在日语中发音相同。

跨国营销管理者在产品设计、制作等方面必须准确理解和把握当地的风俗与习惯。韩国人很注重礼仪。想去韩国人家里做客时必须用电话先通知，带的礼物最好是包装好的，男的比较喜欢送领带、打火机等。酒是送给韩国男人最好的礼物，女性比较喜欢提包、化妆品、围巾和厨房调料等。进门要穿拖鞋不能赤脚，用餐时男女是分开的，主人没带你参观房子的全貌，自己不能到处走，这是很不礼貌的。

小案例

日本人如何访客

日本以"礼仪之邦"著称，讲究礼节是日本人的习俗。平时人们见面总要互施鞠躬礼，并说"您好""再见""请多关照"等。到日本人家里去做客，要预先和主人约定时间，进门前先按门铃并通报姓名。进门后要主动脱衣脱帽，解去围巾（但要注意即使是天气炎热，也不能只穿背心或赤脚，否则是失礼的行为），穿上备用的拖鞋，并把带来的礼品送给主人。当你在屋内就座时，背对着门坐是有礼貌的表现，只有在主人的劝说下，才可以移向尊贵位置（指摆着各种艺术品和装饰品的壁龛前的座位，是专为贵宾准备的）。日本人不习惯让客人参观自己的住房，所以不要提出四处看看的请求。日本特别忌讳男子闯入厨房。上厕所也要征得主人的同意。进餐时，如果不清楚某种饭菜的吃法，要向主人请教，夹菜时要把自己的筷子掉过头来使用。告别时，要客人先提出，并向主人表示感谢。回到自己的住所要打电话告诉对方，表示已安全返回，并再次感谢。过一段时间后再遇到主人时，仍不要忘记表达感激之情。日本人设宴时，传统的敬酒方式是在桌子中间放一只装满清水的碗，并在每人面前放一块干净的白纱布，斟酒前，主人先将自己的酒杯在清水中涮一下，杯口朝下在纱布上按一按，使水珠被纱布吸干，再斟满酒双手递给客人。客人饮完后，也同样做，以示主宾之间的友谊和亲密。

资料来源：360DOC 个人图书馆，http://www.360doc.com/content/15/0605/11/25902090_475821149.shtml

【任务小结】

企业在进入国际市场前必须对东道国的文化环境了如指掌。国际市场营销者必须认识并重视不同的文化。文化对消费者的认知和感受起着非常重要的影响，进而影响到其偏好和购买行为。即使是一项不错的方案，如果违背了东道国的传统文化，也会行不通。若想取得成功，市场营销组合策略必须和当地的文化相融合。在不同文化背景下，也许需要对产品进行改良，需要寻找新的分销渠道，或者要考虑采取新的促销策略。

【相关知识】

文化的特征

从广义的角度来讲，可以用不同的方式来界定文化。文化是在特定社会中传承、共享的传统信仰和价值观。文化也是在代际进行传承的生活和思想方式的总和。文化的特征表现在以下几个方面。

（1）历史性。就其本质而言，文化不是单个人创造的，更是处于复杂的社会关系之中的人们共同创造的社会财富。就其存在状态而言，文化不是凝固不变的，它将随着社会的变化而变化。

（2）继承性。文化虽然具有随社会的变化而变化的历史性，但文化的这种历史性的特点，并没有使文化的发展完全脱离人类文明发展史的大道，任何后来的文化都包含着对以往文化的继承。尽管社会历史不断地发生变化，新文化也不断产生，但新文化总是在吸取以往文化的营养成分上产生的。

（3）抽象性。文化并非是指某一种具体的文化表现形态，而是指体现在这个具体形态之中的心智文明程度，是人们对具体文化现象进行抽象和概括，由此而形成的关于文化的概念。

（4）模式性。文化就其动态而言，是指社会的生活方式，体现人们的习俗、习惯、行为、价值观念等。它是人类群体共同享有的一种生活方式，而不是某一个人独享的生活方式。

（5）功能性。由于文化归根结底人们的生活方式集中地体现为人们的行为规范，所以文化对人们改造客观世界具有很大的能动作用。有怎样的文化就有怎样的行为规范，就会有怎样的文化功能和文化效用。

【实践能力拓展】

（一）案例

沃尔玛在德国失败的文化因素

沃尔玛虽然是全球最大的零售企业，但自1997年进军德国市场后，却问题重重。事实上沃尔玛进入德国的经营危机从一开始就埋下了。沃尔玛从开始进入国际零售业到现在，市场扩张的主要战略之一就是采取收购这一大举入侵的方式。在德国也同样如此，起初，沃尔玛采取收购的方式打入德国零售市场。1997年12月，沃尔玛以12亿欧元的价格收购了Wertkauf旗下的21家自助店，正式进入德国市场。第二年，沃尔玛又以8.5亿欧元的价格收购了Interspar的74家连锁超市。两次收购成功后，沃尔玛一跃成为德国第四大零售商。1999年沃尔玛又在多特蒙德开设首家大型购物广场。但在进入德国市场后的几年中，沃尔玛并没有达到其预期的目标。按照沃尔玛的计划，到2001年年初，沃尔玛应新增50家连锁店。但实际上沃尔玛不得不关闭它的两个大的销售点。同时，沃尔玛只能把收购到的所有商店中的三个转化为沃尔玛连锁超市的模式进行经营。

虽然沃尔玛在德国的分店曾一度达到95家，但在2002年就被迫关闭6家分店。2002年，沃尔玛的营业额只有29亿欧元，市场占有率只有1.1%，沃尔玛这个美国零售巨人在德国市场只是个小商家。沃尔玛在进入德国的最初几年就由于入不敷出先后经历了部分性的关闭商店，降低经营规模等经营上的失败。2006年7月沃尔玛在德国已经亏损10亿美元，不得不宣布全面撤出德国市场，将其在德国的85家沃尔玛连锁店转让给欧洲对手麦德龙（Metro）。

资料来源：沃尔玛兵败德国　海外失利原因分析，http://zhidao.baidu.com/2011

（二）案例分析

沃尔玛在德国遭遇"滑铁卢"的真正原因在于不了解德国的当地文化。在国际商务的范畴里，文化具有广泛的含义，除了语言、宗教、伦理、教育、历史、社会规范外，还包括用户消费心理和习惯、管理惯例和法律条文等。

沃尔玛不了解德国用户心理和习惯。沃尔玛在美国细致的用户服务，如在店门口热情欢迎前来的顾客，却在德国饱受诟病，因为德国人对这种过于做作的方式感到厌烦。德国人习惯于自己将商品装袋，店员的帮助反而被视为是一种打扰。同时，美国顾客习惯于一周一次、一次买齐的购物方式，而德国消费者更习惯于一周多次，并在各专卖店买各类产品。因此，沃尔玛为美国人量身打造的经营模式在德国并不受欢迎。

沃尔玛不知道如何有效地管理德国当地雇员。德国文化崇尚稳定。如果一个企业的人员流动性太大就会对内对外造成很不好的印象和影响。沃尔玛在购买当地的两家零售连锁店后，关闭了其中一家的总部，并计划把其雇员转到新的部门，但很多员工，包括若干高管却为此愤而离职。在美国，这种重组及员工流动相当普遍，但在德国却行不通。另外，沃尔玛在美国奉行的企业文化，如员工早上工作前一起高呼励志口号等，令德国雇员觉得荒唐而幼稚，最后也被迫取消。

（三）实践困境讨论

从以上案例及分析结果来看，有以下问题值得我们讨论。

1. 跨国营销，企业应注意哪些文化差异问题？

国际文化环境是指对企业的国际市场营销活动产生影响和制约作用的各种文化因素的总和。文化因素渗透到营销的各个环节之中，企业生产的产品、制定的价格、选择的分销渠道及促销策略的决策都受到文化因素的影响与制约。随着经济全球化进程的加快，企业必须积极开拓国际市场，全方位地参与国际商务活动。处于不同背景下的人，在语言、宗教信仰、价值观念、思维方式、习俗习惯等方面都存在着差异，因此他们对商品和服务的需求也不尽相同。

2. 国际营销者如何克服语言障碍？

在语言文字方面，企业必须充分了解各国语言文字的特点。国际营销活动中，应由精通双方国家语言文化的人士担任翻译。这就要求：①出口国的翻译人员要熟悉进口国的语言和文化，反之亦然。唯有如此方能体现原文精髓和创意。②翻译时应避免使用生僻的成语和俚语，以免产生不必要的误会。③在品牌名称或公司名称翻译时，有一条经验是可借鉴的，即不是将名称译成十分合适的目标国语言就是巧妙地选用目标国语言的谐音词。

【情景实训】
国际市场营销文化环境及企业应对措施

1. 实训名称

分析国际市场营销文化环境及企业的应对措施。

2．实训目的

了解企业跨文化营销的内容，及其对跨国企业的影响。

3．实训内容

泰国人的社会习俗

当泰国人打招呼时，是以双手合十，状似祷告。泰国人称"Wai"。一般来说，年幼的先向年长的打招呼，而年长的随后回礼合十。泰国人认为头是身体的最高的部分，他们是不容许拍任何人的头部，即使是友善的表现。如果你偶然摸某人的头，你要很快地向他道歉。同样脚被认为是身体的最低的部分。别使用你的脚指向人或对象。别让你的脚触摸任何人。别把你的脚放在桌子或椅子上休息。别跨过人的身体，请从附近绕过或礼貌地要求他们移动。当坐在地板上时，也应使您的脚不指向任何人。

资料来源：360DOC 个人图书馆. http://www.360doc.com/content/15/0605/11/25902090_475821149.shtml，2015-06-05

4．实训步骤

（1）把全班分成五组。
（2）每组推举一位组长，负责组织本组同学。
（3）小组内讨论，讨论泰国社会风俗。然后由一名学生做汇报（可以用各种形式来表达）。

注意：各地涉及的营销环境很复杂，可以全面阐述，也可以就某个方面进行说明。

5．实训要求

每组成员必须熟练掌握影响企业进入国际市场的文化因素，包括语言、价值观、宗教信仰、个人喜好和风俗习惯等。

任务三 国际经济环境

【学习目标】
◆ 理解经济环境的涵义；
◆ 了解国际经济环境的构成；
◆ 掌握区域经济一体化对企业国际营销的影响；
◆ 了解区域经济一体化的组织及全球经济的发展趋势。

【任务描述】

TCL进入越南市场

1999年2月，TCL越南公司总经理易春雨和他的14名同事到越南开拓市场。从零销售到10%的市场占有率，再到挤掉日本的索尼和韩国的大宇，登上越南彩电市场占有率前

3 名的位置，在开拓越南市场 2 年多的时间里，TCL 海外市场开拓者们迈出了坚实的步伐。

目前，TCL 越南公司已分别在河内市、岘港市、胡志明市设立了分公司，有 400 多个经销点分布在越南各地，有数千名越南籍员工在生产和销售 TCL 彩电、VCD、电子产品等。

1. 选择越南作为目标市场的理由

TCL 越南公司总经理易春雨，对投资越南市场有这样的认识："快速发展的经济发展势头及其带来的巨大的市场潜力，正是 TCL 选择越南作为海外直接投资第一站的主要原因。况且，中越文化背景类同，容易沟通，中越两国关系越来越密切和越南经济的快速增长，为中资企业在越发展提供了巨大商机。"

更为重要的是，越南是东盟成员国之一，借助越南这个"桥头堡"，为 TCL 拓展东南亚这一人口达 5.5 亿的高增长区域市场及进军欧洲市场打下了基础。

企业进入国际市场后，要讲究战术。否则，"大胆"就会招致大失败。TCL 进入越南家电市场时，市场状况是严重供过于求，日本、韩国、荷兰及越南自己的彩电品牌已捷足先登。越南每年彩电的需求量约 70 万台，而其产量却达 300 多万台，TCL 作为"后来者"，要从中分得"一杯羹"，要打开市场，就如同"虎口拔牙"。

2. 取得成功的关键

TCL 彩电刚开始在越南市场推销时，有的商家一看 TCL 品牌当即回绝，有的连看都不看就将其拒之门外。TCL 的营销人员不知吃了多少回"闭门羹"。为了打开销路，TCL 越南公司在研发适销对路的产品、完善服务体系等方面狠下功夫。与日韩企业制定的高档、高价、高收益的营销策略截然不同，TCL 主要开发 14~21 英寸（1 英寸=2.54 厘米）等越南普通消费群所需要的产品来占有市场。针对越南雷雨天气较多、全越南没有公用有线电视系统，因而收视信号较弱等特殊情况，TCL 越南公司紧紧依托 TCL 集团强大的综合实力，全面应用其在数字技术领域的最新研究成果，推出了防雷击彩电和超强接受彩电等新品种，大受市场欢迎。他们采用了 TCL 美国公司数字化研究所最新推出的 12C 数码集成电路控制技术，提高了彩电的稳定性；率先在越南引进了红外线遥控测试系统、自动化平衡调试系统等多项国际专利技术，确保产品制造的精度；按照 ISO9000 国际质量体系标准进行产品品质管理与控制；改变一般厂家对出厂产品进行抽检的常规做法，对每一件出场产品都进行检验。TCL 越南公司从长期发展着眼，从盈利中拿出 20 万美元与越南共青团中央、中国共青团中央和中国驻越大使馆联合设立"TCL 青年奖励基金"，由越南政府有关方面利用基金组织越南优秀青年前来中国学习、考察和培训。TCL 越南公司还积极参与当地的公益事业活动，为遭受水灾等自然灾害的群众及残疾人捐款，并捐资助学，受到当地政府和民众的好评与尊重。

培植国际化品牌是需要成本的。在越南，与日本、韩国的企业相比，无论从技术还是从综合实力上看，TCL 都无法与之比拼。而 TCL 并没有与竞争对手在资金投入上硬碰硬，而是另辟蹊径，运用 TCL 制胜法宝——自建与终端用户紧密接触的销售网络，与日韩企业在越南市场展开了一场争夺战。

TCL 根据越南地形及经济状况，编制了一张覆盖越南全国、渗透力和影响力很强的营销网络。正是凭着这张"王牌"，TCL 越南公司取得了"后发优势"，初步树立了 TCL 的国际品牌形象。

　　TCL 自建营销机构，减少了中间环节，取得了价格上的相对优势；而在售后服务方面，TCL 越南公司在越南各地建立了 100 多个服务维修站，率先做出了免费保修的承诺，并根据越南消费者的偏好改进服务。TCL 经销维修站明确规定：凡接到用户电话，维修人员必须不分昼夜立即赶到现场，并带上一台备用电视机，若现场装修不好，则将备用机暂时给用户使用。他们还在越南推出了"三年免费维修，终身维修"的服务措施，大大提高了 TCL 的声誉。

　　3. 产品竞争力来自本土化

　　TCL 越南公司认为，实现人才、技术、生产、管理等的本土化，是公司发展的重要战略之一，也是形成 TCL 强大竞争力的主要因素。据易春雨介绍，TCL 越南公司除了严把招聘关外，更重视对员工进厂后进行技能培训和岗位培养，为优秀越南籍员工的成长创造良好环境。

　　对于在工作中做出突出业绩、综合素质较高的越南籍员工，TCL 越南公司不拘一格提拔重用。不论是公司总部，还是河内市、岘港市、胡志明市分公司，中层干部基本上都是越南籍员工。在 TCL 越南公司河内分公司，从销售、财务等部门经理到一般销售人员，清一色都是从河内大学、越南国民经济大学、越南外语大学等越南著名高校毕业的优秀大学生，他们已成为 TCL 海外事业的骨干力量。

　　有关资料显示，TCL 越南公司为当地提供 4 000 多个就业岗位，当地政府为了表彰 TCL 的贡献，授予 TCL 越南公司总经理易春雨"优秀外商"称号。

　　资料来源：张静中. 国际市场营销学[M]. 北京：清华大学出版社，北京交通大学出版社，2007

　　思考：

　　（1）TCL 根据越南市场的经济环境特点，是如何实现彩电的本土化经营与国际营销的？

　　（2）分析国际经济环境对 TCL 拓展越南市场有何现实意义？

【任务实施】

　　经济环境是指公司国际营销活动所面临的外部社会经济条件，其运行状况和发展趋势会直接或间接地对企业营销活动产生影响。国际市场营销经济环境的分析，既包括分析一个具体国家或区域的经济特征，即国别经济，也包括对该国或区域加入国际经济联盟的状况进行分析，主要包括市场特征、经济发展阶段、经济体制、区域经济组织，全球经济发展趋势。

　　一、国家或地区的经济环境

　　（一）市场特征

　　1. 人口特征及增长速度

　　人口的特征，如人口规模、人口分布、人口结构和家庭状况等，对市场营销会产生多方面影响。人口规模决定着潜在市场的大小，许多产品的消费与人口规模有直接关系；人口分布对市场产品需求、促销方式、分销渠道和运输问题都产生不同的影响；人口结构包括年龄结构、性别结构、家庭结构等，对企业国际营销造成不同的影响，如消费者的年龄对市场营销来说，意味着收入不同、家庭规模不同，从而导致不同的价值观和对商品具有不同的需求。不同的年龄层次对商品有不同的需求，从而形成了婴儿市场、青年人市场和老年人市场等。人口总量（总人口）是指一个国家或地区人口的总数。世界上大多数人口集中在低收入国家和中等收入国家，这个比例大约为 80%，而高收入发达国家人口约占20%。统计资料表明，人口总量与经济发展水平有相关性，就相同规模来看，发达国家人口总量一般低于落后国家。一个相当重要的原因是经济发展推动了道德观念的革命。随着社会经济的发展，妇女摆脱家庭束缚步入工作岗位已成为普遍现象，她们并不希望有太多的孩子；同时，现代道德观念和技术使人们在得到理想的孩子数量后可以进行绝育。

小案例

温州文化的赚钱观念

温州人牢固树立了"不求最大，但求最佳"的地方经济发展的集群战略。坚持做大不是不要小，放小不是不管小。温州 95% 以上的企业是中小企业。它们是就业的主渠道，税收的主要来源，活力的根本所在。"家家叮当响，处处是市场"就是温州中小企业发展的真实写照。社会化分工、专业化协作是温州中小企业发展的优势，"小商品、大市场"物美价廉，是温州中小企业发展的特点。温州依靠"一村一品""一乡一业"的中小企业集群战略，联手打败了日本和韩国的众多同类产品，几乎垄断了欧盟和日本市场。温州的皮鞋、服装和低压电器等产品也在国际和国内市场占有很大的份额。温州创造了正泰、德力西、夏蒙、报喜鸟、奥康和红蜻蜓等一大批知名品牌，形成了"中国鞋都""中国皮都""中国低压电之都"等一批全国知名商品集散地。中小企业在温州经济发展中功不可没。目前，随着工业化和市场化水平的提高，温州正在逐步从"市场型"规模经济，向"集团型"规模经济，进而向"网络型"信息化规模经济发展，这是温州这几年经济繁荣的重要因素之一。

资料来源：赵倩. 运筹帷幄：温州人的经营智慧与赚钱魔方[M]. 哈尔滨：哈尔滨出版社，2008

2. 收入

消费者收入是衡量市场规模及其质量的重要指标。衡量市场潜力需要两个收入指标：①个人收入。个人收入是指从国民收入中减去公司所得税等间接税和公司盈余，以及各种社会保险等的余额。一般而言，个人收入是以工资、红利、租金形式，以及从其他来源所获得的总收入。个人收入决定了消费者个人和家庭购买力总量。个人收入又可区分为"可支配的个人收入"和"可任意支配的个人收入"。可支配的个人收入是指扣除由消费者个人直接缴纳的各种税款和其他非商业性开支后，用于个人消费和储蓄的那部分个人收入。这部分收入主要用于购买生活必需品和其他方面的固定开支，也是决定消费者购买力的关键因素。②国民收入。国民收入是经济统计中一个衡量经济发展的十分重要的综合性指标。评估国民收入的一个有效方法，就是比较各国的国民生产总值（GNP）。国民生产总值是衡量一个国家经济实力和购买力的重要指标，从国民生产总值的增长幅度，可以了解一个国家经济发展的状况和速度。一般来说，国民生产总值增长越快，对工业品的需求和购买力就越大。

在许多国家，收入的分配是很不均匀的。例如，巴西、肯尼亚和墨西哥的低收入阶层占人口总数的 20%，而其收入占国民收入的比重分别为 2%、2.6%和 2.9%，而这三国中占人口总数 20%的高收入阶层却占 66.6%、60.4%和 56.7%。总的收入分配上出现的两极分化现象，要求企业的营销人员对这些国家的市场进行分析时，应注意处于两极的人口具有不同的购买力和需求特性，企业应向其提供不同的产品实施不同的营销策略。

如果人口数量多而收入少，也不能增加需求，只有收入和人口同比例增长时，需求才会得到同步增长。如果收入不增加，只有人口增长，平均收入减少，不但不会增加消费，反而会使消费水平低下，消费结构低层次化，将抑制地区经济的发展。一般来说，人口增长率与人均收入呈负相关。如世界收入的 72%集中在北美、欧盟和日本，而这几个地区的人口只占到世界总人口的 13%。

3. 消费支出与消费结构

消费者支出模式主要受消费者收入的影响，随着消费者收入的变化，消费者支出模式和消费结构就会发生相应变化。用于考察消费支出和消费收入之间关系的最著名的定律就是恩格尔定律（Engel's Law）。德国统计学家恩斯特·恩格尔（Ernst Engel）于 1857 年根据他对美国、法国、比利时许多家庭的收支预算所做的调查研究，发现了关于家庭收入变化与各方面支出变化之间比例关系的规律性，得出了恩格尔定律。恩格尔定律指出，在一定的条件下，当家庭个人收入增加时，收入中用于食物开支部分的增长速度要小于用于教育、医疗、享受等方面的开支增长速度。食物开支占总消费数量的比重越大，恩格尔系数越高，生活水平越低：反之，食物开支所占比重越小，恩格尔系数越小，生活水平越高。整个社会经济水平越高，用于食品消费部分占总支出的比重越小。这种消费者支出模式不仅与消费者收入有关，而且还受到下面两个因素的影响。

（1）家庭生命周期的阶段影响。据调查，没有孩子的年轻人家庭，往往把更多的收入用于购买冰箱、家具、陈设品等耐用消费品上，而有孩子的家庭，随着孩子的成长，家庭预算会发生变化，孩子娱乐、教育等方面支出较多，故家庭用于购买消费品的支出会减少，孩子独立生活后，家庭收支预算又会发生变化，用于保健、旅游、储蓄部分就会增加。

（2）家庭所在地点。例如，住在农村的消费者和住在中心城市的消费者相比，前者用于交通方面支出较少，用于住宅建设方面的支出较多，后者用于食物的支出较多。

4. 消费者储蓄

消费者收入通常分为两部分：一部分作为支付手段，用于当前开支；另一部分则暂不开支，作为储蓄。反映一个国家、地区或家庭的储蓄状况，通常有储蓄额、储蓄率和储蓄增长率三个指标。储蓄额是消费者储蓄的绝对数量，反映一定时期的储蓄水平；储蓄率是指储蓄额对消费者收入的比例；储蓄增长率则反映某一时期的储蓄增长速度。通过这三个指标，可以分析一定时期消费与储蓄、消费者收入与支出的变化趋势。

消费者储蓄一般有两种形式：银行存款，增加现有银行存款额；购买有价证券。储蓄的增多会使消费者现实的需求量减少，购买力下降，但储蓄作为个人收入则增加潜在需求量，使企业产品在未来的实现容易一些。影响储蓄的因素有：①收入水平；②通货膨胀；③市场商品供给状况；④对未来消费和当前消费的偏好程度。

5. 消费者信贷

消费者信贷（consumer credit）是指消费者凭信用先取得商品使用权，然后按期归还贷款，即消费者预先支出未来的收入，提前消费。可见，消费者信贷可以直接创造新的购买力。从消费者贷款的偿还形式来看，消费者信贷包括分期付款和一次性偿还，其中分期付款是国际上消费者信贷的主要形式。

在现代西方国家，消费者不仅以货币收入购买他们需要的商品，而且可以通过借款来购买商品，所以消费者信贷也是影响消费者购买力和支出的一个重要因素。第二次世界大战后，西方各国盛行消费者信贷，其主要种类有以下三个：①短期赊销。②住房按揭及分期付款。消费者在购买汽车、电冰箱、昂贵家具等耐用消费品时可以采取分期付款的方式。③信用卡信贷。顾客可以凭卡到与发卡银行（公司）签订合同的任何商店、饭店、医院和航空公司等企业、单位去购买商品，钱由发行银行（公司）先垫付给这些企业、单位，然后再向赊欠人收回。

消费者信贷与国家的经济发展水平有关，也与社会经济政策密切联系。消者信贷是一种经济杠杆，可以调节积累与消费、供给与需求之间的矛盾。当生活资料供大于求时，可以发放消费信贷，刺激需求；当生活资料供不应求时，必须收缩消费信贷适当抑制、减少需求。消费信贷把资金投向需要发展的产业，刺激这些产业的生产，带动相关行业和产品的发展。

（二）经济发展阶段

一国的经济发展阶段影响着其对外国经营活动的态度、对商品的需求、分销体系，以及整个营销过程。经济发展提出了两个方面的挑战：一方面，为了深切了解发展中国家内部的经济气候，必须对这些国家经济发展的总体情况进行研究。另一方面，应当从市场潜力的角度研究经济发展状况，包括现行经济发展水平和经济增长潜力。经济发展的现有水平决定了市场潜力的性质和大小，而对一国经济的动态了解有助于营销者对经济形势的变化及新兴市场的出现做好准备。世界各国一般被分为发达国家和发展中国家，在发展中国家内部还可根据收入水平进行划分，其中一些经济迅速发展的国家称为新兴工业化国家。罗斯托教授把经济发展分为六个阶段，处于前三个阶段的国家是发展中国家，达到后三个阶段的国家是发达国家。当然，不是每个国家的经济发展都必须依次经过这六个阶段，有的会跳过一两个发展阶段，且各个国家每一发展阶段持续的时间长短也不尽相同。

第一阶段：传统社会阶段。处于这一发展阶段的国家通常生产力水平较低，以农业经济为主，农业人口占国民数量的绝大多数，国民普遍识字率低，素质差。

第二阶段：准备起飞阶段。这一阶段是摆脱贫穷落后走向繁荣富强的准备阶段，它的特征是社会开始考虑经济改革的问题，希望通过现代化来增强国力并改善人民的生活。这一阶段的一个重要任务是经济体制改革，为发展创造条件。这一阶段的主导产业通常是第一产业或者劳动密集型的制造业，要解决的关键难题是获得发展所需要的资金。罗斯托认为起飞阶段是社会经济发展的第一次突变。一国经济要能起飞，必须具备三个相互有关的条件：①提高生产性投资率，使积累占国民收入的10%以上；②建立和发展一种或多种重要的制造业部门即主导部门；③进行制度上的变革，迅速出现一种政治、社会和制度结构推动现代部门的扩张。三个条件互相联系，缺一不可。日本经济的起飞阶段大体是1957~1975年，这段时期日本的国内生产总值（GDP）年平均增长率达到了9.5%，而通货膨胀率年平均值只有4.7%。韩国经济的起飞阶段是从20世纪60年代初到80年代末期，韩国的平均GDP增长率达到10%，这段时期韩国平均通货膨胀率只有3.6%；但是受国内外经济环境的影响，韩国的通货膨胀率并不稳定，起伏很大。

第三阶段：起飞阶段。这是经济由落后阶段向先进阶段过渡的时期。罗斯托认为，经济起飞必须具备4个条件：①生产性投资率提高，占国民收入的比例提高到10%以上；②经济中出现一个或几个具有很高成长率的领先部门；③发明和革新十分活跃，生产过程吸收了技术所蕴藏的力量；④适宜的政治、社会及文化风俗环境。在起飞阶段，随着农业劳动生产率的提高，大量的劳动力从第一产业转移到制造业，外国投资明显增加，以一些快速成长的产业为基础，国家出现了若干区域性的增长极。起飞阶段完成的标志是国家在国际贸易中的比较优势从农业出口转向了劳动密集型产品的出口，开始出口大量的服装、鞋、玩具、小工艺品和标准化的家电产品。一些主要资本主义国家经历起飞阶段的时间：英国为1783~1802年，法国为1830~1860年，美国为1843~1860年，德国为1850~1873年，日本为1878~1900年。社会主义中国则在1977~1987年实现了起飞。

第四阶段：走向成熟阶段。在该阶段，一个社会已把现代化的技术有效地应用到了它的大部分产业。国家的产业及出口的产品开始多样化，高附加值的出口产业不断增多，厂家和消费者热衷新的技术和产品，投资的重点从劳动密集型产业转向了资本密集型产业，国民福利、交通和通信设施显著改善，经济增长惠及整个社会，企业开始向国外投资，一些经济增长极开始转变为技术创新极。几个主要的资本主义国家进入成熟阶段的时间：英国为1850年，美国为1900年，德国为1910年，日本为1940年。中国目前也已经进入了这一发展阶段。

第五阶段：大众消费阶段。在这一阶段，主要的经济部门从制造业转向服务业，奢侈品消费向上攀升，生产者和消费者都开始大量利用高技术的成果。人们在休闲、教育、保健、国家安全、社会保障项目上的花费增加，而且开始欢迎外国产品的进入。目前主要的发达国家都已进入这一发展阶段。

第六阶段：超越大众消费阶段。罗斯托对超越大众消费阶段以后的社会并没有一个清晰的概念，不过他认为该阶段的主要目标是提高生活质量。随着这个阶段的到来，一些长期困扰社会的老大难问题有望逐步得到解决。

一个国家所处的经济发展阶段决定了居民收入高低不同，消费者对产品的需求不同，从而直接或间接地影响到国际市场营销。例如，经济发展水平较高的国家，其分销渠道偏重于大规模的自动零售业，如超级市场，购物中心；而经济发展水平较低的国家，则偏重于家庭式或小规模经营的零售业。因此，对不同经济发展阶段的国家，应采取不同的市场营销策略。在工业品市场方面，发达国家偏重于资本或技术密集型的生产设备；而发展中国家因资金不足、劳动力资源丰富而熟练技术工人较少，故偏重于劳动密集型生产设备。在消费品市场方面，发达国家强调产品款式、性能及特色，采取大规模的广告宣传及其他促销手段，质量竞争重于价格竞争；发展中国家却侧重于产品功能及实用性，推行一活动受到文化水平低和传播媒体少的限制，价格因素重于产品质量。由于收入、技术等方面的差距，一些耐用消费品（如彩电、冰箱、轿车）在发达国家早已普及，而在发展中国家仍处于初级推销阶段。因此，因目标市场国处于不同的经济发展阶段，国际市场营销人员所面临的市场机遇和挑战就会有很大不同。

>> 小案例 >>

中国属初等发达国家

中国科学院中国现代化研究中心在京公布了《中国现代化报告 2004》。该报告指出，2002 年中国仍处于第一次现代化的发展期，属初等发达国家。"第一次现代化"和"第二次现代化"概念是由中国学者于 20 世纪 90 年代提出的。这两个概念将 18 世纪以来的世界现代化进程分为两大阶段：第一次现代化以发展工业经济为基本特征，第二次现代化以发展知识经济为基本特征。

此间公布的《中国现代化报告 2004》得出了中国第一次、第二次现代化的实现状况：2001 年，中国第一次现代化实现程度在参加排名的 108 个国家中排名 62 位，第二次现代化实现程度在 108 个国家中排第 59 位。中国第一次现代化实现程度，2002 年比 2001 年提高了 1 百分点，达到了 79%。

据悉，世界发达国家已经全部进入第二次现代化；中等发达国家部分进入第二次现代化，部分已经完成或者基本实现第一次现代化。有些国家第一次现代化取得进展，有些国家仍然处于传统农业社会，有些仍然生活在原始社会。

资料来源：中国科学院中国现代化研究中心. 中国属初等发达国家[N]. 中华工商时报，2004-02-03

（三）经济体制

经济体制是指在一定区域内（通常为一个国家）制定并执行经济决策的各种机制的总和，通常是一国国民经济的管理制度及运行方式，是一定经济制度下国家组织生产、流通和分配的具体形式或者一个国家经济制度的具体形式。不同经济体制下，社会资源的配置方式是不同的。目前，世界上主要存在三种经济体制。

1. 计划经济体制

计划经济体制是指对生产、资源分配及产品消费事先进行计划的经济体制。几乎所有计划经济体制都依赖于指令性计划，因此计划经济也被称为指令性经济。三个基本经济问题是指生产什么、怎样生产和为谁生产，这三个问题的解决要靠政府。大部分资源由政府拥有，分配资源由政府指令，不受市场影响。

在计划经济体制下，生产条件完全由国家或集体所有，即生产资料和土地完全归国家所有。土地、工厂、银行等都是国家的，甚至个人也没有什么自主权，一切由国家安排。计划经济基本上是生产经济，贸易处在无足轻重的地位。中国从 20 世纪 90 年代初开始逐步从计划经济走向市场经济。目前，朝鲜等国家仍实行计划经济体制。

2. 市场经济体制

市场经济是一种经济体系，在这种体系下产品和服务的生产及销售完全由自由市场的自由价格机制所引导，而不是像计划经济一样由国家所引导。世界上的市场经济体制是多样化的，但共同特点都是通过市场来配置资源。美国、日本和西欧是市场配置形式的主要典范。

美国市场经济模式的主要特征是：具有强大的垄断资本，包括遍布全世界的实力雄厚的跨国公司、高度发达的现代化生产力；多功能的国家机器对市场实行经济干预；市场调节与国家干预相结合，是垄断主导型的现代市场经济体制。日本实行以自由市场制度为基础，充分发挥政府作用的政府主导型市场经济体制。政府主导型体制也主张充分自由竞争，但同时又总是处在政府和大公司的"专制结构"指导之下。一方面，市场竞争是充分的，市场机制是完善的；另一方面，政府的力量又是十分强大的，政府通过计划、产业政策、发展战略等各种手段，强有力地引导着市场机制的运作方向。这种模式又称为亚洲模式或东方模式。

3. 混合经济体制

在混合经济体制下，产品和服务的生产及销售既有市场因素又有计划因素。第二次世界大战后，西方工业化国家在资源配置上已放弃了单一市场手段，而是计划手段与市场手段并用。

实际上，现实中并不存在完全的市场经济和完全的计划经济。所有的市场经济都有计划成分，而所有的计划经济也都可以看到市场的影子。以市场化程度较高的美国为例，尽管大多数经济决策都由市场机制进行，但是政府在监管市场运行方面仍然扮演着重要的角色。

二、区域经济环境

（一）区域一体化的定义

经济一体化（economic integration）最初用来表示企业间通过卡特尔、康采恩等形式结合而成的经济联合体。20 世纪 50 年代，有关学者将它引入国际经济领域，用"国际经济一体化"（international economic integration）来表示将各个独立的国民经济单位（一般为独立的国家）结合成更大范围的经济合作区。在国际贸易中，一般称为区域经济一体化或地区经济一体化（regional economic integration）。关于它的概念，不同的学者给予了不同的答案。这些概念大都停留在比较纯粹的国际贸易领域中，讨论得较多的是贸易壁垒与贸易利益。事实上，随着区域经济一体化组织的发展，其早已不仅局限在这一范畴，而是具备了更多的内涵，因而区域经济一体化的概念也在不断发展。一般而言，区域经济一体化，是指在参与成员范围内减少与取消歧视性的贸易壁垒及采用一定程度的共同的对外贸易与经济发展的政策，以期消除成员间的差异，促进资源的最佳利用，求得整体最优的经济结构和经济效果。从这个概念中，可以把握区域经济一体化的几个基本特征：①成员间消除某些方面的歧视，并尽量采用共同的政策与措施；②在对外方面，共同保持对成员外的歧视，并限制单个成员的对外权限；③各成员本着互利互惠的原则参与其中，目的在于取得非合作条件下无法获得的某些效果与利益；④它的性质可以视为，全球范围内无法实现真正意义上的自由贸易与经济合作，只能在局部地区的某些方面进行。

（二）区域经济一体化的主要形式

按照贸易自由化和经济联系紧密程度的差异，学者一般把区域经济一体化分为以下几种形式。

（1）优惠贸易安排（preferential trade arrangements，PTA）。优惠贸易安排是指成员国之间对全部或部分商品实行特别的关税优惠。很明显，优惠贸易安排是区域经济一体化中最低级、最松散的一种形式。因此，许多学者都往往把这种形式忽略不计。

（2）自由贸易区（free trade area，FTA）。自由贸易区是指在成员方之间消除关税和非关税壁垒，实行商品的完全自由流动，但每个成员方对非成员方的贸易壁垒不发生变化。由于自由贸易区对外不实行统一的共同关税。因此，不同成员国的对外关税差别很大，这就为非成员国的出口避税提供了可能。因为原产自非成员国的商品可以通过先进入自由贸易区中关税降低的成员国、然后再转入关税较高的成员国的办法来逃避较高的关税。为防止区外的商品冒充区内的商品避税，自由贸易区需要制定统一的原产地规则。自由贸易区的原产地规则是非常严格的。一般规定只有商品在自由贸易区内增值 50%以上才能享受免税待遇，有的商品甚至被规定只有在自由贸易区内增值 60%以上时才能享受免税待遇。

（3）关税同盟（customs union，CU）。关税同盟是指在成员方之间在消除贸易壁垒、允许商品自由流动的基础上，通过实行共同的对外关税而形成的一种区域经济一体化形式。简单来说，关税同盟即自由贸易区加共同的对外关税。与自由贸易区相比，关税同盟的最优越之处在于，关税同盟对外实行统一关税，可以完全消除非成员方的避税和搭便车现象。

（4）共同市场（common market，CM）。共同市场是指成员方之间除取消贸易壁垒、允许商品自由流动并实行共同的对外关税之外，也允许生产要素自由流动。共同市场即是关税同盟加生产要素自由流动。

（5）经济联盟（economic union，EU）。经济联盟是指在共同市场的基础上，成员方之间还在某些经济政策和社会政策上进行统一和协调。经济联盟是现实中存在的最高级的区域经济一体化形式。欧盟则是唯一达到这一标准的区域性经济集团。

（6）完全的经济一体化（complete economic integration）。完全的经济一体化是指在经济联盟的基础上，成员方之间实行完全统一的贸易、金融和财政政策，并且这些政策由超国家的经济组织制定和实施。目前，欧盟正在向完全的经济一体化的目标迈进。

（三）全球主要的经济一体化组织

1. 欧洲联盟

欧洲联盟（European Union，EU），简称欧盟，是由欧洲共同体（European Communities，又称欧洲共同市场）发展而来的，是一个集政治实体和经济实体于一身、在世界上具有重要影响的区域一体化组织。1991年12月，欧洲共同体马斯特里赫特首脑会议通过《欧洲联盟条约》，统称《马斯特里赫特条约》（简称《马约》）。1993年11月1日，《马约》正式生效，欧盟正式诞生。

2007年1月欧盟已拥有27个成员和近5亿人口，总部设在比利时首都布鲁塞尔。欧盟的宗旨是"通过建立无内部边界的空间，加强经济、社会的协调发展和建立最终实行统一货币的经济货币联盟，促进成员国经济和社会的均衡发展"，"通过实行共同外交和安全政策，在国际舞台上弘扬联盟的个性"。

中国与欧盟（其前身为欧洲共同体）于1975年5月建立正式关系。在双方的共同努力下，中欧关系得到了长足发展。在政治领域，欧盟先后制定了《欧中关系长期政策》、《欧盟对华新战略》和《与中国建立全面伙伴关系》三个对华政策性文件。这些文件指出，"欧洲同中国的关系必然成为欧洲对外关系，包括亚洲和全球关系中的一块基石"，主张同中国建立全面的伙伴关系。与此同时，中国也一再重申，中国与欧盟都是世界舞台上维护和平、促进发展的重要力量，全面发展同欧盟及其成员国长期稳定的互利合作关系，也是中国对外政策的重要组成部分。

2. 北美自由贸易区

北美自由贸易区（North American Free Trade Area，NAFTA）由美国、加拿大和墨西

哥三国组成，三国于 1992 年 8 月 12 日就《北美自由贸易协定》达成一致意见，并于同年 12 月 17 日由三国领导人分别在各自国家正式签署。1994 年 1 月 1 日，协定正式生效，北美自由贸易区宣布成立。北美自由贸易区协定的宗旨是，取消贸易壁垒；创造公平的条件，增加投资机会；保护知识产权；建立执行协定和解决贸易争端的有效机制，促进三边和多边合作。多年来，北美自由贸易区取得的成果主要包括促进了地区贸易增长和增加了外商直接投资（foreign direct investment，FDI），发达国家保持经济强势地位，发展中国家受益明显，合作范围不断扩大等。

3. 亚太经济合作组织

亚太经济合作组织（Asia-Pacific Economic Cooperation，APEC），即亚太经合组织，是亚洲及太平洋地区最具影响力的经济合作官方论坛。1989 年 11 月，首届亚太地区部长级会议在澳大利亚首都堪培拉举行，亚太地区 12 个国家的外交、经贸部长参加了会议，APEC 由此诞生。APEC 创始国有 12 个，即澳大利亚、美国、加拿大、新西兰、日本、韩国、菲律宾、马来西亚、新加坡、文莱、泰国和印度尼西亚。11 月，经与 APEC 反复磋商，在"一个中国"原则和区别主权和国家地区经济的基础上，中国作为主权国家正式加入 APEC，同时中国香港和中国台北作为地区经济体加入。到目前为止，APEC 成员已发展至 21 个，除前述国家和地区外，智利、墨西哥、秘鲁、巴布亚新几内亚、俄罗斯、越南也相继成为它的成员，使 APEC 人口达到 25 亿，约占全球人口总数的 40%。APEC 是亚太区域国家与地区加强多边经济联系、交流与合作的重要组织。其宗旨和目标是"相互依存、共同利益，坚持开放性多边贸易体制和减少区域间贸易壁垒"。

4. 东盟

东南亚国家联盟（Association of Southeast Asian Nations，ASEAN）简称东盟。1967 年 8 月 8 日东盟成立，英文缩写为"ASEAN"。东盟成立的宗旨虽是"提倡以平等及合作精神共同努力，促进东南亚地区的经济成长、社会进步与文化发展"，但其根本用意却是希望遏制共产势力在东南亚的扩展，政治用意甚于经济含义。但是，随着国际形势的变化，东盟逐步转为以政治、经济合作为主的区域集团。现东盟已拥有 10 个成员，即印度尼西亚、新加坡、泰国、菲律宾、马来西亚、文莱、缅甸、越南、老挝和柬埔寨。

截至 2012 年年底，东盟成员国总面积约 444 平方千米，人口 5.9 亿，2014 年 GDP 总值 28 349 亿美元，人均 GDP 4 545 美元。

近年来，东盟邀请与中国、日本及韩国东亚三大经济体拟建立东亚共同市场乃至区域货币计划，向可能成为全世界最强大的经济集团的方向发展。曾任菲律宾总统的艾斯特拉达表示，东盟推动贸易自由化的长期目标就是，成立东亚共同市场、东亚货币及东盟共同体。

5. 大阿拉伯自由贸易区

大阿拉伯自由贸易区（The Greater Arab Free Trade Area，GAFTA），拥有 22 个成员，分别是阿尔及利亚、巴林、科摩罗、吉布提、埃及、伊拉克、约旦、科威特、黎巴嫩、利比亚、毛利塔利亚、摩洛哥、阿曼、巴勒斯坦、卡塔尔、沙特阿拉伯、索马里、苏丹、叙利亚、突尼斯、阿联酋和也门。1981 年，上述各国共同签署了阿拉伯地区内部贸易便利促进协议，提出了在阿拉伯地区逐步实现贸易自由化、建立自由贸易区，并最终建立关税同盟的建议；协议还建立了一个谈判委员会。但是，由于种种原因，此协议在初期未能取得实质性进展。

区域一体化可以促进集团内部的贸易自由化，从而对各成员国企业间国际营销提供宽松的经济环境。这样，区域内生产贸易企业得到优惠，区域外企业遭受歧视；另外，市场规模的扩大导致区域内企业生产规模扩大，以替代区域外企业。同时，区域经济一体化具有不同程度的保护性与排他性的特点，对非成员国企业的国际营销会起到环境障碍的作用。

三、全球经济趋势

当今全球经济发展表现为四个主要特征，分别是国际投资与国际贸易的迅速发展、各国经济相互依赖性加强、市场竞争程度的提高、各国关系的复杂性提高。这些特征深刻地影响着全球公司的结构、行为和绩效，从而影响国际营销者的行为和绩效。

（一）国际贸易与国际投资迅速发展

第二次世界大战以后，尤其是 20 世纪 90 年代以来国际贸易投资迅速增长，并呈现出国际贸易年均增长速度比世界经济增速快，约高出四百分点，而国际直接投资年均增长速度又高于货物国际贸易，提高了大约一倍。国际直接投资产生的贸易创造效应大于贸易替代效应，成为贸易与经济增长的助推器。

（二）各国经济之间相互依赖性提高

各国之间、跨国公司之间在产品、服务及资本之间的贸易，创造了相互依赖的全球经济。而由国际贸易与国际投资的增长及信息产业发展等多因素推动的经济全球化的发展，使各国经济彼此之间相互依赖性日益加强。任何一个国家或地区均不能脱离世界而孤立地发展。当今一国经济的高速发展是同其他国家紧密联系在一起的。当某国经济不景气时，不仅限制本国经济进一步发展，而且影响了该国的对外贸易及国际投资。当某一国发生通货膨胀或汇率变动时，会影响到对外贸易效益及企业的竞争力，进而影响他国的贸易。一国的环境污染可能会影响邻国，甚至全世界。国际营销者必须关注这一特点，采取相应的对策。

（三）全球竞争提高

由于各国实施或扩大对外开放方针，越来越多的企业跨越国界从事全球经营和销售，因而提高了国际市场竞争程度。例如，在汽车行业方面，过去，美国、日本及德国是国际汽车市场的主要角色。当今，韩国已加入这一竞争行列，马来西亚也加入国际汽车市场，从而使国际汽车市场竞争激烈化。在其他行业，如医疗设备、化学仪器、电脑、农具等国际市场亦存在激烈的竞争。全球竞争的提高驱使企业寻求更好的方法去满足国际目标顾客的需求，企业主要集中采用产品、价格、渠道、促销及售后服务等营销策略，提高企业的竞争优势。

（四）全球经济更加复杂化

由于国际贸易与国际投资的提高，各国经济相互依赖的加强，全球竞争的加强，从而使全球经济变得更加复杂，并相互交错在一起。最典型的事例是亚洲金融危机，不仅影响本国经济及金融，而且影响全球的贸易和金融的发展。

【任务小结】

全球经济环境是全世界市场潜量和市场机会的一个重要决定因素。因此也是国际营销战略和策略的制定和实施的重要影响因素。世界各国的经济体制可分为市场配置、指令配置和混合配置。近年来，一个重要的发展趋势是许多以往由计划控制的国家转向市场经济体制。为了使世界经济能健康有序地发展进步，有必要建立一些组织制定相关的制度，使企业的经营活动规范化。

【相关知识】

国际营销经济环境

国际营销的经济环境，具有两层含义。第一个层次是世界经济，或称国际经济，其中主要是国际贸易体系，包括贸易方向、商品结构、国际收支、贸易政策、区域性经济与贸易联盟等因素和国际金融体系，包括汇率、国际金融机构、国际支付制度和储备体系等因素。国际营销经济环境的第二个层次是国别经济。在研究一国的经济环境时，主要研究其市场规模和经济特性两大类因素。

新兴经济体，即新兴市场，是指20世纪80年代以来大体实现了工业化、现代化和经济增长迅速的部分原发展中经济体。区别在于经济发展程度和人均收入水平。目前，新兴市场主要位于亚洲、拉美和东欧的国家和地区。在东南亚、东欧、南非、拉美和中东都有新兴市场。最显著的特征就是生活水平快速提高，中产阶级人数不断增加。作为出口、外国直接投资的目的地和货源地，新兴市场具有很大吸引力。

【实践能力拓展】

（一）案例

长春长铃集团摩托车成功进入喀麦隆市场

长春长铃集团有限公司于1980年开始生产摩托车。公司产品包括摩托车、发电机组、园林机械、折叠自行车、动力滑板车及汽车配件等。集团是拥有10余家子公司，资产达17亿元的跨地区、跨行业的大型企业集团。集团先后跻身于全国500家最大工业企业、全国机械工业100家最大企业、全国摩托车制造八强企业、国家现代企业制度百户试点单位之一。2001年长春长铃集团摩托成功进入喀麦隆市场。

喀麦隆是撒哈拉以南非洲国家中最具发展潜力的国家之一，其地理、气候、资源囊括了非洲大陆的所有特点，故有"小非洲"的美称。喀麦隆全国人口为1 430多万人，人口年增长率为3.1%。人口密度30人/平方千米，年龄结构以年轻人为主体，60%的人口在20岁以下，男女性别比例为49∶51。由于年轻人居多，所以较容易接受摩托车作为交通工具。喀麦隆是个农业国，自然条件优越，这为摩托车进入市场提供了契机，长铃摩托车的主要目标消费者在农村，农民把摩托车作为交通工具和运输工具，这正和长铃AX100和CM100ZH摩托车的用途特点相吻合。自1960年独立后，喀麦隆推行"有计划自由主义"、"自立自主平衡发展"和"绿色革命"等政策，经济发展较快。特别是1982年比亚执政后，强调优先发展农业和中小企业，大力引进外资，合理开发和利用本国资源，经济持续增长。20世纪80年代初期，喀麦隆国民生产总值增长较快，到1986年，已增长至118亿美元。在经历1987年的国际局势巨变和多党民主化浪潮的冲击后，1990年起，喀麦隆实行经济自由化，取消进口许可证和基础产品出口审批，废除国家大部分垄断价格，同时创办自由工业区。

1994年后，喀麦隆经济连续三年增长，并呈现出继续增长的趋势，有望进入一个稳定发展的新阶段。良好的经济环境有利于合资合作的正常开展。喀麦隆公路运输较发达，各省会及较大城市之间均有沥青公路相连，路面本身质量较好。喀麦隆拥有公路50 000千米，其中34 000千米由喀麦隆公共工程部负责，有4 000多千米为优等沥青路。而喀麦隆铁路全长约1 300千米，尚不发达。发达的公路条件和尚不发达的铁路运输为摩托车进入市场创造了突破口。长铃摩托车的选址定在杜阿拉，这个城市拥有喀麦隆约80%的工业，被誉为"经济首都"。杜阿拉港地理位置优越，是喀麦隆最大港口。

为进一步改善杜阿拉港的航运条件，更好地为喀麦隆经济发展服务，喀麦隆政府正在对杜阿拉港主要航道进行疏通，以提高该港口的运输能力。港口高度发达的建设条件促使相关部门对于进出口业务的办理提出了更高的要求，使进出口企业的相关手续简便而高效。长铃集团是正确运用了营销环境分析，抓住了经济环境中的优越性，利用自身优势在激烈的竞争中抓住了机会成功地进入喀麦隆市场。

资料来源：经济环境，http://wenku.baidu.com/link2015/8/7

（二）案例分析

中国的摩托车制造业通过消化吸收国外先进摩托车研发和制造技术，在此基础上已发展成为拥有相对独立自主知识产权的一个产业，是中国一个难得的具有国际竞争力行业。中国摩托车零部件工业实力相当雄厚。由于受到经济发展水平及居民消费水平的限制，喀麦隆摩托车市场需求层次还比较低，这就使中国摩托车企业具有相对的竞争优势，产品更切合喀麦隆消费者的需求。据统计，喀麦隆每年进口的交通工具占其年进口总额的10%，此外，喀麦隆各大小城镇基本上没有公共交通工具，出租汽车和出租摩托车成为无车族出行的主要交通工具。摩托车市场还远没有达到饱和，并且随着喀麦隆经济的不断发展，居民消费水平的提高，对摩托车的消费需求具有相当大的上升空间，摩托车市场的潜力巨大。

（三）实践困境讨论

从以上案例及分析结果来看，有以下问题值得我们讨论。

1. 如何分析影响企业国际市场营销的经济环境？

国际市场营销的经济环境是各种直接或间接影响和制约国际市场营销的经济因素的集合，是国际市场营销环境的重要组成部分，具有国际市场营销环境的各种特征。分为三个不同层次：一是从全球的角度出发，考察整个世界经济的基本状况，及对国际市场营销的效应的全球层面的经济环境（国际金融环境、国际贸易环境、经济周期、世界经济结构）；二是从一个国家角度出发考察某个具体国家的经济状况，及其对国际营销的效应的国别层面的经济环境（即本地经济环境）；三是从世界区域性范围及区域性组织出发考察某些文化背景相似、经济发展水平相当、关系往来密切的一系列国家和地区的区域性层面的经济环境。

2. 在全球经济一体化的背景下为什么还要注重区域经济环境？

区域经济环境是由一定地理区域范围而结成某一特定经济联盟的国家或地区的经济环境，是国际营销者跨国经营所面临的重要经济环境，对企业国际营销产生直接影响。当前全球经济环境主要体现为，国际投资与国际贸易迅速发展，各国经济相互依赖性加强，市场竞争程度提高，各国关系的复杂性提高。正因为全球经济环境的发展趋势，企业必须明白，即使在全球经济一体化的大发展趋势下，国际企业依然必须注重区域经济环境。

【情景实训】
跨国营销中经济环境的影响因素

1. 实训名称

分析跨国营销中经济环境的影响因素。

2. 实训目的

根据企业内外环境，理解企业跨国营销中经济环境的影响因素。

3. 实训内容

根据要求将下列市场分类：

a.巴西　b.尼泊尔　c.新加坡　d.伊拉克　e.波兰　f.英国　g.西班牙　h.尼日利亚 i.印度尼西亚　j.孟加拉国　k.赞比亚　l.沙特阿拉伯　m.牙买加　n.印度　o.莫桑比克

p.尼日尔　q.土耳其

贸易结构 工业发展状况	收入水平		
	低	中	高
半工业国			
石油出口国			
初级品生产国			
人口稠密的南亚国家			
欠发达国家			

4. 实训步骤

（1）把全班同学分成5组。

（2）每组按要求完成表格。

（3）小组内讨论，找出最佳答案，然后全班汇报各组答案。

5. 实训要求

每组成员必须熟练掌握影响企业进入国际市场的经济因素。包括全球性经济因素、一个国家的具体经济因素及世界区域性范围及区域性组织的相关因素。

任务四　国际政治与法律环境

【学习目标】
◇　了解政治、法律体系的组成部分；
◇　掌握国际政治风险的性质；
◇　了解国际政治风险的种类；
◇　掌握降低政治法律风险的措施；
◇　掌握解决国际贸易争端的方法。

【任务描述】

睡 衣 风 波

1997年，美国和加拿大之间围绕"古巴睡衣"问题发生了一场政治纷争，而夹在两者之间的是一家百货业的跨国公司——沃尔—马特公司。当时，争执的激烈程度可以从报纸新闻标题中见得一斑："将古巴睡衣从加拿大货架撤下：沃尔—马特公司引起纷争""古巴问题：沃尔—马特公司因撤下睡衣而陷入困境""睡衣赌局：加拿大与美国赌外交""沃尔公司将古巴睡衣放回货架"。

这一争端是由美国对古巴的禁运引起的。美国禁止其公司与古巴进行贸易往来，但在加拿大的美国公司是否也应执行禁运呢？当时，沃尔—马特加拿大分公司采购了一批古巴生产的睡衣，违反了美国赫尔姆斯-伯顿法，这一法律禁止美国的子公司与古巴通商。而加拿大则是因为美国法律对其主权的侵犯而恼怒，他们认为加拿大人有权决定是否购买古巴生产的睡衣。这样，沃尔—马特公司便成了加拿大和美国对外政策冲突的牺牲品。沃尔—马特在加拿大的公司如果继续销售那些睡衣，则会因违反美国法律而被处以100万美元的罚款，且还可能会因此而被判刑。但是，如果按其母公司的只是将加拿大商店中的睡衣撤回，按照加拿大法律，会被处以120万美元的罚款。

资料来源：凯特奥拉 PR，格雷厄姆 JL. 国际市场营销学[M]. 周祖城，赵银德译. 北京：机械工业出版社，2005

思考：

（1）造成沃尔—马特公司困难处境的原因是什么？

（2）结合案例说明政治环境与法律环境之间的关系。

【任务实施】

任何一个从事国际市场营销的企业都应认识到：政治是经济的集中体现，又对经济产生巨大影响。当代社会，任何经济活动都不可能独立于政治因素之外。政治与法律环境是企业在国际市场营销中面临的一个重要而复杂的问题。每个企业都必须保持高度的政治敏锐性与法律敏锐度，审时度势，以规避政治风险，减少经济损失，创造良好的国际营销环境。

一、国际政治环境

一国的政治环境主要包括政府与政党体制、政府政策的稳定性、民族主义及国际政治风险等。

（一）政府和政党体制

1. 政府类型

世界上多数国家的政府可分为两类，即议会制政府和专制政府。

议会制政府分为君主立宪制和共和制，政府经常与公民协商，其政策在某种程度上能够反映大多数人的意见。

专制政府分为君主专制和专政两种。而在专制制度下，政府政策的制定在很大程度上带有独裁者的意愿。

国际营销人员要注意了解现政府的构成及其对经营和外商的主要政策。政府是保守的、中立的还是极"左"的？目前的商业政策是鼓励自由经营体制还是鼓励国家所有制？要回答这些问题，还必须考虑执政党的主张。

2. 政党体制

政府内部的政党体制可以分为四种，即两党制、多党制、一党制和一党专制。

两党制是由势均力敌的两个政党组成。两党各有主张，营销人员要重点研究执政党的主要政策倾向。

多党制，没有一个政党具有独立控制政府的能力，政府由各党联合组成。与两党制相比，多党制的党派联合变化更为频繁，因为联合执政时间取决于各党的协作。

一党制是某一政党占绝对支配地位，其他政党没有机会在选举中获胜。这种情况在刚开始实行议会制的国家比较普遍。这种体制随着进一步演化，可能转成多党制。墨西哥是一党制的很好例子。

一党专制与一党制不同，它压制或镇压其他的党派，它的执政不是通过自由竞争，而是通过军事或政变的手段获取的。一党专制不会发展成为两党制或多党制，而可能成为独裁制。

3. 对政党主张的认识

国际市场营销人员对政党主张的认识，要特别注意他们对外商和外国政府的态度。我们不仅要研究具有代表性政党的基本主张，还要研究整个国家的政党体制，因为每一政党的主张都会对政府政策起到影响作用。即使是在一党制国家，如墨西哥，其他政党的态度和主张仍很重要。总之，一个企业要想掌握外国政府的政治气候，就必须研究现政府的主张，并且尽可能考虑其政治发展的长远方向。

>> **小案例** >>

比利时：长期的"无政府政治"

近年来，比利时因党政混乱问题，导致出现长期的"无政府政治"状况。比利时的政党主要有9个，它们主要建立在语言基础上，可分为法语政党与荷兰语政党两大阵营，北部弗拉芒语区和南部法语区之间长期存在对立现象。比利时联邦议会于2010年6月13日举行联邦议会选举，因有关调整弗拉芒语区地位及增加政府权力和资金的改革提议导致谈判破裂，法语、荷语区两大阵营争执不休，组阁谈判自2010年6月议会选举以后举行多次而无结果，导致新的政府迟迟无法产生，至2011年12月5日，在欧盟要求在欧元区国家必须对欧债危机问题表态的情况下，才打破僵局产生了新的一届政府，"无政府"状态持续时间达541天。这是世界各国在选举后持续时间最长的组阁过程。新政府的产生，缓解了人们对于比利时这个位于欧洲心脏地带、人口1000万的国家可能崩溃瓦解的担忧。

资料来源：周淑真. 政党和政党制度比较研究[M]. 北京：人民出版社，2013

（二）政府政策的稳定性

政府政策的稳定性直接影响企业经营战略的长期性。尽管政府政策始终处于某种渐变状态，但企业首要关注的是一国对外政策的根本性变化。这种根本变化可以定义为不稳定性。国际营销中政治环境的不稳定性可以从以下几方面入手分析。

1. 政权的频繁更替

第二次世界大战结束以后，意大利政府更替频繁，但是商业活动却正常进行。秘鲁政府对外来投资虽然持积极欢迎的态度，但是有关政策却变化无常，所以许多外国公司不愿去该国投资。

2. 东道国频繁发生各种政治事件

暴力事件、治安混乱和各种流血冲突事件，对国际市场营销会有很大的影响。

3. 文化分裂是政治不稳定的又一因素

由于语言上的差异，斯里兰卡境内泰米尔族和锡克族发生许多流血冲突。在印度、比利时和加拿大等国都曾因为语言文化等问题发生过冲突。

4. 宗教对立经常是政治动荡的根源

印度教和伊斯兰教的冲突导致印度次大陆分裂为两个国家——印度和巴基斯坦。时至今日，印度境内还不时发生各种宗教冲突。

（三）民族主义

尽管政党和政府的更替可能会引起政府-企业关系的不稳定变化，但当今世界影响国际营销最关键的政治因素应是强烈的民族主义。

民族主义者认为，一国的经济发展要更多地依靠本国自身的经济力量，要特别维护本国民族工业的发展。有人把这种主义称为忠诚的民族主义或爱国主义。

人们要认清一个基本事实：无论哪一个民族国家，不管它做出什么保证，也不会容忍外国公司对其市场和经济的无限渗透，特别是在东道国认为外商的决策没有顾及本国的社会经济发展需要时。即使在外国企业较少的美国，美国国会也颁布一系列条款，限制外商企业的无限渗透。

民族主义对外国企业的影响，无论在发达国家还是发展中国家都是一样的，只是激烈程度不同而已。但是，所有的东道国都会在其国内控制利润和借贷；控制外商对本国公司的冲击（如削减进口，推动本国产品出口）；控制外资对本国企业的投资规模等。

（四）国际政治风险

1. 国际政治风险的概念

国际政治风险是指从事国际市场营销的企业由于受东道国各种政治因素的影响而遭受损失的可能性。

2. 国际政治风险的源泉

政治风险的源泉主要包括政治主权和政治冲突。

政治主权是一个国家通过对外国企业采取多种多样的制裁措施以满足树立自身权威欲望的一种手段。这样的制裁措施一般具有一定的规则，并且呈现渐进发展趋势，因此可预测。例如，对外国企业提高征收的税率。很多欠发达国家为了维护其政治独立往往对外国企业提出种种限制性规定。这些国家宁愿迟缓发展经济，也要保护其政治独立性，因为先进国家的经济上的援助往往伴随着政治主权的削弱。

发达国家因长期维护了其政治主权，往往实行较为开放的对外政策。与欠发达国家相比，发达国家更注重失业率的降低、抑制通货膨胀、改善与社会保障相关的各项服务、解决环境保护和发展落后地区等问题。这些国家为解决此类问题竭力引进外国的先进技术和资本，同时也把自己的技术和产品销往海外市场。

政治冲突具有两种效果：一个是直接效果；另一个是间接效果。直接效果表现为暴力、掠夺和罢工等形式，间接效果表现为解决问题的纯动机和以其他问题转移国民大众注意力的动机。

政治冲突的形式多种多样，并且是不规则非连续性的。具体有暴动、内战和政治阴谋等。例如，韩国的光州事件就是一个典型的抗议政府的暴动行为。

3. 国际政治风险评估

政治风险来自于东道国未来政治变化的不确定性和东道国政府对外国企业未来利益损害的不确定性。一般包括四种类型。

（1）总体政局风险：由东道国政治制度前景的不确定性产生的风险。例如，1998 年印度尼西亚 5 月骚乱，导致许多华人企业遭受严重损失。总政局不稳定不一定会迫使企业放弃投资项目，但肯定会干扰企业经营决策和获利水平。

（2）所有权/控制风险：产生于企业对东道国政府注销或限制外商企业行为认识的不确定性。这类风险包括政府的没收和国有化行为。

（3）经营风险：产生于企业对东道国政府控制性惩罚认识的不确定性。它主要表现在对生产、销售、财务等经营职能方面的限制。

（4）转移风险：主要产生于对东道国政府限制经营所得和资本的汇出认识的不确定性。转移风险还包括货币贬值的风险。

4. 政治风险的种类

政治风险的种类多种多样，但其中最重要的是国有化。此外，还有一些常见的外汇管制、贸易壁垒、价格控制、雇工问题等。

（1）国有化。国有化是指东道主政府将外国人在本国的投资收归国有。国有化包括两种形式：无偿国有化，即没收；有偿国有化，即征用。征用是政府以补偿形式接受外国企业，这种补偿与被征用企业的财产价值并不相等，甚至有的是象征性。所以，国有化是企业在国际市场营销中面临的最严重的政治风险。

（2）外汇管制。外汇管制是指一国政府通过法令对国际结算和外汇买卖等实行限制的一种制度。一国实行外汇管制的原因主要是该国的外汇短缺。因此，外汇短缺的东道国政府常常会对资本在该国的出入进行管制，即限制国外资本的自由流动，以便保持一定的外汇储备供应本国对外汇最基本的需求。

这种管制使外国企业从东道国转移其利润或投资变得更为困难，而且在将东道国货币兑换成本国货币或第三国有价值的货币方面也比较困难，这必然会给外国投资者带来一定的风险。

（3）贸易壁垒。贸易壁垒是指一个国家为了限制外国商品进口所设置的障碍，它有关税壁垒和非关税壁垒之分。

关税壁垒一般是指一个国家基于增加本国财政收入、保护国内生产和国内市场的目的，通过较高的关税来限制商品的进口。1983 年美国突然提高机车进口税，从原来的 4.4% 提升到 49%，目的就是阻止日本机车进口，以挽救本国仅存的哈雷机车制造公司。大多数欠发达国家都是凭借高关税来阻挡外国商品进入的，如墨西哥纺织品的进口关税高达50%；巴西酒类和香肠的进口关税高达 105%。

非关税壁垒是指用进口许可证、进口配额、复杂的海关手续，过严的卫生、安全、技术质量标准，政府采购政策及国家补贴、特定的包装装潢条例等各种各样的法律和行政手段、措施来限制商品的进口。一些国家的政府对原材料、机器和零部件的进口有选择地实行限制，是东道国政府迫使外国企业多采购本国产品而常采用的一种策略，以便为本国工业开拓市场销路。

（4）价格控制。价格控制是指东道国政府用限价的办法来影响外国企业的营销活动。通常情况下，一些关系公众利益的必需品、重要物资、重要商品等经常遭到价格限制，如食品、药品及医疗用品、汽油、橡胶等。如果外国企业的经营涉及这些领域，就很容易成为价格控制的对象。

此外，在通货膨胀的情况下，利用价格管制可以控制生活费用上涨，如对于进口商品实行最高限价的规定。这样，还能够减少进口商的利润，达到抑制进口的目的。有些国家对进口商品实行最低价格的限定，目的是削弱进口商品在国内的竞争力，保护国内的民族产业。

因而，价格管制也是贸易保护政策的一种方式，给企业的国际市场营销带来很大的阻力。

（5）雇工问题。在很多国家，工会受到政府强有力的支持，在与外国企业的斗争中，常使投资方做出种种特别的让步，包括禁止解雇工人、与工人分享利润、增加工人福利等。

在法国，充分就业的观念在社会中根深蒂固，不管解雇多么少的工人，尤其是当被外国企业解雇时，有可能会被认为是全国性的危机。通用汽车公司在法国的工厂曾经想解雇当地工人，却被法国工业部长斥为不负责任的政策，并认为这种举动是大逆不道的。因此，企业在国外经营必须慎重对待雇工问题。

小案例

麦当劳在前南斯拉夫

美国空袭前南斯拉夫，激起了前南斯拉夫人的爱国热情。一群群爱国青年将贝尔格莱德的三家麦当劳分店及亚戈迪娜等城市的分店作为目标，他们捣毁窗户，在门和墙上写上侮辱性的话。麦当劳公司被迫关闭在前南斯拉夫境内的 15 家分店。但是麦当劳公司积极展开营销活动，最终得以东山再起。

不到一个星期，他们就发动了一场宣传运动，在一家分店打出了"麦当劳与全国人民共命运"的标语，并写道："这家饭店就像我们大家一样，也是轰炸目标，要是它必须炸掉，就让北约炸吧。"为了得到前南斯拉夫塞尔维亚族人的认可，让他们感到自豪，麦当劳专门制作了招贴画和翻领纽扣，让金色的拱形门带上了传统的塞尔维亚帽子"夏卡卡"。近年来，随着塞尔维亚民族主义思潮的高涨，像"夏卡卡"这样的传统的民族标志得到了复兴。麦当劳的这个设计思路，目的在于把公司塞尔维亚化。随后，麦当劳印制了新的旗帜、托盘垫子、翻领纽扣和印着蓝白红三色塞尔维亚国旗为背景经过重新设计拱形门的招贴画。4 月 17 日，贝尔格莱德分店重新开张，3 000 多只汉堡被免费分发给参加以反对北约为主题的贝尔格莱德马拉松长跑的人们。与此同时，公司宣布每售出一只汉堡，就向前南斯拉夫红十字会捐款一第纳尔（相当于 5 美分），用以帮助北约空袭的受害者。

战争一结束，公司立即沉浸在胜利之中。尽管工资下跌，物价上涨，人们对美国余怒未消，全国各地的麦当劳餐馆却全都挤满了渴望食用巨无霸汉堡和炸薯条的塞尔维亚族人。为什么不呢？一位 16 岁的青年说道："我并不把麦当劳和美国联系在一起，麦当劳是我们的。"麦当劳在前南斯拉夫公司的负责人说："我们进入南斯拉夫多年，多年来一直为学校、体育俱乐部和儿童医院提供赞助。我们是社会的一部分，我们从未想过会有人对我们干坏事。"麦当劳已经成为当地人的自豪。在前南斯拉夫的足球比赛中，当贝尔格莱德的球迷和克罗地亚的对手相遇时，贝尔格莱德的球迷就会嘲弄对手，唱道："我们拥有麦当劳，你们却没有。"

资料来源：http://jandan.net/2014/02/13/macdonalds-weird-chains.html

5. 降低政治风险的措施

政治风险虽然不能消除，但至少可以降低。跨国公司可以实施措施以劝阻东道国政府控制跨国公司的资产。

（1）刺激当地经济。跨国公司可以通过多种方式来刺激当地的经济，将自己的业务活动和东道国的经济利益联系起来，其中之一是采购当地的产品及原材料用于生产和经营。通过支持当地的公司，与其建立联盟，可以给公司带来很有价值的政治竞争力。

（2）雇用当地员工。通常外国企业会犯一个简单但代价很大的错误，认为雇用欠发达国家的居民是一个不利的选择。然而事实证明那些雇用当地工人，在赢得利润的同时，也使地区经济的发展，赢得了当地政府和民众的支持。

（3）共享所有权。企业应当与地方，尤其是当地公司共享所有权，而不是独占所有权。方法之一是使公司由一家私营企业转变为公有企业，或者是由外国企业转变为当地企业。

（4）关注公用事业。企业不应当仅限于在国外从事业务经营，还应当扮演好企业公民的角色，为了消除不受欢迎的形象，跨国公司应当将投资与当地的公用事业结合起来。从长期来看，能够塑造企业的良好形象，有助于企业声誉的提升。

（5）政治中立。出于长期的利益考虑，企业不宜卷入当地不同集团间的政治纷争或国家之间的纷争。应当明确而又谨慎地表明自身不会参与政治事务而主要关注经济利益。

二、国际营销法律环境

法律代表一个国家书面的或正式的政治意愿。在这种意义上，一个国家的政治与法律制度是密切相关的。国际市场营销的法律环境是由企业本国法律（国内法律）、国际法律和东道国法律组合而成的。

（一）国内法律

许多国家为了保护国内市场，增加国内就业机会，以及更好地与国际惯例接轨，都制定了明确的法律规定。其内容大体包括三个方面。

1. 出口控制

许多国家都有出口控制制度。中国同世界其他国家一样，也同样对出口商采取限制、管制和管理的办法。出口控制主要实行的是出口许可制度，有权经营出口业务的公司，必须事先提出申请，经国务院有关部门批准后，才能经营出口业务，而且必须经营在批准范围内的出口业务。任何企业向任何国家或地区出口的任何商品，如果不符合中国规定的国别，出口商品不符合国家规定的标准或不符合出口国的规定，有关部门可随时通知其停止出口、暂缓出口或者减少出口。

2. 进口控制

许多国家对进口商品采取较严格的控制手段，尤其是那些在国际收支中发生赤字的国家，这些国家通过关税和非关税，以及配额制等来控制全部商品的进口或某类商品的出口。

3. 外汇管制

世界上有不少国家对外汇的供需和使用进行管制。例如，限制本国出口货物者所能持有和获得的外汇数额，限制国外投资者所能汇出的利润数额等。

中国为了加强对外汇的管理，为国家增加外汇收入和节约外汇支出，于 1996 年 1 月发布《中华人民共和国外汇管理条例》。该条例对经营外汇业务规定了两个基本原则。一是金融机构经营外汇业务需经外汇管理机关的批准，领取经营外汇业务许可证，经批准经营外汇业务的金融机构，其外汇业务不得超过许可证的批准范围。二是除了批准外汇业务的金融机构外，任何单位和个人不得经营外汇业务。

（二）国际经济法律

国际法是调整交往中国家间相互关系，并规定其权利和义务的原则和制度。国际法的主体，即权利和义务的承担者一般是国家而不是个人。其主要依据是国际条约、国际惯例、国际组织的决议，以及有关国际问题的判例等。这些条约或惯例可能适用于两国间的双边关系，也可能适用于许多国家间的多边关系。尽管国际上没有一个相当于各国立法机构的国际法制定机构，也没有一个国际性执行机构实施国际法，也没有实际的法官去裁判国际法，国际法依然在国际商业事务中扮演了重要的角色，如《关税与贸易总协定》对其成员国规定了若干经济实践准则。尽管这些规定并不直接对各个公司发生作用，但是它们提供了一个较为稳定的国际市场环境，从而间接地促进了公司的国际营销活动。

目前世界上对于国际市场营销活动影响较大的国际经济立法，主要涉及以下几个方面。

1. 保护消费者利益的立法

这类立法又称国家产品责任法。它主要是确定生产者和销售者对其生产或出售的产品所应承担的责任，保护消费者的合法权益，如《关于人身伤亡产品责任欧洲公约》《关于适用于产品责任的法律公约》等。

2. 保护生产制造者和销售者的立法

这类立法又称工业产权法，主要包括专利法和商标法，如《保护工业产权巴黎公约》《专利合作公约》《欧洲专利公约》《商标注册条约》等。

3. 保护公平竞争的立法

这类立法又称为国际反托拉斯法、限制性商业管理或保护竞争法。有关这方面的立法，除各国的国内立法之外，迄今尚未有具法律约束性的完整的国际立法。比较有潜在影响的是联合国有关组织和会议制定的《关于控制限制性商业行为多边协议的一套公平原则和规则》《国际技术转让行动守则》《跨国公司行为守则》中的有关条款。

4. 调整国际间经济贸易行为的立法

这类立法调整的对象和范围十分广泛，它包括了各种国际公约、条约、惯例、协议、规则等。其中最有影响力的有：《关税与贸易总协定》《联合国国际货物买卖合同公约》《国际贸易条件解释通则》《解决国家与他国国民之间投资争端公约》等。

（三）东道国法律

影响国际市场营销活动最经常、最直接的因素是目标市场国即东道国有关外国企业在该国活动的法律规范。

1. 法律制度的两大体系

目前，世界上大多数国家现行的法律制度，大致可分为两大体系：成文法系和习惯法系。成文法又称大陆法，法国、德国和其他一些欧洲大陆国家，以及南美洲各国、日本、土耳其、中国等，世界上大多数国家的法律制度，都属于成文法体系。成文法系最重要的特点就是以法典为第一法律渊源，在实行成文法的国家，明确的法律条文非常重要。成文法系国家的司法不是依据法院以前的裁决，同样的条文，可能产生解释上的偏差。这样就使国际营销人员面临一个不确定的法律环境。

习惯法系又称不成文法或普通法。习惯法系最重要的特点是以传统导向为主，重视习惯和案例，过去案例的判决理由，对以后的案件有约束力，即先例原则。近年来英国、美国等国家制定了大量的成文法，作为对习惯法的补充，但是合同法与侵权行为法仍为习惯法。

不同的法律制度对同一事物可能有不同的解释。因此，国际市场营销者在进行国际市场营销时，必须对国外市场的法律环境进行慎重而明确的分析。

2. 各国商法

如果不止在一个国家经营，企业必须对不同的法律体系保持警觉。倘若该企业制订了一个共同的营销计划在几个国家实施，那么这一问题就尤为麻烦。即使不存在语言与风俗的差异，国与国之间的法律差异仍可能使人们无法推行标准化的营销计划。

3. 市场营销法

所有国家都制定法律，对促销、产品开发、标签、定价及分销渠道这类营销活动进行调节。在一些国家，也许仅有几个并不严格执行的法律，在另一些国家也许会实施严格的、详细、复杂的规则。即使几个国家针对相同的营销活动制定了法律，但是各国对这些法律的实施与解释，常会出现很大的不同。在奥地利，给顾客优惠必须根据折扣法。这一法律禁止以现金折扣的方式给不同的顾客群体提供优惠，因为大多数优惠会造成对买主的差别待遇，所以禁止。在芬兰只要不使用"免费"一词，不强迫购买，法律允许相当大幅度的优惠。法国规定优惠为非法，因为低于成本价销售或给顾客赠物或以购买另一产品为条件给予优惠是非法的。

针对各种产品比较的立法。在德国，如果广告中进行产品比较，那么其竞争对手就有权走上法庭，要求其拿出证据，证明其明说或暗指的优点。在加拿大，对此规定更加严格，所有声称与说法都必须经过验证任何对公众的表述无虚假或不会产生误导。

4. 绿色营销立法

跨国经营的公司还要面对种类日益繁多的旨在处理环境问题的立法。各国对环境全球性的关注已从工业污染、有害废物处理和滥伐森林扩展至消费品本身。绿色营销法律主要关注产品包装及其固态废物处理及对环境无害产品的影响。

不少国家已开始注意制定有关绿色营销的法律、法规和条例。例如，德国已通过严格的绿色营销法律。这些法律对包装废物的处理与回收做出了规定。新包装法的实施分为三个阶段。第一阶段要求运输包装物，如板条箱、金属桶、托盘及聚苯乙烯泡沫塑料容器全部回收利用。第二阶段要求制造商、批发商及零售商接受所有返回的二次包装物。第三阶段要求所有零售商、批发商和制造商接受返回的销售包装物，包括罐头、塑料容器、泡沫性塑料盒等。

5. 反托拉斯法

除了美国外，欧盟、日本和许多国家和地区也已开始积极执行反托拉斯法。这些法律是在模仿美国反托拉斯法的基础上制定的。在反垄断、价格歧视、供应限制及强制推销等领域，欧洲法院已实行了严厉的处罚办法。例如，在宝洁收购一家名叫 VP-Schickedanz AG 的德国卫生产品公司之前，它不得不同意将德国公司生产的 Camelia 牌卫生巾廉价出售，只是因为宝洁公司已经在欧洲销售某种牌子的卫生巾。如果允许宝洁公司继续生产 Camelia 牌卫生巾，那么它将控制德国 60%的卫生巾产品市场。可口可乐公司曾因违反竞争行为被法国反托拉斯部门处以 180 万美元的罚金。两个月后可口可乐公司因违反了有关禁止限制自由竞争的市场集中的法律在委内瑞拉交付了 200 万美元的罚金。不管怎样，反托拉斯在世界范围内的积极推行是每个跨国公司在进行战略决策时必须考虑的一个更为重要的原则。

（四）东道国法律对营销的影响

1. 产品

由于产品的物理和化学特性事关消费者的安全问题，所以各国都对产品的纯度、安全性能有详细的法律规定。各国法律对包装也有不同规定。例如，比利时规定只能用八边形的褐黄色玻璃瓶盛装药剂，以其他容器盛装的药剂不得进入该国市场。有关标签的法律要求更严格。一般来说，标签上须注明的项目包括：产品的名字；生产商或分销商的名字；产品的成分或使用说明；重量（净重或毛重）；产地。各国对保修单的要求比较宽松，不过，习惯法系国家一般对此要求较严格，而成文法系国家对此要求又相对宽松。品牌名称和商标的法律要求也不一致。世界许多主要大国都是巴黎同盟或其他国际商标公约的成员国。因此，这方面的要求比较统一。可是，成文法系国家与习惯法系国家关于品牌或商标所有权的法律处理截然不同。前者实行"注册在先"，而后者则实行"使用在先"。因此，国际营销人员必须了解在什么地方和什么情况下会发生侵权问题。

2. 定价

如何控制定价是世界各国普遍遇到的问题。许多国家对"维持再售价格"（resale price maintenance，RPM）都有法律规定。但是，"维持再售价格"的范围和方式因国而异。许多国家通过政府价格控制部门来制定法律规定。这些国家中有的对所有产品都实行价格控制，而有的只对个别产品实行价格控制。例如，法国政府可以冻结若干个产品的价格。而日本只对一种消费品——大米实行价格控制。

3. 分销

各国法律关于分销的规定比较少，所以企业在选择东道国分销渠道时自由度比较大。当然，有些东道国某些分销渠道也并不一定适用。例如，法国法律特别禁止挨门挨户推销。事实上最强硬的法律限制也不会从根本上影响国际企业在东道国的分销，但是通过分销商或代理商销售的出口企业却不能不受到东道国有关法律的限制。出口企业必须知晓东道国关于分销商合同的法律条文，以避免造成损失。

4. 促销

在国际营销中，关于广告的争议最多，而且广告也最易受到控制。世界上大多数国家都制定有关于广告的法律规定，许多国家的广告组织也有自己的约束准则。例如，新西兰关于广告的法律条令不少于33个。世界各国的广告规则有如下几种形式。

一是关于"广告词"的可信度。例如，德国不允许使用比较性广告和"较好"或"最好"的广告词。

二是限制为某些产品做广告。例如，英国不许在电视上做烟草或酒类广告。

三是限制促销技巧。例如，佣金的规模、价值和种类也被许多国家明确限定：佣金只能占产品销售额的有限部分和佣金的使用只能与该项产品有关，换言之，手表的广告佣金不能用来做肥皂的广告等。

（五）解决国际贸易争端的途径

在国际商务中，难免要发生争议。一般发生法律纠纷的双方有三种情况：一是政府间；二是公司与政府间；三是两家公司间。政府间的争议可诉诸国际法庭，而后两种争议则必须由有关双方中的一方所属的国家法庭进行审理或仲裁。这里有几个重要的问题需要考虑。

1. 法庭和法律的选择问题

国内法律只适用于一国之内的营销。当两个不同国家的当事人之间发生商务争端时，最重要的问题是要明确诉诸哪种法律。如果交易双方没有对裁决事项有共同协议，一旦发生纠纷，国际营销人员就将面临两种选择：①以签订合同所在地的法律作为依据；②以合同履行所在地的法律作为依据。一般来说，如果合同中没有写明以何地法律为准，多以签订合同所在地的法律为准。但是为了降低不确定性，避免不必要的矛盾，国际营销者在签订合同时应该写明裁决方式。

2. 诉讼问题

有很多原因使企业不愿在法院打官司。除了花费大、拖延时间长和使事情更加恶化外，还有以下一些原因：①害怕产生不好的名声，以至影响公共关系。②害怕外国法院的不公正待遇。③害怕泄密。企业在发生国际商业争端时往往愿意通过较为和平的方式（协调、调解和仲裁）解决问题。

3. 仲裁问题

仲裁具有诉讼不具有的一些优点，即裁决快、费用省。而且由于仲裁过程秘密并且不存在敌意行为，所以对商誉没有破坏性影响。正是由于仲裁具有调节特点，所以国际商务中大约有三分之一的案件在裁决之前就通过当事人直接对话解决了。仲裁期间，允许当事双方一面争议一面继续做生意，避免了更大的损失。仲裁的依据不是法律条文，而是基于对事实的公道处理，争执双方也因此而不必诉诸对方的国家法庭，所以感到满意。正因如此，仲裁在解决国际商务争端中的作用越来越大。在斯德哥尔摩还成立了解决东西方贸易争端的仲裁机关。

仲裁的程序简单且直接。如果国际企业希望对未来争端通过仲裁解决，那么只需在合同中注明仲裁条款即可。

仲裁的优点及其地位越来越重要。它已成为解决商业争端中广受欢迎的措施。不过，仲裁不是包治百病的万灵药，在个别情况下，一项仲裁耗时数年、费资巨大也时有所闻。但是，不管怎么说，仲裁仍是解决商业争端的最佳选择。据国际商会称，其裁决只有 8% 受到异议或得不到执行。

>> 小案例 >>

马福德制药公司的营销环境

马福德制药公司的总裁兼总经理格雷斯·马福德请萨姆·乔治亚调查一下拉丁美洲的政治法律环境。为公司在 1986 年下半年开拓中南美洲市场作准备。以前该公司就曾打算开拓美洲市场，并和拉丁美洲有过接触。当格雷斯·马福德于 1985 年成为公司总裁时，他就致力于开拓大有希望的国际市场，他在行政方面的第一个改革措施就是建立了一个国际业务部并聘用萨姆·乔治亚来领导这个部门。乔治亚曾为可口可乐公司在巴西工作过，他对拉丁美洲市场十分了解。

1943 年，马福德租用了马萨诸塞一家破产纺织厂的一部分来生产阿司匹林，他的蓝豹牌阿司匹林比制药界的主要生产商贝耶的还便宜 1/3，因此他的公司逐渐确立了自己的地位。在以后的 20 年中，他的市场几乎囊括了美国东南部。1960 年他的儿子达恩加入了公司。考虑到公司的两种已到成熟期的产品总有一天要过时，达恩建议他的父亲成立科研部并把抗生素及其他一些药物引入市场。截至 1985 年马福德公司已经营 17 种药品，尽管"蓝豹"仍占全部销售额的 39%，但其他药物的销售份额正在稳步增长，1985 年公司已拥有美国制药业市场的 17% 的份额。

1971 年，波士顿的出口代理商贝利和他的儿子们建议格雷斯·马福德在阿根廷出售蓝豹阿司匹林，于是格雷斯·马福德在蒙的维得亚建立了一个销售机构，负责对阿根廷和乌拉圭的销售工作。第二家这样的机构设在圣保罗，负责对巴西的销售。1982 年达恩调查了在拉丁美洲市场销售他所生产的全部药品的可行性，发现必须对拉美市场的政治、法律环境有更多的了解，并对每一个市场都要设计一个营销战略才行，所以他没有立即在该市场采取进一步的行动。

乔治亚之所以把他的精力投放于拉美，第一点原因是马福德公司在该地区已有了立足点，第二点也是最重要的一点的原因是该地区潜力巨大，1973 年在苏真一瑞士公司的调查中，墨西哥和巴西分别被列为世界上第八和第九大药物市场，销售额分别为 58 000 万美元和 55 000 万美元，占世界市场份额的 4.1%。自从那时起这两个国家都经历了人口爆炸时期，尽管人均药品消费量比美国低得多，但这一市场仍然是巨大的，并且竞争很小。

评价任何一个拉美市场，一个较有逻辑性的出发点是按照人口数量及富裕程度来衡量它的潜力。乔治亚认为另一个最重的因素是政治气候。拉美政治不稳定是在世界上出名的，马福德公司在阿根廷就曾遇到过这样的问题。马福德公司在巴西的业务进展较快，主要原因是巴西政治很稳定。在拉丁美洲，有的国家政治非常稳定，如墨西哥和委内瑞拉。也有些国家非常不稳定，如玻利维亚，15 年中换了 15 届政府。乔治亚已经知道如何估价国外市场的政治风险，所以他能对拉美各个国家进行比较。但是他仍然不能肯定，相对于潜在利润而言什么样的政治风险是可以接受的，他可不想犯许多大的国际银行已犯下的错误，这些银行被贷款给拉美的预期利润所吸引，却忘了拉美缺乏偿还能力的危险。

乔治亚发现公司面对的是比美国更复杂的法律、道德环境。例如，在美国医生是从医生标准用药手册上了解有关药物的，该书提供了关于药物的标准知识，该书中的说明反映了食品和药物管理局及其专家顾问的意见，每个制造商必须把药物说明上报美国食品和药物管理局审批通过，该局要求制造商将其所制药品的危险性及潜在致命影响全部申报。总体上讲不论是从临床的角度还是社会要求的角度，美国制造商欢迎这样的要求，这也为当有人对产品责任提起诉讼时，提供了一种重要的保护手段。

资料来源：孙全治. 市场营销案例分析[M]. 南京：东南大学出版社，2004

【任务小结】

东道国的政治和法律环境是影响企业进行国际市场营销的重要变量。本模块重点阐述了东道国各类政治风险、评估及预测方法、防范和降低政治风险的举措；在解释企业本国法律、国际法及东道国法律的基础上，企业在面对国际贸易争端时，如何维护自身的合法权益。

国际营销管理人员在选择进入其他国家市场时，有必要对该国的政治风险进行预测评估，以减少国际政治风险带来的损失；还必须熟知国际法及东道国法律，在遵循法律的同时善于利用法律手段解决各种冲突与矛盾，维护自身合法权益。

【相关知识】

国际网络法规

随着全球经济一体化进程的加快,科学技术发展特别是网络技术的广泛应用加快了国际营销的发展,为使国际网络营销健康发展,跨国公司应适应各国网络法规。关于网络法规必须注意以下问题。

1. 域名的保护问题

网上交易的各国企业,要使域名受到所有国家承认及保护,要保持其网址的国别特色,必须保证网址在相关国家注册,否则这些公司将要付出高昂代价重新获取网址的使用权,柯达公司由于未及时在网上注册而被 Specter Service 数码摄影公司抢先注册了名为 www.Kodak.ru 域名,柯达公司向俄罗斯法院两次诉讼,但均遭败诉。

2. 商品、品牌名称的保护问题

网上交易的产品名称、品牌名称也要进行注册,以防止他人非法使用其产品、品牌名称。国际性商标注册程序,可以保护商品名和域名注册相联系。

3. 税收问题

网上交易必须解决税收问题。由于互联网可以使个人在不同国家进行营销活动,而且网络营销往往难以精确测定其发生的时间和地点,因而很难确定在何地、由谁来征收税款。目前受税收当局青睐的一种观点是将服务器视作"虚拟的永久居所",并向该地纳税。

【实践能力拓展】

（一）案例

菲律宾政治法律环境分析

早在 1996 年以前,咖啡豆的进口,大批量咖啡产品、成品咖啡的进口均受到菲律宾政府有关进出口贸易法律限制,不得进口。所有在菲律宾生产的咖啡产品必须使用菲律宾本地种植的咖啡豆为原料。

1996 年 1 月,菲律宾市场的经营环境发生了很大的变化:菲律宾政府在世界贸易组织的敦促下,下令废除产品进口限制法规中的大多数条款——特别是与农产品进口相关的许多法规条款。在新的进口法规规定中,政府对商品进口实行最低进口配额制。进口配额（50%）之内的咖啡原豆、烤制豆原料和经过加工的产品、包装成品咖啡的进口将被课以30%的进口关税,进口配额以外的咖啡课以 100%的关税。

面对这个政治法律背景的变化,雀巢集团（菲律宾）公司速溶饮料部收集并研究了与之相关资料。由于菲律宾本土种植的咖啡大多数都属于豆质上乘的浓香型的拉巴塔咖啡豆,雀巢公司在菲律宾销售的咖啡产品均是 100%的拉巴塔咖啡豆加工制作的（而在美国或欧洲各地市场销售的是由拉巴塔豆和另一种咖啡豆搭配加工而成）。在新法规出台后,雀巢公司在菲律宾各大城市大中型综合商场开办了一批咖啡专卖店，在这些专卖店中，消费者可自己当场磨制自己喜爱的咖啡，而这些咖啡，就来自雀巢公司在菲律宾政府规定的进口配额内进口的部分咖啡豆原材料。

资料来源：甘碧群. 国际市场营销学[M]. 北京：高等教育出版社，2001

（二）案例分析

雀巢公司在菲律宾的成功发展，是由多方面的因素决定的。雀巢公司有良好的品牌形象，但是在进入一个新的市场时，仅有良好的品牌形象是不够的，只有洞察了营销目的地的人文和自然环境因素，才能找到进入该市场的切入点；在营销进行的过程中，只有熟悉、巧妙地适应当地的政治法律环境，才能实现"适者生存"，并在新的市场创造良好的业绩。雀巢公司做到了以上两点，找到了立足点，在变化中寻求稳定，在关键时刻将政治法律的变革带来的威胁转化为有利因素，成功地把握了国际市场营销中的营销环境因素。

（三）实践困境讨论

从以上案例及分析结果来看，有以下问题值得我们讨论。

1. 面对复杂多变的国际政治法律环境，企业应如何应对？

国际市场环境总是复杂多变的，这种改变是任何企业无法左右的，不利的变化会影响甚至制约企业的营销活动的进行。但是，如果企业能够了解这种变化，分析它、预测它并且迅速地做出合适的反应，也许能够化险为夷，化威胁为有利因素，寻求新的，甚至更优的推广模式。雀巢（菲律宾）公司就是在新的形势变化中，找到了新的营销策略，又形成了自己的"小气候"，进入了良性循环的经营。

2. 国际法对企业国际市场营销的影响主要体现在哪些方面？

国际法是调整交往中国家间相互关系并规定其权利和义务的原则和制度，国际法的主体，即权利和义务的承担者是国家，依据是国际条约、国际惯例、国际组织的决议、有关国际问题的判例。对国际市场营销活动影响较大的国际经济法有保护消费者利益的立法（国际产品责任法），确定生产者和销售者对其生产或出售的产品所应承担的责任，保护消费者的合法权益；保护生产制造者和销售者的立法（工业产权法），包括专利法和商标法；保护公平竞争的立法，如国际反托拉斯法、限制性商业惯例、保护竞争法；调整国际间经济贸易行为的立法，包括各种国际公约、条约、惯例、协定、议定书、规则等。

【情景实训】
国际市场营销政治环境及企业应对措施

1. 实训名称

分析国际市场营销政治环境及企业的应对措施。

2. 实训目的

针对内外部市场信息的变化，判别该变化对企业的影响。

3. 实训内容

华为收购失败

2011 年华为收购美国三叶公司（3Leaf）时，五位美国众议员联名致信奥巴马政府，宣称华为收购 3Leaf 案会损害美国的国家安全，美国外资投资委员会（The Committee on Foreign Investment in the United States，CIFUS）随即通知华为撤回该项收购。华为公司迫于美方压力，主动撤销了向美国外资投资委员会提交的收购 3Leaf 技术资产的申请。

4. 实训步骤

（1）把全班分成五组。
（2）讨论国际政治因素对华为收购的影响。
（3）小组内讨论，然后进行汇报（可以用各种形式来表达）。

5. 实训要求

每组成员必须熟练掌握影响企业进入国际市场的政治因素。

模块三

国际市场营销调研

在开展国际市场营销活动中，企业要想顺利进入并占领国际市场，取得竞争优势，除了要有丰富的人才、资金、技术等方面的要素资源外，还必须全面、及时、准确、系统地获得国际市场信息。为此，企业需要建立一个有效的营销信息系统以便及时准确地收集、加工与运用有关的信息。本模块包括两个教学任务：国际市场营销信息系统的建立和运用、国际市场营销调研。通过对本模块的学习，认知国际市场营销信息系统的基本概念和构成，具备国际市场营销信息系统建立和使用的能力；认知国际市场营销调研的程序和方法，具备开展国际市场调研的能力。

任务一　构建国际市场营销信息系统

【学习目标】
◇　认知国际市场营销信息系统的基本概念和内容构成；
◇　具备国际市场营销信息系统构建和运用的能力。

【任务描述】
日本的情报工作

日本是一个小国，却是一个"情报大国"，靠着出色的情报工作，使日本这样一个资源异常缺乏的小岛国，成为世界强国。日本的商业情报网由三大部分支撑：综合商社、政府机构和公司情报部门。20世纪80年代，在以美国为代表的西方国家宣布取消对伊朗实行经济制裁和贸易禁运之前的一个月，由三菱商社总裁率领的代表团秘密飞往伊朗，立即请伊朗商业、工程、运输、机械等部门进行贸易或投资合作协商，并以"防止美国人阻挠"为由，要求谈判秘密进行。饱受多年制裁和禁运之苦的伊朗人欣喜若狂，在谈判中全面合作，并提供了各种优惠条件，仅一个星期，双方就签署了数十亿美元的项目的协定。一个月后，几乎在美国宣布解除制裁和贸易禁运的同时，三菱商社已开始公布他们与伊朗签订的一笔又一笔合作协定，并迅速在伊朗开设了办事处。

资料来源：http://www.fox2008.cn/ebook/landong/ladu2006/ ladu20060112.html

思考：

日本的出色商业情报工作非常值得我们借鉴和学习。如果你身为国内某民营企业的市场营销负责人，该企业主要是针对北美市场的需要从事经营活动的，为了让企业更好地发展，你该如何构建国际市场营销信息系统呢？

【任务实施】

一、认知国际市场营销信息系统

（一）国际市场营销信息系统的概念及作用

国际市场营销信息系统是指由人员、设备和程序组成，为参与国际市场营销的决策者收集、挑选、分析、评估和分配信息的系统。该系统可以为企业营销管理人员制订、改进、执行和控制营销计划提供依据。

1. 整合市场信息，寻求市场机会

通过国际市场营销信息系统，可以对分散的国际市场信息进行聚集和整合，并通过整合市场信息，分析潜在的市场机会，同时通过系统设计的经济指标体系和风险指标体系，对各国目标市场进行收益评估和风险评估。借助于国际市场信息系统，企业能大致把握各国的投资环境，识别国际市场营销机会，同时回避在营销决策中可能遇到的各种风险。

2. 检测营销环境，控制营销计划

国际市场营销环境复杂多变，但也有规律可循，企业必须掌握其变化规律和渐变趋势，降低国际市场营销风险。通过国际市场营销信息系统广泛、快速的信息收集和先进的信息处理，对国际市场营销环境及动向进行实时监测，根据国际市场变化情况及时调整和修正市场营销策略，控制营销计划。

3. 反馈市场状况，改进营销系统

企业可以利用国际市场营销信息系统，把有关宏观经济数据、市场数据和公司营销数据综合起来，进行统计分析及决策模型分析，分析结果可以动态反馈产品在国际市场的销售状况，为企业优化分配国际营销资源，改进营销策略提供依据。

（二）国际市场营销信息系统的构成

一般来说，国际市场营销信息系统主要包括四个子系统，即企业内部报告系统、国际营销情报系统、国际营销调研系统和国际营销决策支持系统。

1. 企业内部报告系统

企业内部报告系统是国际市场营销决策者使用的最基本的信息系统，它主要反映企业内部的经营状况，包含的信息主要有订单、销量、存货水平、应收账款、生产进度、现金流量、市场占有率、库存情况、成本水平等。企业内部报告系统主要包括：接受订单—加工制造—收款处理—售后服务循环系统和销售报告系统，这一循环涉及企业的生产、销售、财务等不同的部门环节的业务流程，其中接受订单—收款处理循环系统处于核心地位，即销售人员将顾客、经销商、销售代表的订单送交企业，订单处理部门会通过计算机网络了解存货情况，并将订单副本迅速传达相关部门，使各个部门之间协调行动，提高企业内部经营效率。

2. 国际营销情报系统

国际营销情报系统是指企业开展国际市场营销、获得国际市场营销环境变化信息的一整套程序和来源。该系统的主要作用是向企业内部的营销部门及时提供外部环境变化的有关情报，这些情报对企业的生产和国际营销具有重要意义。企业的国际营销情报系统由母公司和位于各国子公司的各级营销人员、中间商及训练有素的专职情报人员组成，形成由情报定向、情报收集、情报管理与分析到情报的传递与使用的循环。国际营销情报系统的关键是建立有效的计算机信息处理和计算机网络系统，以提高获取和传递信息的速度，向企业营销部门及时有效地提供准确的国际市场信息，才有可能获得竞争上的优势，否则就会失去市场机会。

小案例

日本人收集情报无孔不入

日本人在从竞争对手那里收集商业情报的实践中，总结出了十八条秘诀，用以指导竞争情报收集工作：向潜在的非成员收集；从参加各种会议中收集；从竞争对手挖走关键人物收集；通过咨询人员间接访问竞争对手；通过顾问进行收集；访问竞争对手的前职员；与竞争对手的基本客户交谈；通过物料供应商出面了解；向商业经营部门渗透；分析报刊上的征求广告；分析劳动雇佣合同；研究空中摄影照片；运用（信息自由法令）支持信息部门查阅文件，从中收集竞争对手有关新产品的情报；查阅商业贷款记录；衡量专用线上路轨的锈渍程度；以假设的身份参观工厂；分析对方产品，进行工艺还原；购买对手的工业垃圾。

资料来源：http://www.fox2008.cn/ebook/landong/ladu2006/ladu20060112.html

3. 国际营销调研系统

除了收集企业内部信息和国际市场营销情报之外，企业还需要对特定的国际营销问题和机会进行有针对性的集中调研，客观地收集和传递有关信息，做出系统分析和评价，提交调研结果，以便用来解决这些特定的具体问题。例如，通过特定的渠道和方式开展消费者动机和购买行为调研、对市场占有率进行分析、研究市场的发展趋势、预测销售额、对未来市场潜力进行测量等。该系统主要调研国际市场营销的客观结果，有时也调研结果产生的原因。

4. 国际营销决策支持系统

国际营销决策支持系统是指在计算机信息处理系统的软件与硬件的支持下，利用各种数学工具、统计分析方法、决策模型，对国际市场营销信息、数据和资料进行分析处理，帮助国际营销决策者进行信息分析和辅助决策的系统。国际营销决策支持系统一般由统计分析库和决策模型库两个部分组成。统计分析库由一系列统计分析方法组成，目的在于通过分析现有数据，预测未来发展趋势，其主要工具有多元回归分析、判别分析、因子分析、聚类分析、联合分析等；模型决策库是一组数学决策模型，在既定的条件约束下寻求最优决策，这种决策包括最优的静态决策和动态对策，主要模型有消费者行为模型、最佳产品功能模型、国际市场广告模型和价格模型、营销决策模型等。企业可充分利用国际市场决策支持系统来分析处理国际市场信息，并以此作为国际营销科学决策的依据。

国际市场营销信息系统的四个子系统相互依存。企业内部报告系统是整个系统的基础，记录了企业生产经营和市场销售的基本数据和信息，是企业进行国际市场营销分析的基础；营销情报系统是国际市场营销信息系统的信息来源，是营销调研系统和营销决策支持系统的基础；营销调研系统和营销决策支持系统作为分析决策层面的系统，是企业营销管理决策层根据国际市场环境变化，确定营销策略和改进营销管理的分析手段和工具。在整个系统中，营销调研系统和营销决策支持系统依赖于企业内部报告系统和市场营销系统，如图 3-1-1 所示。

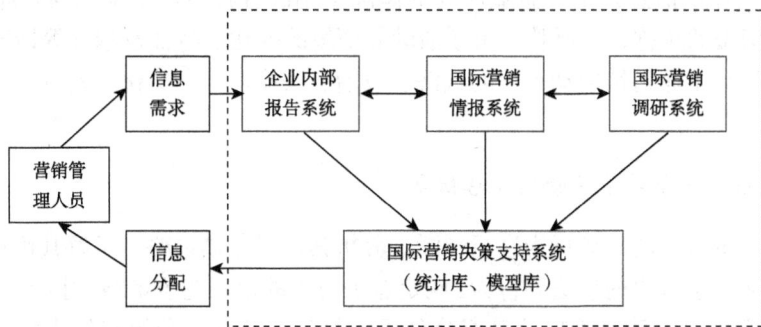

图 3-1-1　国际市场营销信息系统结构示意图

二、构建和运用国际市场营销信息系统

（一）确定企业对国际市场信息的需求

与国内市场营销相比，国际市场营销的信息内容更为复杂。一般来说，企业所需要的国际市场信息主要有以下几个方面。

1. 国际市场产品信息

产品信息是市场营销信息的基础，因为一切竞争均源于产品，国际市场产品信息不仅包括行业内的，也包括和行业相关的产品信息。具体来说有产品名称、形状、包装、规格、价格体系、产品特点及未来发展趋势等。

2. 国际市场渠道信息

国际市场渠道信息主要是指国际市场产品从生产、出口到消费者手中有关流通环节、流通渠道、流通方式的信息，即有关销售渠道和实体分配的信息。渠道信息具体包括行业的渠道构成、渠道成员的特点、利益分配机制、如何避免渠道冲突、渠道进入成本等。

3. 国际市场消费者信息

不同国家的历史文化、风俗习惯、消费理念等方面存在差异，从而导致了消费者需求的巨大差异，这就要求企业要对不同国家的消费者构成、消费者心理、消费行为及消费习惯进行调研和分析。调研方法一般可分为定量调研和定性调研，一般定量调研需要聘请专门的调研公司，通过科学的调研方法对目标市场的消费者进行调研，对调研数据进行统计与分析。定量调研的调研结果相对比较准确，对企业进行市场决策有较大的借鉴意义，但这种方式周期过长，费用较高，所以多数企业以定性调研为主，即由市场人员和销售人员采用询问、观察及座谈的方式，凭借知识和经验对目标国家的消费者进行消费行为分析。

4. 国际市场环境信息

国际市场环境信息是指对企业所处的国际市场的各种经济活动和与之相关的环境数据、资料、情报的统称，它反映了市场活动和环境的变化、特征及趋势等情况。市场环境信息主要包括与企业营销活动有关的经济、政治、法律、社会文化、人口、技术和自然等方面的信息。

5. 国际市场竞争对手的营销策略信息

通过对竞争对手的市场行为进行判断，分析其市场营销策略，了解其市场营销动向。只有深入了解竞争对手的想法和行为，确定竞争对手的市场竞争策略，才能做到知己知彼。企业须在对竞争对手营销策略信息充分分析的基础上结合自身的实际情况制定准确的市场竞争策略以获取市场竞争优势。

6. 国际市场战略信息

国际市场战略信息主要是指国际市场上整个行业内的重大变化从而可能会影响到企业营销战略的信息，可分为几个方面：一是某个重要国家的政策调整给整个行业带来的变化；二是行业内知名企业的重大战略变化，如破产、兼并、重组等；三是行业危机及机会把握，因为行业危机对某些企业来说是危机，但对另外一些企业来说则可能是机遇。战略信息的获取是企业决策层应对市场、把握机遇的前提，能够对企业战略制定和规划发展产生深远的影响。

（二）构建国际市场营销信息系统的基本要求

企业要在国际市场上开展市场营销，必须有市场信息作为保证，而要使市场信息发挥有效的作用，一个理想的国际市场营销信息系统就必须能准确、及时、系统、适用、经济、动态地收集信息。

1. 准确性

国际市场营销信息系统首先必须保证所收集信息的准确性。只有保证市场信息的准确性，才能保证市场信息的有效利用。国际市场信息一定要符合客观事实，真实地、准确地反映国际市场活动的变化特征。

2. 及时性

国际市场信息的收集、加工、传递一定要快速及时，以保证信息的时效性。现代国际市场瞬息万变，市场信息不断地变化更迭，如果信息的收集、加工、传递不够及时，可能会导致市场营销决策滞后甚至是失误。

3. 系统性

国际市场信息要注意保持系统性，从国际市场总体情况出发，将影响市场活动有关方面的信息按照系统化的要求进行收集和整理，全面、系统、有序地反映国际市场活动的变化。

4. 适用性

在国际市场上，由于各个企业所面临的内部条件和外部环境不同，开展市场营销工作的条件不同，对市场信息的适用性要求也不尽相同。同时，市场信息还存在着技术上的先进性、经济上的合理性与企业自身条件和实际需求之间的矛盾，因此，必须保证提供各阶层营销管理人员在营销活动中所需要的一切信息，而且是营销管理人员最容易了解及接受的形式的信息。

5. 经济性

企业在收集、加工和分析处理国际市场信息的过程中，要始终坚持经济效益优先的原则，处理好国际市场信息的价值与信息开发费用之间的关系，即用较少的费用获取最有价值的信息，或者以尽可能少的费用获得最有价值的信息。

6. 动态性

动态性要求国际市场信息能够及时反映国际市场的发展变化态势，企业能够用动态的观点去看待国际市场，用过去的信息分析现在的市场，用现在的信息预测未来的市场。

（三）选择构建国际市场营销信息系统的模式

不同的企业可根据自身的条件选择合适的国际市场营销信息系统构建模式。

1. 分散型国际市场营销信息系统构建模式

企业不专门设立综合的营销信息系统，而是由企业的各个职能部门分别承担营销信息系统的功能，企业指派一位高层主管担任信息协调者，负责营销信息系统的组织与运作。该协调者既要了解管理层的信息需求，又要取得高层管理者的支持。

企业也可在现有组织的框架下，设置专门的由企业生产、财务、物流、销售、战略计划、市场研究等相关部门的主管组成的委员会，统一解决各部门之间的信息分配与协调问题、组织分享各部门的信息收集及处理方面的经验。这种分散的构建模式比较容易构建，也比较容易被现有的企业相关部门和人员所接受。但这种模式所建立的信息系统可能因各部门为争取最大利益而影响系统运作的效率。

2. 集中或统一型国际市场营销信息系统构建模式

企业撤销传统的信息收集及处理部门，建立一个专门的部门，统一收集、处理和管理国际市场营销信息。但是，新建立的国际市场营销信息系统是否符合决策需要，是否能够提供决策所需的信息，是事前无法确定的。

3. 混合型国际市场营销信息系统构建模式

对于大型企业来说，由于产品业务种类繁多，经营规模庞大，所关注的市场范围较大，往往采用混合型国际市场营销信息系统构建模式，即企业设置一个统一的国际市场营销信息管理部门，全方位收集、整理和分析相关信息，既向企业高层输送所需要的信息，又向各分公司、各事业部、各级相关部门输送所需要的信息，同时还统一协调和管理各分公司、各事业部的生产、财务、物流、营销等部门信息工作。企业各部门要将收集的信息及时向企业国际市场营销信息系统进行归集，同时又要及时接收和应用系统所输出的信息。

【任务小结】

为了更好地开展国际市场营销，企业应该构建一个高效的国际市场营销信息系统，该系统包括四个子系统：企业内部报告系统、国际市场情报系统、国际市场调研系统和国际市场决策支持系统，主要收集和处理国际市场产品、渠道、消费者、环境、竞争者、战略等方面的信息。理想的国际市场营销信息系统，必须使企业所获得的信息符合准确、及时、系统、适用、经济和动态的要求。构建国际市场营销信息系统的模式有分散型、集中型和混合型三种，企业可根据自身的具体情况选择合适的模式。

【相关知识】

国际市场信息的来源

国际市场信息的来源主要有两大类，即直接信息和间接信息。直接信息是指由企业信息人员通过实地调研，亲自收集整理的原始信息，如企业信息人员和营销人员在国外通过产品试销、问卷调研、访谈调研、观察调研等形式获得的原始信息，委托驻外商务机构开展市场调研获得的原始信息，委托国内外咨询公司开展调研获得的原始信息，企业在各地的代理商、零售商、进口商向企业反馈的原始信息等。间接信息是指由他人收集整理加工的各种二手资料。二手资料的来源很多，如本国政府所属的国际贸易研究机构及驻各国的办事机构；世界各国进出口贸易统计机构，如联合国粮食及农业组织、联合国贸易与发展会议、联合国工业发展组织、国际贸易中心、国际货币基金组织、世界银行、世界贸易组织等国际组织；国际商会、双边或多边商会、全国性商会和地方商会等商会组织；行业协会；各国外交使节和贸易机构；英国经济学家情报所、美国斯坦福研究院、国际商业情报研究中心等商情调研机构；消费组织及相关企业等。

【实践能力拓展】

（一）案例

迪斯尼乐园在欧洲的失败

迪斯尼公司在美国和日本取得了空前的成功之后，他们决定在欧洲修建一个大型的迪斯尼乐园，并且套用在美国和日本成功的经营模式。迪斯尼公司的市场开发人员很快就向公司的决策者们提供了一份激动人心的报告：新修建的迪斯尼乐园预计总投资44亿美元，占据巴黎以东2 000多公顷的土地，建设超豪华的餐厅和宾馆……

这份报告的依据是这样的：欧洲的人口比美国要多得多，美国每年有4 100万人来光顾迪斯尼乐园，按同比例计算，新建的乐园每年应该接纳6 000万游客才合理。同时，由于欧洲人休假的时间比美国人长，他们一定会在这里多停留一段时间，高档的宾馆和餐厅当然是必不可少的。

但是，从1992年4月开业，到1993年9月30日，欧洲的迪斯尼乐园亏损了9.6亿美元。到1993年12月，累计损失60.4亿法国法郎。到第二年春天，迪斯尼公司不得不再筹措大量资金来挽救欧洲的迪斯尼乐园，但收效并不明显。不仅如此，这个几近倒闭的乐园还面临着沉重的利息负担。44亿美元的总投资中仅有32%是权益性投资，有29亿美元是从60家银行贷款来的，并且贷款利率高达11%。因此，企业已不能靠经营来弥补由于利率上升而增加的管理费用，与此同时，他们与银行之间的债务重组、提供新贷款的交涉也变得十分艰难了。如此尴尬的境地，让迪斯尼公司进退两难。就这样，一个原本被寄予厚望的宏伟战略由于对法国市场调研的缺失而宣告失败。

资料来源：方虹. 国际市场营销学[M]. 北京：机械工业出版社，2009

（二）案例分析

案例中的迪斯尼公司在欧洲法国开设的迪斯尼乐园，之所以失败，最根本的原因不是公司营销决策的失误，而是在决策之前没有针对国际目标市场开展调研，主观认为欧洲人的购买行为和市场环境同美国的一样，但事实并非如此。

1. 富有的欧洲人竟然非常节俭

到乐园来的游客中。许多人自带食物，根本不在乐园吃住，他们对乐园的餐厅、宾馆视而不见。就是住宾馆的人，也不像美国佛罗里达迪斯尼世界的游客那样，一住就是 4 天，他们最多只会住两天，而许多游客一大早来到公园，晚上在宾馆住下，第二天早上就结账，然后再回到公园进行最后的探险。迪斯尼乐园的门票是 42.25 美元，宾馆一个房间一晚是340 美元，相当于巴黎最高等级的宾馆价格；如此高昂的价格让节俭的欧洲人望而却步，他们宁愿以减少游览时间来节约成本。这样，就形成了恶性循环。时间的缩短不仅使宾馆的收入减少了，同时也影响了其他部门的收入。

2. 欧洲人的生活习惯竟然这样特别

首先，迪斯尼公司禁止游客在乐园内饮酒，可是欧洲人午餐和晚餐都有喝酒的习惯，这个原因使许多欧洲人放弃了参观计划。其次，迪斯尼公司盲目地认为，星期一应该比较轻松而星期五应该比较繁忙，因而相应地安排了员工的工作时间与休息时间，但是因为欧洲人的作息时间与美国人不同，所以实际情况和预计的刚好相反。最后，他们误以为欧洲人不吃早餐。一个迪斯尼的员工回忆说："我们听说欧洲人不吃早餐，因此我们缩减了早餐的供应规模，可是我们却发现每个人都需要一份早餐。我们每天只准备 350 份早餐，但却有 2500 份的需求量，购买早餐的队伍排得好长。"

3. 法国的雇工制度也这么有个性

迪斯尼公司发现游客的数量有高峰期和低谷期，两者间相差 10 倍，但由于法国有关于非弹性时间的规定，他们不能在游客数量低谷期减少雇佣的员工，这样就大大增加了雇员工资成本。

（三）实践困境讨论

从以上案例及分析结果来看，有以下问题值得我们讨论。

（1）营销调研重要还是营销决策重要？

开展国际市场营销活动能否成功，首先取决于营销决策是否正确，其次取决于营销决策的执行效果。如果营销决策出现失误，那么国际市场营销活动从一开始就注定要失败。所以，营销决策对开展国际市场营销活动的成败起到决定性作用。然而，如果没有营销信息系统的良性运行，没有及时准确的国际市场信息情报的收集和提供，营销决策就会变成"瞎子摸象"，只能靠主观臆断。迪斯尼公司在欧洲修建迪斯尼乐园的失败就是一个很好的例证。所以，构建国际市场营销信息系统，并使之良性运行，及时准确地收集和分析国际市场信息，是保证营销决策有效、国际市场营销活动成功的前提和基础。

（2）中小企业是否需要独立开展国际市场信息的收集和分析？

及时准确地收集和分析国际市场信息对开展国际市场营销的成败至关重要。中小企业需要国际市场营销信息系统，专门汇集和分析来自企业内外、国内外各方面的市场信息情报，通过综合分析，以供各部门决策使用。但独立构建国际市场营销信息系统，独立开展国际市场信息的收集和分析，需要大量的人力、财力和物力，中小企业是无力承受的。在社会分工和社会化程度发达的今天，中小企业也没有必要这么做。中小企业国际营销情报，应该主要利用各种国际互联网平台收集和分析；国际营销调研系统的运行，可以委托国内外相关调研机构和咨询机构进行；对于一些需要利用模型进行信息分析的，企业也可外包给相关机构。

【情景实训】

1. 实训名称

企业国际市场营销信息系统调研分析能力实训。

2. 实训目的

掌握国际市场营销信息系统基本知识，具备构建和管理国际市场营销信息系统的能力。

3. 实训内容

选择一家从事国际营销的企业，调研诊断其国际市场营销信息系统的构建和运行情况。主要调研内容包括以下几个方面。

（1）企业内部报告系统建设情况：该企业是否建有专门汇集和分析企业内部各个方面相关信息的机构，专职人员、电脑、内部网络等配备情况如何，企业内部信息汇集、分析、输出和应用的效率如何。

（2）国际营销情报系统建设情况：企业收集国际营销情报的主要机构、人员和渠道有哪些，他们收集情报的效率和效果如何，是否有专门的汇集和分析国际营销情报的机构和人员，他们工作的效率如何。

（3）国际营销调研系统建设情况：企业是否开展国际市场的调研工作，自己调研还是委托相关机构调研，企业是否建有专门的国际市场营销调研的机构，他们的职责和工作效率如何。

（4）国际营销决策支持系统建设情况：企业是否建有各种相关的统计数据库，如顾客数据库、产品数据库、销售人员数据库、来访人员信息储存库等，这些数据库所存的信息的完整性和使用的便利性如何，企业是否有各种数据分析模型库，以及这些分析模型供营销决策使用的效果如何。

（5）上述四个国际市场营销信息系统之间相互协调运行情况如何。

4. 实训步骤

（1）将学生分为若干小组，每个小组设一个组长，组织、协调和管理组内每个学生的行为。每个小组选择一个企业。

（2）各个小组按照要求，根据所学，对所选企业的国际市场营销信息系统的建设和运行情况进行调研，在调研的基础上分析其经验和存在问题，写出调研报告。

（3）各个小组交流分享调研诊断成果。

5. 实训要求

实训之前，要求所有学生重温所学的理论知识；选定实训企业后，要对该企业所在行业的特点、市场环境等通过网络查询进行熟悉；实训过程中，要遵守法纪、学校纪律和企业的相关规定，尊重企业相关机构负责人；认真调研和分析，高质量地完成实训任务，实现实训目的。

任务二　实施国际营销调研

【学习目标】
✧　了解国际营销调研的概念、特征和作用；
✧　掌握国际营销调研的程序和方法。

【任务描述】
中国冻鸡出口日本的起伏
中国华林食品进出口总公司向日本出口冻鸡，销路一度较好。2005 年以来日本冻鸡市场竞争加剧，中国冻鸡出口呈下降趋势。华林公司决定对日本市场开展调查研究，根据调研结果重新确定目标市场和调整市场营销策略，以适应激烈的竞争。

资料来源：刘志超. 国际市场营销实训教程[M]. 北京：中国商务出版社，2008

思考：

假如华林食品进出口总公司决定让你负责对日本市场的调研工作，你应该如何操作呢？

【任务实施】

一、确定调研问题和调研目标

国际市场营销调研的第一步就是确定调研问题和调研目标，这一过程看似简单，却是国际营销调研过程中最重要也是最困难的步骤之一，对整个国际营销调研能否实现调研目的至关重要。

确定调研问题和调研目标，是在实际开展国际市场调研之前，把企业需要了解和决定的营销问题进行分析和提炼，提出有待调研的、影响企业开展营销活动的各种因素。影响企业国际营销活动的因素很多，各种因素在不同时期的作用不一样，在同一时期各种因素之间也是相互影响、相互制约的。在企业出现营销问题之后，营销人员必须首先找出造成该问题的真正原因，也就是确定要调研的问题。问题明确了，调研的目标也就可以确定了。

华林食品进出口总公司的冻鸡在日本的销量下降，公司为了重新确定目标市场和调整营销策略，对日本市场调研的课题和目标应该是：识别主要的竞争对手；评价中国冻鸡与竞争者冻鸡在质量和包装方面的差异；研究日本消费者对冻鸡的消费偏好和购买行为；判断不同类型的消费者对冻鸡不同的态度和要求；确定针对不同消费人群的价格差异策略；确定有效的促销和分销渠道策略。

二、做好调研准备

（一）确定调研内容

国际市场调研的内容非常广泛，从国际市场营销决策的需要来看，主要包括以下几个方面的内容。

1. 进入国际市场决策所需要的信息

进入国际市场决策所需要的信息主要包括国内外市场的产品价格，世界市场对产品的总需求量，企业潜在的市场份额，影响企业市场份额的竞争因素，主要竞争对手在哪些国家，竞争对手的市场份额和主要营销策略，企业产品进入国际市场后单位产品成本可能的降低幅度，企业的人、财、物等资源条件等。

2. 市场选择决策所需要的信息

企业不可能同时进入所有国家的市场，往往要选择一个或几个吸引力大的国家市场，先行进入。评价一国市场的吸引力，需要调研以下信息：①市场潜量，即理想状态下的市场总需求量。由于对市场潜量的测算比较困难，所以常以市场销售量为基础对市场潜量加以估算，或者根据各个影响因素推测市场潜量。②市场竞争情况，主要搞清主要竞争者是谁，它们来自哪些国家或地区，他们在该国的市场份额，未来会有哪些发展，所采取的营销策略，资源优势和劣势等。③市场国的政治状况。主要调研的内容包括：市场国的政治制度，政局的稳定程度，相关的政策和法规及其连续性，政府对外来投资和外来产品的态度及政治倾向等。

3. 进入方式决策所需要的信息

企业选定目标市场后，还必须考虑在出口、许可贸易、国外组装、国外生产等进入方式中做出选择。为此需要调研的信息包括：市场潜量，贸易壁垒（如关税、配额等贸易限制），运输费用，当地竞争情况，政府对外来企业给予的优惠条件或施加的限制，政治状况，企业的人才、技术、管理经验、资金等资源条件。

4. 营销组合决策所需要的信息

（1）目标消费者的信息。主要包括目标消费者的收入、年龄结构、文化程度、职业、宗教信仰等基本信息，目标消费者需求的种类、数量、动机、时间、地点、方式、偏好等消费心理及行为信息，目标消费者对产品价格和促销活动的敏感程度等。

（2）产品方面的信息。主要包括目标市场对产品的口感、味道、色泽、所用材料、工艺特点、服务种类、服务方式等的具体要求。

（3）分销渠道方面的信息。主要包括产品在市场国的常规分销渠道有哪些；其他非常规分销渠道有哪些；利用常规渠道或非常规渠道有哪些利弊；各级中介机构在技术、服务、促销、资金等方面的功能如何；在批零差价、折扣和信贷方面有什么习惯做法；经营某类产品的主要中间商有哪些，他们的经营规模、营业额增长速度、经营范围、推销队伍、顾客类别、地区分布、服务设施如何；市场国在运输、储存等方面的条件；等等。

（4）产品价格方面的信息。主要包括该产品是政府定价还是企业定价；若是企业定价，企业有完整定价权还是受政府的某些限制；该产品在市场国的需求弹性如何；直接竞争性产品和间接竞争性产品的供求状况和价格水平如何；市场国运输费用高低；信贷条件和销售条件、支付方式有哪些习惯做法；对价格变动的承受力和敏感度如何。

（5）广告决策需要的信息。主要包括顾客购买某种产品所追求的根本利益是什么；哪些广告主题能有效引导顾客采取购买行动；目标市场习惯于哪些广告信息表达方式，对色彩、图形有哪些偏好或禁忌；可供选择的广告媒介有哪些；各种媒介市场覆盖面及成本如何；广告代理业的发达程度如何；主要广告公司的业务范围、能力、市场覆盖面、收费标准等方面的条件如何。

思考：

华林食品进出口总公司针对日本冻鸡市场开展调研，根据调研问题和调研目标，以及冻鸡产品的特点，具体应该调研一些哪些内容呢？

（二）选择调研方法

市场调研方法主要有四大类：二手资料调研方法、询问调研法、观察调研法和实验调研法，每类方法的适用情况不同。

1. 二手资料调研法

二手资料调研又称案头调研法或文献调研法，是指查寻和研究与调研目的有关的现有资料的过程。相对来说，在国际市场营销调研中，二手资料调研法的应用比在国内调研中的作用更突出，应用频率更高。因为二手资料调研法具有省时、省力、节约费用的优点。

2. 询问调研法

询问调研法是指通过向被调研者询问收集原始市场资料的方法。询问调研法具体包括入户问卷访谈调研法、拦截问卷访谈调研法、座谈会调研法、电话调研法、网上站点问卷调研法、邮件调研法等。在调研消费者的消费心理、购买及消费行为、品牌产品的选购态度等方面，询问调研法是最常用的调研方法之一。不过，采用这种调研方法的成本较高，组织和控制的难度较大。对中小企业来说，最好委托国际市场调研咨询公司或目标市场国的市场调研机构开展调研。另外，在许多发展中国家采用这一方法很困难，被访问者会拒绝访问、拒绝回答问题或提供虚假信息。主要原因有：在有的文化背景中，人们不愿与陌生人交谈，妇女则根本不允许与陌生人交谈；人们面对访谈者心存疑虑；有些阶层的人出于虚荣会虚报收入水平或消费水平；被访问者的受教育程度过低。

3. 观察调研法

观察调研法是指利用感觉器官和仪器设备对被调研者的行为过程进行观察和记录的一种方法。这种方法是在不直接干预被调研者的前提下进行调研的，是近年来发展迅速的调研方法。观察调研法的主要优点是被调研者的行为不受调研人员的影响，也就是说被调研者是非反应性的，数据收集是被动性的和掩饰性的，因而所收集的资料比较客观。但是被调研者的态度、意见、动机及内心想法无法通过这种方法了解。观察调研按照收集资料的时间可分为现场即时观察、事后痕迹观察，按照收集资料的连续性可分为纵向连续观察、横向多点观察，按照是否参与被调研者的活动可分为参与式观察、非参与式观察。

4. 实验调研法

实验调研法就是从影响调研对象（或称因变量）的若干因素中选择一个或几个作为试验因素（或称自变量），在其余诸因素均不发生变化的情况下，了解自变量的变化对因变量的影响程度。在实验调研中，调研人员可以改变一个或者多个变量，如价格、包装、设计、广告主题或者广告费用，然后观测这些变化对另外一个变量（通常是销量）的影响。调研人员可以在实验室，创造一个类似超市或商场的环境，摆放一些产品，让消费者自由选择，通过改变产品的包装和颜色，确定哪种包装和颜色能够刺激消费。但是必须认识到这是人为的实验室的场面，与真实的购物环境还是有差别的，所得出的结论不一定完全适用。不过，实验调研法是一种比较科学的调研方法，所获得资料的可靠性较强。

思考：

华林食品进出口总公司针对日本冻鸡市场的调研，究竟应该采用哪些调研方法呢？这要依据调研的目的、内容及研究经费的多少而定。例如，了解日本目标消费者的年龄、收入、婚姻、家庭等信息时，最好的方法就是采用二手资料调研法，而如果想了解目标消费者对冻鸡的需求偏好，最好采用询问调研法和观察调研法。

（三）设计调研问卷

如果计划采用询问调研法收集资料，可能还需要设计一份调研问卷。调研问卷是由一系列问题和答案所组成的，在询问调研过程中用于收集原始资料的一种工具。使用调研问卷开展市场调研，可提高市场调研的规范性和标准性。

1. 明确调研目的，列出调研内容

设计调研问卷过程中，必须明确调研目的，搞清楚已经产生的或将要发生的问题，通过调查研究想要解决的问题。然后根据调研目的，列出比较详细的调研内容，并且还要确定哪些内容需要通过调研问卷收集，哪些需要通过定性访谈或者观察调研法收集。

2. 确定调研对象，分析调研对象特征

不同的消费者，由于性别、年龄、收入、婚姻、社会地位、文化程度、专业背景、社会阅历、价值观念、宗教信仰、所用语言等存在一定差异，对所询问问题的理解能力、敏感程度、愿意回答的可能性等不一样。所以，必须明确调研对象，并且弄清他们的特征，所询问的问题必须是调研对象所知道的、有权力回答的、愿意回答的、能够理解的。

3. 确定资料收集的方法

采用不同的询问方法进行调研，所用的调研问卷的格式是不一样的。例如，电话调研和拦截调研，所用的调研问卷就不能过长，所提的问题越简单越好。而如果是邮件调研或是网上站点问卷调研，由于调研者与被调研者不是通过语言交流的形式即时进行调研的，问卷中所提的问题必须尽可能地详细具体，对一些专业词汇和指标应该做出比较详细的解释，以便被调研者能够做出准确的理解和判断。

4. 设计问句和答案

调研问卷中的问句可分为开放式和封闭式两种。开放式问句是指提出一个问题，不给任何答案，让被调研者根据自己的理解自由回答。其优点是可以了解到一些复杂的深层次的信息资料，但被调研者不容易快速回答，调研者对资料进行统计汇总的难度较大。封闭式问句是指提出一个问题，给出若干个可供选择的答案，其优点是被调研者容易快速回答，调研者也可快速统计汇总。封闭式问句具体有多种形式。

（1）二项选择式问句，也称是否式问句，是最简单的一种封闭式问句。

【例】请问您家有冰箱吗？

□有　　　□没有

在调研消费者的态度时，二项选择式问句不能了解到消费者的具体准确的答案。

（2）多项单选式问句。

【例】请问您喜欢购买和消费××牌产品吗？

□非常喜欢　　□比较喜欢　　□一般喜欢　　□不太喜欢　　□非常不喜欢

（3）多项不定式问句。就是在给出的多个答案中，被调研者可选其中的一个，也可选择其中的多个甚至所有答案。

【例】下面所列出的品牌酸奶中，您喝过哪些？

□君乐宝　　　□伊利　　　□蒙牛　　　□三元

（4）多项限选式问句。这种问句的作用是，在调研结束后，经过统计汇总，根据各个选项的频数和频率可以将各个答案进行排序。

【例】请问您在选购白酒时，比较重视的因素是什么？（请您在下列因素中选出您认为最重要的三个因素）

□品牌　　　□价格和档次　　　□包装　　　□度数　　　□品质　　　□口感

（5）排序式问句，即要求被调研者对各个选项直接回答出顺序。

【例】请问您在选购白酒时，比较重视的因素是什么？（请您对下列因素按照最重视、比较重视……的顺序排列，将代码顺序填写在横线内）

A. 品牌　　B. 价格和档次　　C. 包装　　D. 度数　　E. 品质　　F. 口感

排列顺序：＿＿＿＿＿＿＿＿＿＿＿＿＿＿＿＿＿＿＿＿＿

在设计问句和答案时，要注意以下问题：

（1）避免使用被调研者不懂的词和贬义词。对普通消费者来说，调研问卷中所用的词要尽可能大众化，避免使用专业词汇。贬义词会使被调研者不悦，所以尽可能使用褒义词或中性词。

（2）所提问题要尽可能具体、准确。

【例】请问您对××牌产品的总体评价如何？这样的问法就不具体，最好针对产品的口感、味道、包装、服务等各个方面分别提问。

【例】请问您经常购买烧鸡吗？"经常"一词就非常模糊，不能定量化，难以准确测定市场需求量。应该这样问：请问您最近1个月（或者1周）内购买过多少只烧鸡？

【例】请问您最喜欢吃什么鸡肉？总的不明确，问的是鸡肉品牌呢，还是鸡肉的加工类型（烧鸡、炖鸡、烤鸡），还是鸡肉的哪个部分（鸡翅、鸡腿、鸡胸、鸡爪）。

（3）避免使用诱导性和倾向性的问句，以保证所收集的资料客观公正。

【例】最近很多人都在看××电影，其票房收入名列前茅，请问您想看吗？这个问句就具有很强的诱导性和倾向性，在诱导情况下所取得的资料很难反映被调研者的真实想法。

（4）避免使用断定性问句。

【例】请问您最近一个月购买过几次冻鸡？这个问句就是在断定被调研者最近一个月之内买过冻鸡的情况下询问的，可如果调研对象最近没有买过甚至从来都不买冻鸡，这样询问就非常不合适。

（5）避免询问调研对象敏感的问句。调研对象可能对年龄、婚姻、收入等问题比较敏感，如果直接询问，被调研者可能不愿意回答或不愿意真实回答。针对这些问题，可采用假定法、释疑法、转移法、数值归档法等降低调研对象的敏感程度。

假定法。

【例】假如您每个月只有1 000元的收入，请问您会购买这种商品吗？

释疑法。

【例】打麻将是我国传统的一种消遣娱乐活动，请问您最近一周打过几次？

转移法，可以第三人称询问。

【例】汽车消费将是我国未来的一个消费热点，请问您周围的朋友对分期付款购买汽车怎么看？

数值归档法。

【例】请问您每月的实发工资是多少元？

□2 000以下　　□2 000~3 000　　□3 000~4 000　　□4 000~5 000　　□5 000以上

（6）一个问句只问一个问题，避免提双重或多重问题。

【例】请问贵公司对某产品的包装和送货是否满意？

如果调研对象对产品的包装和送货都满意或者都不满意，这样设计调研问句是可以的，可如果被调研者对其中的一个问题满意，而对另一个问题不满意，可能就无法准确表达自己的意见了。所以一个问句只能询问一个问题。

（7）答案设计必须坚持完备性和互斥性原则。如果答案无法穷尽，可用"其他""不知道"等代替。

【例】请问您家孩子用的奶粉是什么牌子的？

□惠氏奶粉　　□雀巢奶粉　　□美赞臣奶粉　　□伊利奶粉　　□其他

【例】假如让您选购婴儿奶粉，并且只能在以下三个品牌中选择，您会选择哪一个呢？

□雀巢奶粉　　□美赞臣奶粉　　□伊利奶粉　　□不知道

5. 排列调研问句的顺序

一般来说，应将过滤性的问题放在最前面；先易后难，由浅入深；先问一般问题；需要思考的问题放在中间；开放性问题放在后面；敏感性问题、威胁性问题放在最后。从时间排序来看，为便于调研对象回忆，可先问现在的，再问昨天，最后问前天的；也可根据事物的发展过程，先问过去的，再问当今的，最后问未来的想法。将所有要问的问题按类别、范围排列，将同一类别同一范围的问题要排列在一起。

6. 定稿

排好问句顺序后，调研问卷初稿就基本形成了。之后，还需要通过小规模的试调研，根据发现的问题进行修订。最后就是排版、印刷。

思考：

请为华林食品进出口总公司针对日本目标消费者的调研设计调研问卷。

（四）设计抽样调研方案

设计抽样调研方案，就是根据调研目的确定抽样总体、样本数量和抽样方法。

1. 确定抽样总体

抽样总体是指调研人员根据既定的调研目标规定的调研对象的全体。在确定抽样总体的过程中，需要遵循相关性、完整性和经济性原则，即抽样总体要与抽样目标相关，抽样总体的内容能全面反映项目的实际情况，同时抽样总体的确定还要符合成本效益原则。

2. 确定样本数量

确定样本数量，就是计划对多少人进行调研。在其他条件相同的情况下，样本越大调研结果的代表性程度就越高，抽样误差就越小，但样本数量过大也会导致调研成本上升。确定样本数量，要综合考虑三个因素：总体中个体之间的差异程度、抽样方法、允许的抽样误差大小。如果通过探测性调研发现，总体中个体之间的差异程度较小，选择的又是精度较高的抽样方法，而且允许的抽样误差较大，样本数量可以少一些，这样可节约调研成本。

3. 选择抽样方法

抽样方法包括随机抽样法和非随机抽样法两类。

（1）随机抽样法，也称概率抽样法，是指总体中各个体被抽中的概率是相等的，具体包括简单随机抽样、分类随机抽样、分群随机抽样和等距随机抽样。

简单随机抽样法是指完全遵循随机原则，通过抓阄法、乱数表法或者电脑随机提取法等，从调研总体中直接抽取若干个体作为样本的一种方法。这种方法一般不单独使用，而是作为其他随机方法的基础方法，当然如果总体规模小，而且各个体之间的差异较小，也可单独采用这种方法抽取样本。

分层随机抽样法是指基于对总体的了解，按照一定标准将总体划分为若干个类别，在每个类别中按照等比例抽样法，或者按照分层最佳抽样法、成本最低抽样法分配样本数，然后再在各个类别中按照随机原则抽取样本。这种方法的抽样误差较小，但由于样本比较分散，调研起来比较困难，调研成本较高。

分群随机抽样法是指将总体划分成若干个差异较小的组（被称为群），再以群为单位进行简单随机抽样的方法。采用这种方法进行抽样，样本的分布会集中在若干个群里，这给调研带来了便利，从而降低调研成本。

等距随机抽样法，又称机械随机抽样法、系统随机抽样法。等距随机抽样法是指将总体按照某个与调研内容相关的标志排序，或者按照不相关标志随机排序，根据抽样总体数量和样本数量确定抽样间隔，然后在第一个抽样间隔内按随机原则抽取第一个样本个体，再按照相等间隔抽取其他所有样本个体。这种方法介于概率抽样和非概率抽样之间，抽取样本的分布非常均匀，代表性程度较高，但如果调研对象具有周期性变化规律，其变化周期与抽样间隔相一致，用这种方法进行抽样会产生较大的系统性误差。

（2）非随机抽样法，又称非概率抽样法，是指调研总体中各个体被抽中的概率是不相等的。具体又包括方便抽样法、判断抽样法、定额抽样法、自愿抽样法、滚雪球式抽样法。

方便抽样法，又称任意抽样法、偶遇抽样法，是指以方便调研为原则进行随意抽样的方法。

判断抽样法是指基于调研人员对总体的了解和经验，从总体中抽出有代表性的或者典型性的样本个体的方法。

定额抽样法是指根据调研总体的某个或两个标志特征进行分类，按照等比例方法为每个组别分配样本数，然后根据所分配的样本数在组别内进行方便抽样。这种方法是以任意抽样为基础的，但是是在分组别的基础上进行的任意抽样。按照这种方法抽样，样本的分布要比单纯地任意抽样均匀，调研结果的代表程度会比较高。

自愿抽样法是指利用网页、印刷类媒体、产品促销等发行调研问卷，消费者根据自己的意愿填写调研问卷接受调研的一种方法，也就是说被调研者是自愿加入成为样本的。

滚雪球式抽样法是指调研者先通过少数自己可以确定的样本个体进行调研，再通过这些样本个体去发展其他同类个体，如此下去，直到把规定数量的样本个体全部调研完。

思考：

请为华林食品进出口总公司针对日本目标消费者的调研设计抽样方案。

（五）制订调研工作计划

主要是做好调研工作的人员分工、调研资源的合理分配、调研工作进度安排、调研经费预算等内容。

思考：

请为华林食品进出口总公司针对日本目标市场的调研设计调研工作计划。

三、收集市场资料

（一）二手资料的收集

收集二手资料的关键是发现和确定二手资料的来源。二手资料可以从企业内部和企业外部两大方面进行收集。

1. 企业内部收集

（1）企业的刊物和报告。例如，向新闻媒体公布的新闻，以及人事部门制作的与员工、顾客和其他人员交流的企业刊物或其他资料等。

（2）调研者对以往调研资料的积累。调研者以往调研所积累的各种相关资料。

（3）企业的营销信息系统。如果企业建有营销信息系统，那么该系统中储存的大量有关市场营销的信息，可随时为市场营销调研人员所用。

（4）企业的各种业务记录。在一些未正式建立营销信息系统的企业，也会存有大量的业务记录资料。例如，各种产品在各国历年的销售量和销售额，各国客户的规模，市场覆盖面大小，历次成交的数量、金额、支付和交货方式，业务员、代理商、经销商的销售报告，等等。

2. 企业外部收集

（1）政府机构发布的各种信息。中国政府在许多国家和地区设有商务处。这些商务处能系统收集各国的市场信息，包括贸易统计资料，关税和海关资料，进口商、批发商、零售商、制造商的名录，各国政府管理部门的名称、地址和服务质量，各种统计资料的出版商名称及索取办法，官方和非官方的可提供某种信息的组织机构等。中国的国际贸易促进会及各地分会也能随时取得和掌握大量的国外市场的多方面信息。

外国政府的有关部门发布的各种市场信息，如反映经济发展情况、进出口贸易情况、对各种产品和服务的供求情况等。

（2）国际组织发布的信息。国际贸易中心、联合国粮食及农业组织、经济合作与发展组织、联合国贸易和发展会议、国际货币基金组织等国际组织会定期或不定期地发布大量的市场信息资料。

（3）行业协会提供的信息。许多国家的行业协会定期收集、整理、出版有关本行业的产销信息。由于行业协会提供的信息是从成员那里收集到的，出于各种原因这些信息的准确性可能不太稳定，所以在收集这些信息时，要特别注意判断和甄别。

（4）调研机构提供的信息。各种类型的咨询公司、市场调研公司，如国际著名的 A. C. 尼尔森公司、Research International 公司等，这些机构专门从事调研和咨询，通常以营利为目的，他们经验丰富，收集、整理和发布的信息专业化程度高。

（5）金融机构发布的信息。金融机构也是市场信息的重要来源。特别是负责国际贸易结算、国际投资等业务的专业银行，会向企业提供各种信息服务，包括大多数国家的经济政策、经济发展趋势、产业和贸易往来等；国外公司商业资信状况报告；各国信贷期限、支付方式、外汇汇率；等等。

（6）消费者组织提供的信息。为了保护消费者利益，许多国家都成立有消费者组织。消费者组织的重要任务之一，就是测试各企业生产或销售的产品质量，并向公众报告测试结果。消费者组织也开展各种消费者调研并发布相关信息，这对企业极具实用价值。

（7）网络信息和各种数据库信息。互联网的迅速发展使二手资料的收集更加便利，金融、人口统计、消费及进出口的综合性统计资料可以通过各国政府的网站查询。数据库一般有文献类数据库、数据类数据库、指南类数据库等，如美国经济信息系统（economic information system，EIS）公司的"EIS 非制造行业单位"数据库中存贮了雇员在 20 人及以上的约 20 万个非制造行业单位的地点、总部、名称、行业销售比例、行业分类及雇员人数等方面的信息。

二手资料调研法所取得的资料毕竟是间接性的，往往不能直接应用，还必须经过整理和分析。分析的主要内容是二手资料是否完备，是否准确，在时间、口径、收集和指标计算方法等方面是否具有可比性。

思考：

华林食品进出口总公司针对日本目标市场的调研，应该从哪里收集二手资料呢？

（二）面谈访问调研的要点

在入户访谈、拦截访谈、电话访谈、网上语音或视频访谈、座谈会调研中，调研资料的质量除了受调研问卷设计质量的影响外，调研员的素质和能力、调研员临场询问技巧等的影响也很大。所以在面谈调研之前，调研组织者必须根据调研目的和要求，对调研员进行培训，提高他们的专业素质和沟通能力，让他们掌握相关专业知识和询问技巧。

实施面谈访问调研时应注意以下要点：问话要尽可能清楚而简短；不要对问题的含义发表任何议论或者以任何方式来引导被调研者回答；不要从难题和关键性问题开始询问；对机密性问题和有关个人隐私的内容要尽量放在最后询问；对被调研者的回答要及时进行判断，若发现有矛盾之处，要反复核对，以确定他对问题的理解是正确的；对调研过程要进行有效控制，防止被调研者因畅谈其他无关内容而浪费时间，同时也要对被调研者适时地加以引导和鼓励；访问的时间不要持续太长；调研员要准时到位，穿戴整洁，并对被调研者表现友善和尊重。

（三）提高邮寄调研问卷回收率的措施

无论是通过邮局，还是通过电子邮箱、广告媒体或者随商品销售发送调研问卷，邮寄调研的关键点是如何提高调研问卷的回收率。提高调研问卷的回收率，除了设计好调研问卷外，还要采取以下措施：加强电话沟通，包括调研之前的电话预约、发送问卷之后的电话告知、被调研者是否收到邮件的电话确认、被调研者在填写问卷过程中的电话指导和督促、调研结束后的电话感谢；采用有奖激励的方式，如凡按要求答卷的被调研者均有机会参与抽奖，并且让每个参与者都至少得到一份礼品。

（四）观察调研的要点

在观察调研过程中，要注意以下要点：要选择有代表性的观察地点和观察时间，因为在不同地点和时间观察，调研结果的准确程度相差很大；尽量不要让被调研者发现并且产生反应，当然有些观察，如在超市安装摄像镜头观察消费者的购买行为，或者在超市以服务员的身份观察消费者的购买过程，即使被调研者发现了也往往不会做出反应的；尽量借助仪器（如摄像镜头、录音设备等）观察，以减少观察人员的影响，提高调研资料的客观性、标准性和准确性；尽可能要全面观察，防止出现以偏概全的现象。

四、整理和分析调研资料

（一）整理调研资料

1. 审核调研资料

收集到的调研资料往往是杂乱无章的，可能存在很多错误和问题，因此需要在分析前对其进行检查、核实。审核的重点包括以下几个方面。

（1）审核资料的完整性。根据调研目的与要求，对照事先所拟定的调研内容，检查所收集的资料是否完整。对于缺项的资料必须重新组织调研；如果一份资料中大多数问题没有回答，应该将这份资料报废处理，如果一份资料个别问题没有回答，可采取补救措施；如果在相当多的调研问卷中发现同一问题没有回答，可能是调研问卷的设计出了问题，如被调研者对所问的问题不理解或不愿意回答，可就这个问题重新设计调研问卷组织调研。

（2）审核资料的准确性。检查资料中是否有明显的逻辑错误；是否有答非所问的答案；判断被调研者是否在缺乏兴趣、敷衍了事的情况下回答的；资料的口径、计算方法、计量单位等是否符合要求。例如，在北欧国家，啤酒被列为酒精饮料，而在地中海沿岸国家，啤酒被算作软饮料，导致这些国家酒类统计口径不同，数据可比性较差。这就需要对资料重新进行归类整理，使之符合要求。

（3）审核资料的适用性。对照调研目的与要求，审核收集的所有资料在营销决策中是否是有用，对于适用性不大的甚至无用的资料，可暂时搁置起来，以供将来使用。

（4）审核资料的时效性。主要审核资料是否过时了，因为有些资料一旦过时，就可能没有任何价值；另外还要审核资料在时间节点上是否符合要求。例如，要求收集最近 3 年来每个季度的数据资料，可是收集的却是最近 3 年来每年的资料，从而无法分析资料的季节性变化规律。

2. 为调研资料编码

资料编码，就是将问卷信息（包括调研问题和答案）转化为统一设计的计算机可识别的数值代码的过程。编码可分名称码、定性码和定量码三种类型。名称码就是用代码表示某个名称。例如，对 1031102 可做以下规定："1"代表某航空公司，"03"代表 652 航班，"11"代表访问员编号，"02"代表该访问员在此航班成功完成的第 2 份问卷的调研。定性码就是用代码表示某个态度、某个情况等。例如，对 0703 可做如下规定："07"代表调研问卷中的第 7 个问题，"03"代表该问题中的第 3 个答案，即一般满意。

3. 对调研资料分组

对调研资料分组，是为了统计分析资料的频数和频率，以及频率的分布规律，分析变量之间的关系。资料分组可按照某个品质标志或数量标志进行简单分组，也可根据需要按照两个标志或多个标志进行复合分组。在选择分组标志时，要考虑调研的目的、研究对象的本质特征及社会经济发展的要求。

（二）分析调研资料

资料分析的目的就是揭示调研对象的本质特征和内在关系，得出结论。资料分析方法可分为描述性统计分析和解析性分析两类。

1. 描述性统计分析

（1）集中趋势分析。反映集中趋势的指标主要有众数、中位数和平均数。

（2）数据离散程度分析。反映数据离散程度的指标主要有频率分析、极差、方差、标准差和标准差系数。

（3）相对程度分析。反映相对程度的指标主要包括：结构性相对指标，是指调研对象各组成部分所占的百分比；比例性相对指标，是指调研对象各组成部分中，以某一部分作为基数，通常用 1 或 100 表示，其他组成部分与之相比的比例，如某地区人口的性别比为：女：男=100：108；比较性相对指标，是指不同总体中同类现象指标数值的比较，如中国的人均 GDP 与日本的人均 GDP 相比的比值；强度性相对指标，是指性质不同但又相互联系的问题指标相比的比值，如人均消费额、每百万销售收入的促销费用额、销售利润率等。

2. 解析性分析

解析性分析主要是分析调研对象的变化规律和变化趋势，以及自变量与因变量之间的相关关系。主要方法有时间序列分析、相关分析、因果回归分析、归类分析、因子分析等。对分析方法的选择要考虑调研者对信息的要求、抽样的性质和资料收集的方法等。

（三）撰写调研报告

撰写调研报告是调研人员进行国际营销调研的最后一个环节，也是最重要的一环。因为调研报告通常是评价整个调研过程工作好坏的唯一标准。不管调研过程的其他各步骤工作如何成功，如果调研报告的质量低劣，则将意味着整个调研工作的失败。因为决策者或调研委托者只对反映调研结果的调研报告感兴趣，他们往往通过调研报告来判断整个市场调研的优劣。因此，调研人员在完成前期调研工作之后，必须写出准确无误、优质的调研报告。调研报告分为书面报告和口头报告。编写书面报告要坚持紧紧围绕调研目标、内容简明扼要、重点突出、客观实际的原则。整个调研报告一般包括五个部分。

（1）摘要部分。这主要是为决策层经理看的，因为他们往往没有时间阅览整个调研报告的内容，所以这一部分在整个调研报告中的分量就特别重要了。为此，这一部分必须十分清楚地概括叙述报告中的核心和要点，主要写明此次调研的背景情况、调研的目的、主要调研问题、调研结果、向决策者提供的建议等。这一部分的内容虽然是放在报告的最前面，但是应该在调研报告正文完成之后再撰写。

（2）引言部分。对为何开展此次调研和它旨在发现什么或者想解决什么问题做出解释。

（3）调研设计。主要写明抽样方法、调研对象和范围、收集资料和分析资料所采用的方法等。目的在于向读者证明调研报告中的数据和结论是正确的和可靠的。

（4）调研结果和局限性。调研结果在正文中占有较大篇幅，主要叙述调研结论及说明或者证明这些结论的资料、图表等。调研结果的逻辑安排有多种格式。并列式，即针对各个调研问题分别进行叙述；递进式，即针对某一问题按照先后顺序逐层深入叙述；先总后分式，即先叙述总的调研结论，再分别叙述各个分结论，并且用典型的调研资料进行论证和说明；先分后总式，即先对各个调研部分进行阐述，最后再通过归纳得出总的结论。正文的最后应该对此次调研的局限性作简要说明，如由于调研范围小、样本数量不足、调研方法等原因，调研结论可能存在一定的局限性。

（5）建议。基于调研结论，向决策者提出合理化建议，供决策者参考。这一部分的篇幅不可过长，简明扼要即可。

思考：

请根据华林食品进出口总公司针对日本冻鸡市场的调研目的和要求、调研内容等，利用网络资源收集相关资料，并进行整理和分析，写出调研报告。

【任务小结】

国际营销调研旨在了解国际市场的动态，把握国际市场的特征和规律，为国际营销决策提供科学依据。第一，应该明确调研目的，确定调研的问题和目标；第二，要做好调研准备，包括确定具体的调研内容、选择合适的调研方法、设计调研问卷和抽样调研方案、制订调研工作计划等；第三，按照确定的方法和内容收集市场资料；第四，对收集的资料进行整理和分析；第五，将调研结果形成调研报告。

【相关知识】

1. 国际市场营销调研的概念

国际市场营销调研是指运用科学的调研方法与手段，系统地收集、记录、整理和分析与国际市场营销活动相关的各种基本信息及其影响因素，以帮助企业把握国际市场的变化规律，制定有效的国际市场营销决策，实现企业的经营目标。

2. 国际市场营销调研的作用

国际市场营销调研是企业进入国际市场的前提和基础，也是企业经营成功的关键因素。企业要想顺利进入并占领国际市场，必须以国际市场营销调研为先导。具体来说，国际市场营销调研的作用主要表现在以下几个方面。

（1）有助于企业发现国际市场营销机会，开拓潜在国际市场。企业要想拓展国际市场，取得国际营销的成功，必须了解其他国家的地理、文化、政治、法律、经济、市场需求、市场竞争等情况，以便判断企业产品在哪些国外市场的销售前景更为广阔，以及采取何种策略进入该市场，预计销售多少等问题。因此，企业在决定拓展某个国际目标市场之前，首先要对这个市场进行深入细致的调查研究，以帮助企业寻找和选择有利的市场机会，扩大其产品的市场范围，避免不必要的费用支出及盲目的营销行为造成的损失。

（2）为企业制定国际营销决策提供科学的依据。通过国际营销调研，获取详细的市场信息和数据，企业便可了解和把握国际市场现实和潜在需求的变化，以及竞争形势的变化，在此基础上制定相应的产品策略、价格策略、渠道策略、促销策略，并且将这些策略进行有效的组合，使企业的产品能稳步占领目标市场。

（3）反映国际市场的变化，监测和评价企业国际营销活动的实施效果。国际市场营销决策者需要经常了解国际市场目标顾客的情况，掌握企业产品在国外市场上所占市场份额的大小及其变化情况、竞争者的行为及其变化情况，了解本企业市场营销计划的执行情况。通过开展国际市场营销调研，广泛收集国际市场信息，监测国际市场营销活动中出现的各种问题，并针对问题有的放矢地加以解决，根据营销活动的实施效果，对企业现行的营销策略进行必要的评估和修正，及时调整市场营销战略，以保证企业营销目标的实现。

（4）帮助企业分析和预测国际市场未来的发展趋势。在调研和分析的基础上，对国际市场的发展趋势进行预测，可帮助企业决策者及时调整和制订合理的营销计划，应对可能出现的市场变化，使企业在国际市场营销的竞争中占据主动权。

3. 国际营销调研中的问题与障碍

在国际营销调研中，各国的社会、文化等情况不同，会产生很多国内调研所没有的问题与障碍。

（1）语言障碍。各国语言不同，即使在很多国家内部也存在多种语言。不同语言中某一词汇或表达方式所代表的具体含义往往不同。在美国，家庭通常只指父母、子女，而在意大利，家庭包括父母、子女、祖父母、伯（叔）父、伯（叔）母及母亲的兄弟姐妹等。熟练掌握和理解当地语言，是顺利、有效完成调研工作的重要前提。但是在翻译过程中有时无法找到完全对应词，并容易出现各种错误理解，因为不同的人对同一句话有不同的翻译。为了减少错误，可以采取对照翻译、平行独立翻译、小组翻译等方法。当然，最好邀请当地人员或机构担任调研工作。

（2）社会文化问题。社会文化问题成了市场调研的障碍。例如，排外情节问题，很多国家由于历史、文化或政治原因，对外国人或外国机构抱有不信任感；当地调研市场的发展落后问题，有些国家由于经济制度不健全，被调研者的权益得不到保障，或者被调研者因存在偷漏税等情况而常常采取不合作的态度；妇女地位问题，有些国家的妇女可能不被允许与男性调研员谈话，这对调研工作造成了很大限制；家庭结构问题，有些国家的家庭是传统的大家庭，调研人很难确定谁是购买决策者和影响者，有些国家的企业很多是家族式企业，市场问题演变为家族问题，企业很难通过调研得到准确的市场资料；社会传统和心理因素问题，有些国家的居民，对于个人隐私持非常保守的态度，调研人很难对涉及个人隐私的问题进行调研。

（3）差异性问题。不同国家在很多认识上的差异会给市场调研带来困难。同一种产品在不同国家可能有截然不同的用途，如自行车在中国是一种交通工具，替代品是公共汽车、地铁、出租车等，而在欧美等国自行车却是一种娱乐休闲的工具，因此替代品则是其他娱乐产品；不同国家的产品分类可能存有差异性，如英国和法国的"甜点"还包括新鲜水果和各种乳酪，而在美国却并非如此；不同国家的季节性市场需求规律和节日性需求规律有很大差异，如西方国家在圣诞节前夕是购物高峰，而中国在春节前是采购高峰。

【实践能力拓展】

（一）案例

雀巢咖啡在中国做的市场调研

雀巢公司，由亨利·雀巢（Henri Nestle）于 1867 年创建，总部设在瑞士日内瓦湖畔的韦威（Vevey），最初是以生产婴儿食品起家，以生产巧克力棒和速溶咖啡闻名遐迩。目前，雀巢公司是世界上最大的食品制造商之一，在全球拥有 400 多家工厂，年销售额超过 910 亿瑞士法郎。

雀巢 1908 年曾在上海开设过销售办事处。1989 年再次进军中国市场，在广东东莞建立咖啡生产企业，这时候雀巢开始着手在中国寻找可能的原料供应地。雀巢经过深入的调查研究发现，云南省思茅地区属亚热带山地气候，海拔在 1 000~1 300 米的高山地带，年降水量在 1 350~1 750 毫米，赤红土壤，pH 值在 5~6.5，是全球北回归线附近最适宜种植小粒咖啡的地方。因此，雀巢公司决定将其未来的原料供应地锁定为云南省思茅地区。

相比原材料供应问题，拉动中国消费者市场对咖啡的需求，对雀巢公司而言，则是更为艰巨的工作。因为他们的调研结果表明，中国是世界上最早种茶、制茶和饮茶的国家，中国茶文化有着悠久的历史和丰富浓郁的内涵。面对中国人传统的喝茶习惯，雀巢首先做的是培养中国人喝咖啡的习惯。雀巢通过广告等多种手段，宣传喝咖啡是一种时尚、潮流，广告语是"味道好极了"，成功地吸引了一群年轻人。品尝雀巢咖啡，代表的是体验一种渐渐流行开来的西方文化。

20 世纪 90 年代后期，雀巢公司再次通过大量调查，对中国年轻人的生活形态进行了深入细致的研究。他们总结了五个方面的特点：一是年轻人渴望做自己的事，同时又保留传统的伦理观念；二是意识到与父辈之间的差异，也尊敬他们的家长；三是渴望独立，并不疏远父母；四是虽然有代沟，但有更多的交流与理解；五是有强烈的事业心，也要面对工作的压力和不断的挑战。

雀巢敏锐地感受到年轻一代的生活形态的微妙变化，广告口号变成了"好的开始"。广告以长辈对晚辈的关怀和支持为情感纽带，以刚刚进入社会的职场新人为主角，传达出雀巢咖啡将会帮助他们减轻工作压力，增强接受挑战的信心。这种社会背景也成了雀巢咖啡"好的开始"广告的沟通基础。

资料来源：彭于寿. 市场营销案例分析教程[M]. 北京：北京大学出版社，2007

（二）案例分析

雀巢公司能够在世界许多国家不断地攻城略地，成功地进入了一个又一个国家的市场，与其科学、深入、细致地市场调研有着密切的关系。企业成功的关键是正确认识目标市场的需求和欲望，并且比竞争者更有效、更有力地为目标市场传递他们所期望满足的东西。雀巢公司成功进入中国市场，首先通过调查研究，在中国找到了适合种植咖啡的地区，解决了原料供应问题，既保证了产品质量又降低了原料的运输成本。其次是对中国消费者特别是年轻人的心理特征、潜在的需求欲望进行深入的调查研究，并且采取相应的营销策略，成功赢得了目标消费者的心。

为了寻找或验证一个想法，跨国大公司习惯进行大规模的市场调研，中国很多企业则倾向于拍脑子做决定，凭感觉做事，认为开展市场调研是浪费钱财，不值得。概括起来说，大部分中国企业的决策都具有"五拍主义"特点：拍脑袋，就这么办——决策；拍胸脯，没问题——保证；拍大腿，完了——后悔；拍桌子，这不是我一个人的决定，是大家一起决策的——推卸责任；拍屁股，走人。雀巢公司的成功告诉我们：开展市场调研，表面上是增加了营销成本，但实际上增加了营销投资。通过市场调研，企业可以了解市场环境，把握市场动态，并以此为依据，正确地开展市场营销活动，以获得更多的投资回报。

（三）实践困境讨论

从以上案例及分析来看，以下问题值得探讨。

中小企业如何开展国际营销调研？

市场调研无论是对大型企业还是中小企业都同等重要。不过，中小企业由于资金、人力资源等比较缺乏，独立开展大规模的国际营销调研是不现实的。事实上，中小企业由于产能有限，产品销售范围和覆盖市场的能力有限，没有必要独立开展大规模的国际营销调研。开展国际市场营销的中小企业可通过其他渠道完成国际营销调研工作。

（1）委托市场调研机构或市场营销咨询机构开展国际营销调研。国际性的市场调研机构和市场营销咨询机构在很多国家都有分支机构，他们拥有庞大的高水准调研团队，具有很高的市场信息资料收集和分析研究能力，但对客户的收费往往较高。除此之外，很多国家都有当地的中小市场调研和市场营销咨询机构，他们虽然规模小、收费低，但在某个行业内、某个地区、某个细分市场领域内还是比较有权威的。中小企业可委托他们完成对目标市场国家在某个方面的市场调研。

（2）可采用一些比较节省经费的方法，在较小范围内开展市场调研。例如，北京的冠伞公司是生产雨伞的小企业，一开始是通过外贸公司将雨伞卖到欧美中低端市场的，销量很低，于是企业陈总经理亲自带队到欧洲进行市场调研。为了深入市场了解准确的信息，同时还想节省调研费用，陈总经理决定采取观察和访谈的方法开展调研。他们经过多处调研和亲身体验，最终发现：在发达国家，人们出门从不带雨伞，遇上下雨就临时买一把，回到家后因嫌洗晒麻烦，就干脆丢进垃圾箱。国外有一些大商店为招待顾客，遇到下雨天会免费向顾客赠送雨伞。所以在发达国家雨伞是一次性商品，用过就扔，无须牢固。陈总回国之后，即刻调整自己的产品策略，针对欧美市场生产一次性雨伞，结果取得了成功。该案例说明，中小企业开展国际营销调研，在经费比较少的情况下，只要采取合适的方法，也能完成市场调研任务，实现调研目标。

（3）可利用互联网平台开展国际营销调研。利用互联网平台开展国际营销调研也是比较节省费用的一种方法。我们可利用网络查询到各种类型的数据库信息、新闻性信息、政府统计信息、竞争者信息等；利用网络邀请目标消费者填写调查问卷、就生活方式、生活习惯、价值取向等问题开展网上讨论，借此了解目标消费者的潜在需求和购买行为。

【情景实训】

加多宝金罐凉茶能否进军美国市场？

1. 实训名称

加多宝金罐凉茶进军美国市场的可行性网络调研分析技能实训。

2. 实训目的

锻炼和提高学生的网络信息搜寻能力和国际市场综合分析判断能力。

3. 实训内容

明确调研目的；确定调研内容；采取二手资料调研法利用网络收集资料；采用网络聊天工具或调查问卷形式收集原始资料；资料整理、分析和撰写"加多宝金罐凉茶进军美国市场的可行性"研究报告。

4. 实训步骤

（1）将学生分为若干小组，每个小组设一个组长，组织、协调和管理组内每个学生的行为。

（2）要求各组学生在组长的带领下，明确调研目的，确定调研内容，利用学校网络资源查询、收集美国市场的相关信息，并对资料进行整理和综合分析。

（3）要求各组撰写并提交"加多宝金罐凉茶进军美国市场的可行性"研究报告。

（4）组织各组学生开展调研成果交流活动。

5. 实训要求

实训之前，要求所有学生重温所学的国际营销调研的理论和方法；利用网络查询加多宝凉茶产品的特点、在我国的市场定位、消费者对该产品的喜爱程度、人们消费该产品的方式等信息；实训过程中，要遵守法纪、学校纪律；认真调研和分析，高质量地完成实训任务，实现实训目的。

模块四

国际营销战略

任务一 国际目标市场营销战略

【学习目标】

✧ 了解国际市场细分的含义和细分标准；
✧ 掌握国际市场目标选择的标准和步骤；
✧ 熟练掌握三种国际目标市场营销战略的运用条件；
✧ 熟练掌握影响国际市场定位的因素；
✧ 能掌握国际市场定位的方法；
✧ 能熟练运用国际市场定位的方法。

【任务描述】

海尔洗衣机如何进入日本市场?

日本的本土家电市场堪称世界顶级的市场，凭借其高品质、高技术含量而独树一帜。日本的著名家电企业有东芝、三菱、夏普、三洋等世界一流企业，由于其家电产品的精细化水平、消费者的苛刻和挑剔，以及当地人对国产品牌的保护意识，令欧美的西门子、惠普，韩国的三星、LG 等众多名牌家电在日本市场耗时 10 余年，也未能创出令人满意的成绩。

海尔集团是如何顺利进入日本家电市场呢？认识到市场是千变万化的，顾客的需求也各有差异，青岛海尔集团凭着"创造市场"的信念，对日本市场进行了深入的调查。经过仔细研究后发现，在日本，单身贵族占了相当大的比例，大约有 1 300 万，单身女性等单身贵族用户拥有的洗衣机容量一般在 4~6 千克，但这样的容量往往得不到充分利用。经过市场调查后，海尔用了半年时间成功实现了 2.3 千克容量洗衣机的产品化——"个人洗衣间"，并于 2002 年 11 月 1 日推向市场。该产品通过减少容量及将功能减少到必要的最低限度，从而使外形尺寸缩小，重量也只有 16.5 千克，并且用水量和耗电量也比 4~6 千克的洗衣机更节省。除揉洗等基本功能外，该机还配备了可以在 13 分钟内完成洗涤的快速模式，这对于单身居住的用户相当有吸引力。产品备有白色、粉色和蓝色三种颜色，完全是按日本消费者的消费意识来设计的。"个人洗衣间"不仅深受日本单身消费者的青睐，还成为日本家庭和医院购买洗衣机的首选。

在"个人洗衣间"迅速走红日本的同时，海尔又通过大量的市场调查，细分市场迅速推出专为日本消费者设计的全自动洗衣机、专为中老年消费者设计的洗衣机，个性化设计及满足单身洗衣需求的差异化性能卖点受到了挑剔的日本消费者的青睐，各系列海尔洗衣机在日本市场全面开花。从个性化的"洗虾机"到"洗荞麦皮"的洗衣机，从小小神童独享市场这块"蛋糕"到手搓式洗衣机一路领跑；从世界首创的第四种洗衣机——"双动力"洗衣机到具有杀菌、消毒功能的"保健家族系列"，都在日本受到消费者的欢迎。

资料来源：王英辉，李文陆. 国际市场分析与营销策略[M]. 北京：中国物价出版社，2002

思考：

（1）海尔是如何进行国际市场细分的？其国际市场细分所依据的标准是什么？

（2）日本家电市场堪称世界顶级，令许多国际著名企业望尘莫及，海尔的做法为什么能够成功？谈谈你的看法。

【任务实施】

满足国际市场上消费者的需求是企业国际营销的目标。然而，由于国际消费者所处环境千差万别，国际企业难以同时满足国际市场消费者的需求。在这种情况下，企业必须按照一定的标准对国际市场进行细分，结合企业自身拥有的相对优势，选择一定范围内的消费者作为自己的目标顾客，并针对市场及产品特点进行合适的定位。只有这样，企业的国际营销活动才有可能达到预期的目标。

一、国际市场细分

（一）国际市场细分的含义和意义

1. 市场细分的含义

"市场细分"的概念由美国市场学家温德尔·史密斯于 1956 年提出，因其具有很强的实践性，一经提出，即成为企业进行营销的制胜法宝。企业必须进行市场细分的根据是市场上消费者的需求具有差异性，消费者有不同的需要，寻找不同的利益，企业应该对市场进行不同区分。市场细分的目的有二：一是同一细分子市场之间的差异减少到最小程度，但不同细分子市场的差异增加到最大程度；二是在市场决策上，针对不同需求的消费者群体企业采取不同的产品或营销组合策略以获得最大利益。因此，市场细分是指企业通过市场调研，依据消费者需求的差异将某一产品的整体市场划分为若干个子市场的过程。其中，每一个消费者群就是一个细分市场，每一个细分市场都是具有类似需求倾向的消费者构成的群体。

2. 国际市场细分的含义

国际市场细分是指国际企业按照国际市场消费者的需求差异，把整个国际市场划分为不同的细分子市场，每一子市场内部的消费者具有相同或相似的需求特征，企业选择其中一个或几个作为自己的国际目标市场。在企业国际目标市场营销战略过程中，国际市场细分是国际目标选择和国际市场定位的基础。

国际市场细分具有两个层次，分别是宏观细分和微观细分。宏观细分是指企业决定在国际市场上选定哪个国家或地区作为拟进入的市场，每一个子市场具有相同或相似的营销环境，企业可以选择某一组或某几个国家作为目标市场。国际宏观细分的标准有地理因素、经济因素、文化因素和组合因素。微观细分类似于国内市场细分，即企业进入海外市场后，依据选定国家或地区消费者的需求差异，进一步细分市场，选择其中一个或几个作为自己所服务的目标市场。和国内市场细分标准一样，消费品市场细分和工业产品市场细分标准存在差异。消费品市场细分标准有地理因素、人口因素、心理因素和购买行为四个方面。工业用品细分标准有地理因素、用户状况、需求特点和购买行为四个方面。

小案例

马西—弗格森公司的宏观细分

加拿大马西—弗格森公司是专业的生产农业机械的公司，20世纪50年代末，它将世界农机市场划分为北美和非北美两大市场，并将其业务重点放在非北美市场，结果由于避免了与其他几个农机行业巨人，如福特汽车公司、迪尔公司、国际收割机公司的直接竞争而取得成功，在非北美市场上获得较高的市场份额并持续盈利。

资料来源：逯宇铎，常士正. 国际市场营销学[M]. 北京：机械工业出版社，2004

3. 国际市场细分的意义

国际市场细分对企业国际市场营销活动的成功具有非常重要的意义，具体表现在以下几个方面。

（1）有利于企业在国际市场上挖掘新的市场机会，开拓新市场。国际企业在市场调查的基础上，根据消费者需求的差异性对整体市场进行划分，可以分析对比不同细分子市场的购买潜力、竞争情况、满足程度等状况，挖掘出有利于本企业的市场机会。相比较而言，市场细分对于小企业尤为重要，因为小企业资源、规模较小，缺乏竞争能力。通过市场细分，根据自己的自身优势，选择一些大企业无暇或不愿顾及、需求相对较小的细分子市场，集中自己的优势满足特定目标市场，在竞争激烈的国际市场上，获得生存与发展。

（2）有利于企业掌握目标市场的特点。国际消费者所处的自然、文化、政治、法律等环境的差异，必然导致各国消费者产品需求存在很大差异性。如果企业不进行相应的市场细分，就无从深入了解企业所服务的对象的特点，针对性营销更无从谈起。反之，进行市场细分的企业，营销目标就有可能成功。例如，宝洁公司是一家美国消费品日用生产商，也是目前全球最大的日用品公司之一。其在洗发水市场细分的程度为宝洁公司的成功奠定了坚实的基础。例如，中国按照地理细分属于亚洲市场，宝洁公司通过细心的化验发现东方人与西方人的发质不同，相对比较硬、干，于是宝洁开发了营养头发的潘婷，满足亚洲消费者的需要。

（3）有利于企业制定市场营销组合策略。市场营销组合是企业在综合考虑产品、价格、渠道和促销等各种因素后而制订的市场营销方案。就某一特定市场而言，特定市场营销组合相比其他营销组合具有较佳的市场表现时，其组合方式一定是市场细分的结果。例如，苹果公司经过对中国市场的详细细分，在手机市场上，给中国消费者提供的是强大技术和优越性质的产品，人群定位于追求时尚的年轻人、白领和商务人士。苹果公司基于市场细分基础上的市场营销组合在中国手机市场上脱颖而出。

（4）有利于企业提高国际竞争力。企业的竞争能力取决于很多客观要素，如资源、技术、资金等，但通过有效的市场细分，企业可以提升一定的竞争能力。经过市场细分，细分市场上竞争者的优势、劣势就能明显地被识别。企业可以根据自己的目标，利用竞争者的弱点，集中人力、财力和物力投入特定的国际目标市场，比竞争者更好地满足消费者的需求，从而提高市场占有率，增强竞争能力。

（二）国际市场细分的标准

1. 国际市场宏观细分

（1）地理细分标准。地理细分是指企业根据国家或地区所在的地理位置、地理环境（城市、农村、地形、气候、交通运输等）来细分国际市场。在国际市场营销实践中，许多跨国公司习惯于按照地理位置将国际市场划分为北美、拉美、西欧、非洲、亚洲、中东几大市场。按照地理位置细分国际市场的好处在于：一方面处于同一地理位置的国家或地区具有相似的自然条件和宗教文化背景；另一方面是随着全球区域经济一体化的兴起，区域经济一体化内部的企业营销环境相同。相似的地理环境有利于企业在多个国家进行国际营销活动。除了地理位置，地理环境也是企业进行宏观细分的一个重要变量。按照地形，全球地貌可以分为平原、山区、丘陵、沙漠等地带；按照气候，又可分为热带、亚热带、温带、寒带等。之所以地理环境也是企业宏观细分的重要变量，是因为地理环境直接影响着人们的生产、生活方式，从而导致不同地理环境的人们消费的内容和结构差异很大。

地理细分标准是企业很容易操纵的变量，但是，企业仅从地理特点细分出来的市场比较笼统，需要结合其他因素进行综合考虑。

（2）经济细分标准。经济细分是指企业按照各国经济发展水平的高低及人均收入等反映国家经济实力的因素划分整个国际市场。最简单的经济细分方法之一是以人均国民生产总值作为衡量指标细分市场。按照世界银行公布的数据，2014年世界各国人均收入可以把全球划分为四种类型，如表4-1-1所示。

表 4-1-1　按照人均国民总收入划分的国家类型（单位：美元）

类型	人均国民收入
低收入国家	1 005 及以下
中等偏下收入国家	1 006~3 975
中等偏上收入国家	3 976~12 275
高收入国家	12 276 及以上

资料来源：http://www.aiweibang.com/yuedu/tech/1053950.html

（3）文化细分标准。文化细分是指企业按照文化的各个要素，如语言、价值观、教育、价值观念等，将国际市场划分为不同的细分子市场。例如，世界上有三大主流宗教：基督教、伊斯兰教和佛教。不同宗教有不同的教规、教义和行为准则，这些均对具有宗教信仰的消费者具有深刻的影响，从而形成不同的需求特征。

>> **小案例** >>

伊斯兰教徒喜欢中国绿茶

长期以来，伊斯兰教国家和拥有大量穆斯林侨民的地区都是中国绿茶出口的旺销地区。这种现象绝非偶然，这是因为伊斯兰教有禁止饮酒的戒律，教徒们必然有寻找酒以外饮品的需求，茶叶清雅幽香非常符合伊斯兰教旨，在伊斯兰世界有着天然市场。因而阿拉伯国家和地区盛行"以茶代酒""以茶兴教"的消费习惯，沿袭成俗，饮用茶饮料在伊斯兰教徒们生活里自然根深蒂固。如今绿茶成为穆斯林一项重要的生活必需品。在茶叶包装上如再配上伊斯兰教情调图案，则茶叶就更易成为抢手货。

资料来源：http://www.xzbu.com/8/view-3134097.htm

（4）组合细分标准。无论是地理细分、经济细分或文化细分，各有其优、缺点。里兹克在 1980 年提出了一种以战略计划为基础的新的国际市场细分方法，称为组合细分法。根据国家潜量、竞争力和风险三个方面，组合细分法可以把各国分成 18 类，如表 4-1-2 所示。

表 4-1-2　组合细分法

		竞争力				
	一	强	中	弱	一	
风险	高	1	2	3	大	国家潜量
		4	5	6	中	
		7	8	9	小	
	低	10	11	12	大	
		13	14	15	中	
		16	17	18	小	

组合细分标准中，国家潜量是指企业产品或服务在该国市场上的销售潜量。对竞争程度的估计包括内部和外部两类因素，内部因素是指企业在该市场进行经营活动的资源情

况，外部因素是指竞争对手的竞争力和来自替代品行业的间接竞争。风险大小是指企业在该国面临的政治风险、财务风险、业务风险及其他不确定因素。

国际市场组合细分法的优点是：第一，该方法使用三类指标，更全面反映了国际营销环境；第二，把风险单独作为一类指标更符合实际情况；第三，每一类指标都由若干因素构成，更准确描述市场特征。国际市场组合细分法的缺点是实施比较复杂，需要掌握大量信息，要求企业事先进行大量的调查和研究，而且有些因素定性成分很重，很难分级。

2. 国际市场微观细分

如果说国际宏观细分是对全球市场进行粗略的划分的话，国际微观细分则是企业对选定的一个或几个国家或地区进行进一步的细分。从细分标准的角度来看，国际市场微观细分大体上分为两类：消费品市场细分标准和工业品市场细分标准。

（1）国际消费品市场细分标准。消费品主要是为了满足个人或家庭消费的需求，消费品市场大多带有个人消费行为的特征，所以消费品市场也被称为个人市场。年龄、性别、教育程度、收入等都会成为影响消费者个人需求的因素。因而，国际消费品市场主要细分标准，如表4-1-3所示。

表 4-1-3　消费品市场细分标准

细分标准	具体因素
地理细分	国家、区域、气候、地形、城市与农村、人口密度、交通与通信等
人口细分	年龄、性别、籍贯、民族、种族、文化程度、宗教信仰、收入、家庭规模等
心理细分	性格、生活方式、购买动机、社会阶层等
行为细分	使用频率、追求利益、品牌忠诚度、价格敏感度等

地理细分是按照消费者所处地理位置来细分市场。例如，城市、农村和郊区；沿海、内地；平原、高原和山区；等等。地理位置不同，气候、习俗、交通设施等存在差异，消费者对同一产品的花色、款式、质量等方面的要求也不相同。例如，中国北方和南方冬季气候差异较大，对服装要求的花色差别就很大。

人口因素是消费者市场上最常用的细分标准，因为它直接影响消费者的需求特征，而且也比其他的因素更易辨认和衡量。人口细分包括性别、年龄、文化程度、收入水平、宗教信仰、家庭规模等标准。例如，牙膏市场，企业可以根据年龄大小将消费者划分为儿童牙膏、青年牙膏、中老年牙膏三个子市场；也可以按照按性别划分为男性、女性两个子市场。

心理细分是指按照消费者的生活方式、爱好、性格、气质、购买动机等心理特征来细分市场。人们的心理状态直接影响其购买趋向，特别是在富裕国家，人们购买产品已不限于满足其基本生活需要，而是能显示其身份地位、个性等方面的独特需求。国际营销者应注意不同国家或地区消费者的心理趋向各有特点。例如，美国人好奇心较强，新奇的产品在美国只要善于广告宣传，消费者形成热潮之后，必能获利。中国的香港地区有类似趋势。而西欧国家相对较保守，商家往往不能依靠稀奇的产品招徕顾客，品牌对西欧消费者有很强的吸引力。

行为细分是指按照消费者所追求的利益、使用频率、品牌的忠诚度等因素来细分国际消费者市场。行为因素是市场细分中很重要却往往容易被忽视的因素，因为消费者购买行为特征比较抽象，企业在细分市场前必须进行详尽的调研才能更合理地进行市场细分。根据消费者使用某一产品的数量大小细分市场，可分为大量使用者、中度使用者和轻度使用者。大量使用者人数可能并不很多，但他们的消费量在全部消费量中占很大的比重。例如，美国一家公司发现，美国啤酒的80%是被50%的顾客消费掉的，另外50%的顾客的消耗量只占消耗总量的12%。因此，啤酒公司宁愿吸引重度饮用啤酒者，而放弃轻度饮用啤酒者，并把重度饮用啤酒者作为目标市场。公司还进一步了解到大量喝啤酒的人多是工人，年龄在25~50岁，喜欢观看体育节目，每天看电视的时间在3~5小时。很显然，根据这些信息，企业可以大大改进其在定价、广告传播等方面的策略。

小案例

按国际消费品市场细分标准来细分国际服装市场

第一，按地理位置，将国际服装市场细分为北美、拉美、非洲、西欧、亚洲、中东等几大市场。第二，按性别，将这几大市场细分为男性和女性两个服装市场。第三，按性别、内、外衣，将男、女两个市场细分为男性内衣与外衣，女性内衣与外衣的四个服装市场。第四，按照年龄大小，又可以将人生划分为婴幼儿、儿童、少年、青年、中年、老年六个年龄阶段，从而细分为6个服装市场。第五，按服装种类，又可以细分为上衣、大衣、夹克衫、裤子、裙子等服装市场。

资料来源：钱晋，钱钶，段珺主. 国际市场营销学[M]. 南昌：江西高校出版社，2011

（2）国际工业品市场细分标准。工业品市场细分标准借鉴了消费品市场细分的标准，但更多的是与工业品市场需求特征相一致。根据工业品市场需求量大、购买次数少、重复购买等特点，工业品用户在做购买决策时，质量、价格、性能、交货、服务五个因素往往影响其购买，企业根据用户对这些不同选择因素进行细分，即可获得市场竞争优势。

最终用户。因最终用户的不同，企业用户对产品的需求存在很大的差异。例如，赤道附近的汽车整车厂和北极附近的整车厂对汽车轮胎的要求差异很大，前者要求轮胎具备防热、防融化能力；后者要求轮胎具备较强的防滑能力。

用户规模。用户规模的大小会影响其购买过程、所需产品类型及数量等。企业可以根据用户规模大小进行市场细分。例如，钢材市场，造船公司、建筑公司、汽车制造公司对钢材需求量很大，均以数万吨计算，而一些小的机械加工企业，年购买量也不过几吨或几十吨。用户规模不同，企业组合营销方案也相应有所差异。对于钢铁需求量大的用户，企业应该直接联系、直接供应，在价格、信用等方面给予更多优惠；而对需求量小的用户，企业则应使产品进入商业渠道，由批发商或零售商去组织供应。

购买组织的特点。购买组织的特点是指企业的组织结构和组织系统，购买决策产生的过程中，哪些人参与决策过程，参与决策的人都起什么作用。由于国际工业品市场的购买者都是集团购买，所以，集团的特点是工业品市场重要的细分标准。参与企业购买决策的人员和数量大小往往同所购买的产品、企业规模、管理模式有关，如果企业采购的是价值较少的原材料，参与购买决策的人会很少；但如果购买价值很大的成套设备，参与购买决策的人会包括技术人员、管理人员、采购人员等。

（三）国际市场细分应注意的问题

1. 国际市场细分的变量个数适宜为佳

国际市场细分的变量个数与消费者需求差异的大小密切相关。消费者需求差异较小的产品或服务可以采用单一细分变量；消费者需求差异较大的产品或服务可采用双因素或多因素细分变量，以保证细分市场的有效性。

2. 反对过度细分市场

企业进行国际市场营销活动，市场细分是获取营销目标的基础，但国际市场细分的变量并不是越多越好。如果采用了过多的变量进行市场细分，各个细分子市场过小，会导致企业选择目标市场无所适从，又让企业营销活动缺乏效率。

3. 注重市场细分的动态性

在国际市场上，消费者需求和竞争者状态无时无刻不在发生着变化，企业应注意市场信息的收集，在必要时调整国际市场细分。

二、国际目标市场的选择

（一）国际目标市场选择的标准

目标市场是指企业决定进入的某一个或某几个细分子市场，即企业为之服务的子市场。企业选择目标市场的过程，就是对各细分市场进行评估的过程。企业选择国际目标市场的总体标准是要充分利用企业的资源以满足目标市场消费者的需求。具体来说，国际目标市场选择的标准有以下几个。

1. 细分市场当前的规模和增长潜力

细分市场当前的规模主要是考虑子市场的容量、规模经济、低风险，增长潜力是指子市场将来的成长性、盈利率等。从全球角度挑选目标市场具有一定的优势，单个国家的目标市场范围可能过小，但几个国家如果存在同样的子市场，那么企业的选择就是有意义的，企业可以通过采用标准的产品和服务满足子市场的需求并获得盈利。

2. 竞争态势

根据比较竞争优势理论，企业应避免竞争过于激烈的子市场。在众多的竞争者中，本地品牌常常是新进入的国际企业的最大威胁，他们具有渠道优势、本土消费者认同及地方保护政策等竞争优势。因此，国际企业通过进行更多或不同类型的促销以应对本土强势品牌，也可以通过收购或联营的方式进行相应国际营销活动。

3. 企业的目标和资源

企业选定的子市场和企业的目标和资源相吻合是国际营销活动获得成功的必要前提。一方面，有些子市场可能具有很大的吸引力，但和企业的长远目标不相符合，则企业就要放弃；另一方面，国际企业须考虑自身所具有的技术和资源是否能满足所欲选定的目标市场，技术是指企业为目标市场提供产品或服务所具有的内在能力，资源是指企业的分销、人力资源等支撑能力。

4. 道德因素

在国际市场上，细分市场和随后进行的营销策略，往往因为道德问题引起争议。例如，麦当劳虽然是国际快餐业市场的领导者，但在美国和欧洲，遭到许多人的批评，因其对低收入的城市居民提供高脂肪、多盐的食品。

小案例

教民的愤怒——索尼公司录音机广告

索尼公司在泰国为其新款录音机设计并刊播了一个大胆的广告，该广告以佛祖释迦牟尼为模特，随着录音机优美音乐的响起，双目紧闭的释迦牟尼也凡心萌动，睁开双眼并跟着音乐的节拍跳起舞来。此广告刚一刊播，即受到广大泰国民众的抗议，认为这则广告是对佛祖的亵渎，是对泰国民众宗教信仰的极不尊重。

资料来源：周公立. 现代广告学教程[M]. 上海：上海财经大学出版社，2005

5. 易反应性

易反应性是指企业能在欲选定的目标市场有效地制定营销战略、策略，并能有效地付诸实际。同时，企业在国际目标市场上要能便利地调整其目标市场营销战略、策略，以应对各种可能的市场变化。

（二）国际目标市场营销战略

国际企业对各个细分子市场评估之后，选定适合自身资源和能力的目标市场，还需要为各目标市场选择合适的营销战略。国际企业可以从以下三种战略类型中进行选择，分别是无差异性营销战略（undifferentiated marketing strategy）、差异性营销战略（differentiated marketing strategy）、集中性营销战略（concentrated marketing strategy）。

1. 无差异性营销战略

无差异性营销战略是指企业关注细分子市场之间的共性，忽视子市场之间的个性，以统一的产品、同样的销售渠道、统一的价格和促销方式向全球市场进行营销活动，即国际企业采取一种营销组合应对全球市场。无差异性营销战略，如图 4-1-1 所示。

$$\boxed{营销组合} \longrightarrow \boxed{全球市场}$$

图 4-1-1　无差异性营销战略

无差异性营销战略的实施主要涉及以下几个方面的内容。

（1）无差异性营销战略适用条件：无差异或差异性较小的市场。

（2）无差异性营销战略的思路：忽略个性，重视共性，将整体市场作为目标市场，供应单一化的产品，应用单一的营销组合以减少营销成本，获取经济效益。

（3）无差异性营销战略的优点：形成规模经济，降低生产、分销及促销成本；在全球建立统一的品牌形象。

（4）无差异性营销战略的缺点：忽视市场的个性需求，不能满足不同国家、不同消费者的需求；极易造成全球市场的激烈竞争。

2. 差异性营销战略

差异性营销战略是指国际企业根据不同细分子市场的需求特点，应用不同营销组合，满足不同细分子市场的需求，以获取市场规模和竞争优势。差异性营销战略如图 4-1-2 所示。

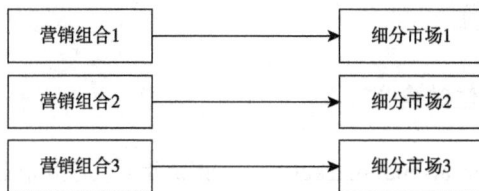

$$
\begin{array}{lcl}
\boxed{营销组合1} & \longrightarrow & \boxed{细分市场1} \\
\boxed{营销组合2} & \longrightarrow & \boxed{细分市场2} \\
\boxed{营销组合3} & \longrightarrow & \boxed{细分市场3}
\end{array}
$$

图 4-1-2　差异性营销战略

差异性营销战略的实施主要涉及以下几个方面的内容。

（1）差异性营销战略适用条件：拥有雄厚财力、较强技术能力及较高水平促销队伍的企业；销售额扩大带来的收入大于进入不同子市场的投入。

（2）差异性营销战略的思路：关注不同消费者的不同需求。

（3）差异性营销战略的优点：满足不同消费者需求，降低经营风险；和无差异性营销战略相比，能获得较大的销售额；提高企业相对竞争优势。

（4）差异性营销战略的缺点：生产成本、调研成本、促销成本及管理成本等营销成本高。

3. 集中性营销战略

集中性营销战略是指企业运用一种营销组合专门为某一个或某几个细分子市场提供服务，以产品的高度差异化在目标市场上赢得竞争优势，从而获取较高的利润。集中性营销战略如图 4-1-3 所示。

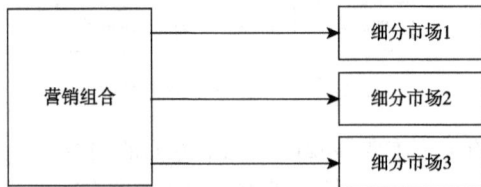

4-1-3　集中性营销战略

集中性营销战略的实施主要涉及以下几个方面的内容。

（1）集中性营销战略适用条件：实力较弱的中小企业。

（2）集中性营销战略的思路：集中精力进入某一个或某几个细分子市场，为选定的目标市场提供独特的产品，进行高度专业化的生产和销售。

（3）集中性营销战略的优点：符合中小企业资源有限的特点，集中力量为目标市场提供最好的服务。

（4）集中性营销战略的缺点：市场区域相对较小，企业发展受到限制；具有较大的经营风险，一旦目标市场突然发生变化，如消费者偏好转移、强大竞争对手的进入、新的更有吸引力的替代品的出现，都可能使企业因没有回旋余地而陷入困境。

三、国际市场定位

（一）国际市场定位的含义

国际市场定位（international marketing positioning）是指企业在国际市场细分的基础上，根据国际消费者的需求给自己的产品在市场上确定一个合适的位置。在企业的营销活动中，市场细分和市场定位是不可分割的一对孪生兄弟。市场细分的目的是区别对待具有不同需求的消费者，把需求相同的消费者分为一组，以便企业选择适合自身发展的目标市场并为目标市场消费者提供合适的产品。而产品市场定位恰好就是通过研究这些不同组的消费者对某品牌产品的感知、认知、态度、需求等特性，并根据他们的需求充分优化产品中他们更为喜欢的方面，从而达到更加突出自己产品或品牌这些方面特征的目的，并使自己的这些产品与自己的其他产品不同，与竞争对手的产品不一样。因此，市场定位所塑造的不是产品在市场中的物理位置，而是心理位置，它取决于购买者如何来认识这种产品。

星巴克在中国的市场定位

星巴克在 20 世纪 90 年代后期登陆中国大陆市场，定位在曾经"稀少"的中高端人群，起初"曲高和寡"，后来还是在中国市场，星巴克获得了前所未有的"高歌猛进"。它的成功之处，就在于它是"面对"着消费者，而不是"背对"着消费者。

100 多年前，星巴克是美国一本家喻户晓的小说里的主人公的名字。1971 年，3 个美国人开始把它变成一家咖啡店的招牌。

1987 年，霍华德·舒尔茨和他的律师，也就是比尔·盖茨的父亲，以 380 万美元买下星巴克公司，开始了真正意义上的"星巴克之旅"。

如今，星巴克咖啡已经成为世界连锁咖啡的第一品牌。星巴克咖啡已经在全球 38 个国家和地区开设 13 000 家店。虽然传统意义上"根红苗正"的咖啡并非起源于美国，但星巴克咖啡目前已经俨然是这些品类最"正宗"的代名词。1999 年 1 月 11 日，北京国贸中心一层开设了第一家星巴克咖啡店，这意味着星巴克开始了美妙的中国之旅。

那么，星巴克在中国是怎样进行市场定位的呢？

1. 在中国，星巴克征服的不仅仅是消费者的胃

在网络社区、博客或者文学作品的随笔中，不少人记下了诸如"星巴克的下午"这样的生活片断，似乎在这些地方每天发生着可能影响着人们生活质量与幸福指数的难忘故事："我奋斗了五年，今天终于和你一样坐在星巴克里喝咖啡了！"此时的星巴克还是咖啡吗？不，它承载了一个年轻人奋斗的梦想。这种细腻的感情、美妙的感觉，不仅仅是偶然地在一个消费者心中激起的涟漪，而是形成一种广泛的消费共鸣。我们不得不承认，星巴克的成功与准确的品牌定位不无关系。

2. 星巴克的"第三空间"

关于人们的生存空间，星巴克似乎很有研究。霍华德·舒尔茨曾这样表达星巴克对应的空间：人们的滞留空间分为家庭、办公室和除此之外的其他场所。第一空间是家，第二空间是办公地点。星巴克位于这两者之间，是让大家感到放松、安全的地方，是让你有归属感的地方。20 世纪 90 年代兴起的网络浪潮也推动了星巴克"第三空间"的成长。于是星巴克在店内设置了无线上网的区域，为旅游者、商务移动办公人士提供服务。

其实我们不难看出，星巴克选择了一种"非家、非办公"的中间状态。舒尔茨指出，星巴克不是提供服务的咖啡公司，而是提供咖啡的服务公司。因此，作为"第三空间"的有机组成部分，音乐在星巴克已经上升到了仅次于咖啡的位置，因为星巴克的音乐已经不单单只是"咖啡伴侣"，它本身已经成了星巴克的一个很重要的商品。星巴克播放的大多数是自己开发的有自主知识产权的音乐。迷上星巴克咖啡的人很多也迷恋星巴克音乐。这些音乐正好迎合了那些时尚、新潮、追求前卫的白领阶层的需要。他们每天面临着强大的生存压力，十分需要精神安慰，星巴克的音乐正好起到了这种作用，确确实实让人感受到在消费一种文化，催醒人们内心某种也许已经快要消失的怀旧情感。

所以，"我不在星巴克，就在去星巴克的路上"，传递的是一种令人羡慕的"小资生活"，而这样的生活也许有人无法天天拥有，但没有人不希望"曾经拥有"。这就是品牌定位的魅力！

资料来源：http://wenku.baidu.com/view/4ce56de819e8b8f67c1cb962.html

（二）国际市场定位的步骤

国际市场定位需要循序渐进，通过识别企业自身潜在竞争优势、选择核心竞争优势和制定发挥核心竞争优势战略三个步骤来实现。

1. 识别自身潜在竞争优势

国际企业识别自身潜在竞争优势是进行市场定位的基础。在竞争激烈的市场环境中，企业竞争优势往往表现在两个方面，即成本优势和产品差异化优势。成本优势是指企业和竞争者相比，提供的产品或服务在质量相同的情况下价格更低，或者相同价格但质量更好；产品差异化优势是指企业和竞争者相比，提供的产品或服务独具特色，且满足消费者需求。为此，国际企业需要在两个方面进行深入的研究：一是进行详细的市场调查研究，切实了解目标市场需求和需求被满足的程度；二是正确评估主要竞争者的优势和劣势，做到知己知彼，百战不殆。主要竞争者的业务经营情况、竞争者的核心营销能力及竞争者的财务能力都是企业进行正确评估竞争者的基础。

2. 选择核心竞争优势

在识别自身潜在竞争优势的基础上，国际企业需要选择自身的核心竞争优势。所谓核心竞争优势主要是指和竞争对手相比，企业的相对竞争优势，即企业在产品开发、销售渠道、服务质量、品牌知名度等方面有明显的差别优势。那么，如何取得企业的核心竞争优势呢？显然，核心竞争优势的获取和企业整体营销过程密切相关。国际企业在识别自身竞争优势时，对所有营销活动进行分类，在经营和成本等主要环节和竞争者进行对比，从而挖掘自身核心竞争优势，并在市场上着力打造。

3. 制定发挥核心竞争优势的战略

企业的核心竞争优势并不会自动在市场上显现出来，需要企业通过合适的战略在市场上展现。合适的市场战略是企业核心竞争优势显现的桥梁或途径。国际企业可以通过广告等多种途径传播核心竞争优势，形成自身独特核心竞争优势的市场概念，并使这种市场概念与消费者所追求的功能及利益相吻合。例如，在中国众多企业中，海尔集团的"真诚到永远"的服务宗旨，是深深镌刻在消费者心目中的核心竞争优势。

（三）国际市场定位策略

从竞争的角度看，市场定位表现了企业或一种产品与其他企业及其他产品之间的竞争关系。定位不同，竞争态势也不相同。在市场定位过程中，企业一方面要了解竞争者的产品定位；另一方面要研究消费者对该产品各种属性的重视程度，随后选定企业产品属性特色，进行合适的市场定位。

1. 产品定位

产品定位是指企业根据消费者的需求和对产品不同属性的重视程度，凸显自身产品与竞争者的区别，塑造产品鲜明的个性，以在目标顾客心中留下"恰当"的位置。即使是同一产品，消费者的需求具有很大的差异，国际企业可以从产品不同属性进行定位。例如，产品属性定位（性能、构成、形状、大小等方面）；适应顾客心理定位（豪华、气派、时髦、朴素等方面）；产品价格定位（高价或低价）；产品档次定位（高档、中档、低档方面）。

2. 需求定位

需求定位是指从消费者对产品的需求层面来划分不同消费者群。主要包括两种策略。

（1）消费者利益定位。消费者在购买产品之前，不仅关注产品本身的功能，更关注产品给自身带来的利益及使用中满足需求的程度。例如，牙膏产品，除了具有保持牙齿清洁的功能外，企业还赋予牙膏防蛀虫、清新口气、增白等作用，以使消费者在清洁牙齿的同时还能得到其他方面的利益。根据消费者追求的利益进行定位的策略能在市场上广泛应用。例如，洗涤品市场、化妆品市场及洗发用品市场等。

（2）消费者类型定位。国际企业根据市场调查，深入掌握不同使用者的特点，使自己的产品主动迎合不同类型消费者的需求。例如，奶粉市场，从年龄划分，可以分为婴幼儿奶粉、学生奶粉、中老年奶粉；从性别划分，可以分为男士奶粉、女士奶粉。另外，把品牌与消费者结合起来，有利于增进消费者的归属感，使其产生"这个品牌是为我量身定做"的感觉，如金利来的"男人的世界"、万宝路香烟的"万宝路的男人"、哈斯维衬衫的"穿哈斯维的男人"的定位。

3. 市场空档定位

市场空档定位是指企业经过市场分析发现未被竞争对手占领的市场空白点，从而占领该市场空档。任何企业的产品都不可能占领同类产品的全部市场，也不可能拥有同类产品的所有竞争优势。只要企业善于挖掘，总能找到适合自身优势的市场空档。产品可以根据使用量上的空档进行定位。每个人的消费习惯不同，有人喜欢小包装，方便携带，可以经常更新；而有人喜欢大包装，一次购买长期使用。利用使用量上的空档，有时能取得意想不到的效果。就像洗发水，从2毫升的小包装袋到200毫升、500毫升的瓶装，满足了不同消费者的需要，增加了销售量。

>> 小案例 >>

美国西南航空公司的低价市场空档定位

20世纪90年代，美国航空业很不景气，1992年全行业亏损20亿美元。与此种萧条氛围形成较大反差的是，美国西南航空公司却连创佳绩，1992年该公司的营业收入增长了25%。西南航空公司的成功主要归功于消费者对其低价的认同。为了宣传自己的低价形象，公司总裁克莱尔曾亲自走入电视台热点新闻节目。在节目中，克莱尔头顶一只公文包，说如果哪位乘客为乘坐该公司航班机而感到寒碜的话，公司就送他一个这样的包。当主持人问为什么时，克莱尔说："装钱呀！乘坐西南航空的航班所省下的钱可以装满整整一包。"

资料来源：http://wiki.mbalib.com/wiki/空档定位

4. 竞争定位

竞争定位是根据竞争对手的产品情况，从而确定本企业产品的市场地位。采用此策略时必须考察竞争对手的产品定位是如何形成的。常用的竞争定位策略包括迎头定位和避强定位。

（1）迎头定位。迎头定位是国际企业把自己产品定位在竞争对手产品的旁边，有着与竞争对手平分秋色的意味。迎头定位具有两面性：一方面和竞争对手比肩而战有危险性，另一方面，可以激励企业勇于竞争，一旦成功就会获利。例如，百事可乐与可口可乐之间持续的竞争；麦当劳与肯德基在中国市场上的明争暗斗；等等。

（2）避强定位。避强定位是和迎头定位相反的一种定位策略，避强定位是指国际企业避开强有力的竞争对手的市场定位。避强定位的优点在于能够迅速在市场中站稳脚跟，能够在消费者心目中树立起一种形象。其缺点在于，有时候获得的市场利润较小。例如，美国的"七喜"饮料，为了避免和可口可乐与百事可乐发生正面的冲突，把自己定位于非可乐型饮料，获得了一定的市场份额。

5. 重新定位

当企业产品定位失败或不符合企业原先预期时，为了改变消费者对产品的原有印象，对产品在消费者心目中的位置进行重新界定的方法就是重新定位。重新定位的目的是使企业摆脱困境、走出低谷，获得利润或效益。有时候，产品销售的限制也会引发产品的重新定位。例如，宝洁公司的婴儿沐浴露、洗发水等用"宝宝用好，您用也好"的广告语促进成年人也使用此产品。

【任务小结】

国际企业资源的有效性和消费市场需求的差异性，促使国际企业必须依照一定的标准进行市场细分。国际市场细分包括宏观细分和微观细分两个步骤。国际宏观细分标准有地理、文化、经济和组合标准；国际微观细分又分为国际消费品市场细分和工业品市场细分两部分，国际消费品市场细分变量包括地理变量、人口变量、行为变量和心理变量；国际工业品市场细分变量除了可以使用一些消费者市场细分变量之外，还具有与自身购买特点相一致的细分变量，即最终用户、用户规模、购买组织的特点等变量。

国际企业在市场细分的基础上，结合自身的人、财、物优势选择某一个或某几个细分市场作为自己为之服务的市场，即选择目标市场。国际企业依照细分市场当前的规模、增长潜力、竞争态势、道德因素、易反应性五个标准来选择目标市场；国际目标市场营销战略包括无差异性营销、差异性营销和集中性营销三种类型。

国际市场细分和国际目标市场的选择是企业国际市场定位的前提条件。国际市场定位包括识别潜在竞争优势、选择核心竞争优势、制定发挥核心竞争优势战略三个步骤；国际市场定位策略主要有产品定位、竞争导向定位、需求定位和重新定位等。

【相关知识】

从世代角度看中国消费者市场细分

中国在 20 世纪走过了西方国家几个世纪走过的历程，经历了民主革命、抗日战争、解放战争、新中国建立、改革开放、经济体制改革等一系列重大历史事件，中国消费者的代际特征十分明显。

德国消费者行为学家霍尔马特·斯屈特是第一个系统地研究中国消费者行为的西方学者，其首次研究了中国消费者的世代划分问题。斯屈特认为中国的近代史跌宕起伏，国家从分裂走向统一，人们经历了许多重大的社会动荡和变革，社会主义信仰在经历了战争年代的人们心中生根发芽，"文化大革命"则造成教育发展停滞，改革开放重新带来了希望，这一系列的重大历史事件对中国人的消费心理和行为都产生了很大的影响。斯屈特依照中国在 20 世纪发生的一系列历史事件，将中国消费者按世代细分为三代：1945 年以前，"社会主义信仰者"世代，主要经历了抗日战争、解放战争等历史事件；1945~1960 年，"失落"世代，早年主要经历了"大跃进""文化大革命"等历史事件；1960 年以后，"关注生活方式"世代，早年主要经历了恢复高考、经济体制改革、计划经济向市场经济转型、互联网发展等历史事件。

20 世纪 80 年代开始，世代划分理论引入国内学术领域。国内学者杨东平于 1997 年在《代际冲突和独生子女的一代》中肯定了人口结构、生育模式对世代划分的影响，并指出我们在逐渐进入一个代际淡化的时代，未来世代划分的标准将是多子女的一代、独生子女的一代、独生子女以后的一代。在此基础上，阳翼、卢泰宏于 2004 年在《中国独生代消费形态实证研究：意义与方法》中进一步清晰地界定了独生代（the only childgeneration）——1979 年以后出生的中国独生子女。这代人生长在中国改革开放以后、经济高速增长、中西文化不断碰撞的社会背景下，同时，由于国家实行计划生育政策，其生活在没有兄弟姐妹、父母溺爱等特殊的家庭环境。

刘世雄、周志明于 2002 年在《从世代标准谈中国消费者市场细分》中认为斯屈特对中国消费者的世代划分过于笼统，1960 年以后，中国发生了"文化大革命"、恢复高考、改革开放、计划经济向市场经济转型等一系列重要历史事件，不能将 1960 年以后出生的人简单地划分成一代人。其对 1960 年以后出生的消费者进一步细分，具体分为 1960~1970 年"幸运的一代"；1970~1980 年"转型的一代"；1980 年以后"e 一代"，并根据霍夫斯泰德文化价值观维度理论构建了每一个世代的消费者的轮廓，如表 4-1-4 所示。

表 4-1-4　中国消费者世代划分标准

世代名称	出生年代	经历的主要历史事件	核心价值观与生活态度
传统的一代	1945 年以前	抗日战争；解放战争；共产主义思潮	集体主义高；不确定性回避高；权力距离高；女性化程度高
文革的一代	1945~1959 年	社会主义初步探索时期	集体主义居中；不确定回避高；权力距离中；两性价值观为中性

世代名称	出生年代	经历的主要历史事件	核心价值观与生活态度
幸运的一代	1960~1970 年	恢复高考；国家包分配；经济体制改革机遇	个人主义与集体主义呈中性；两性价值观为中性
转型的一代	1970~1980 年	计划经济向市场经济转型；高考扩招	个人主义呈中性；不确定回避中；权利距离高；男性化程度高
"e 一代"	1980 年以后	互联网快速普及；电子商务高速发展；数码产品应接不暇	个人主义高；不确定回避低；权力距离低；男性化程度高

资料来源：邓勇，陈倩，叶生洪. 消费者世代划分标准研究综述[J].中国商贸，2012，（35）：246-247

【实践能力拓展】

（一）案例

欧莱雅中国市场的品牌定位

自 1996 年成功收购了美宝莲品牌之后，欧莱雅不仅扩大了它在全球市场的产品线，还取得了全面进入中国市场的机会。通过美宝莲的销售渠道，欧莱雅迅速渗透到中国化妆品市场，并凭借其先进的运营方式及对中国消费者及市场的准确把握，在中国的业务突飞猛进，冲击着宝洁等大型跨国企业在中国的市场份额。目前，欧莱雅已成为中国市场上最知名的跨国企业之一，并成为最受中国消费者喜爱的外国品牌之一。

事实上在欧莱雅进军中国市场之前，就已经有像宝洁这样的大众化洗化品牌及完美等高端品牌在中国占有一定的市场份额，并且中国本土品牌，如丁家宜、大宝、东洋之花、隆力奇等，在当时也有相当的消费群体。在这样的形势下，欧莱雅作为一个外来的新品牌能迅速渗透到中国市场占据一定地位，与其精准、细化的定位有着不可分割的联系。

阿尔·里斯与杰克·特劳特在《定位》一书中说，"定位是你对预期客户要做的事。"换句话说，你要在预期客户的头脑里给产品定位。因此在预期客户头脑中构建属于你的形象显得尤为重要。

1. 高、中、低档定位策略

欧莱雅公司采取多品牌战略对所有细分市场进行全面覆盖策略，按照欧莱雅中国总经理盖保罗所说的金字塔理论，欧莱雅在中国的品牌框架包括了高端、中端和低端三个部分，这是针对不同收入阶层的消费者的定位，以消费能力为定位标准。

（1）塔尖部分为高端产品，约有 12 个品牌构成，如第一品牌的赫莲娜，无论从产品品质和价位都是这 12 个品牌中最高的，面对的消费群体的年龄也相应偏高，并具有很强的消费能力；第二品牌是兰蔻，它是全球最著名的高端化妆品品牌之一，消费者年龄比赫莲娜年轻一些，也具有相当的消费能力；第三品牌是碧欧泉，它面对的是具有一定消费能力的年轻时尚消费者。欧莱雅公司希望将其塑造成大众消费者进入高端化妆品的敲门砖，价格也比赫莲娜和兰蔻低一些。它们主要在高档的百货商场销售，兰蔻在 22 个城市有 45 个专柜，目前在中国高端化妆品市场占有率第一，碧欧泉则是第四。

（2）塔中部分为中端产品，所包含品牌有两大块：一块是美发产品，有卡诗和欧莱雅专业美发，其中，卡诗在染发领域属于高档品牌，比欧莱雅专业美发高一些，它们销售渠道都是发廊及专业美发店。欧莱雅公司认为，除产品本身外，这种销售模式也使消费者有机会得到专业发型师的专业服务。还有一块是活性健康化妆品，有薇姿和理肤泉两个品牌，它们通过药房经销。欧莱雅，率先把这种药房销售化妆品的理念引入了中国。

（3）塔基部分是指大众类产品，在中国大众市场中，欧莱雅公司目前共推行 5 个品牌，其中，巴黎欧莱雅是属于最高端的，它有护肤、彩妆、染发等产品，在中国 500 多个百货商场设有专柜，还在家乐福、沃尔玛等高档超市有售。欧莱雅的高档染发品已是目前中国高档染发品的第一品牌。第二品牌是羽西，羽西秉承"专为亚洲人的皮肤设计"的理念，是一个主流品牌，在全国 240 多个城市的 800 家百货商场有售。第三品牌是美宝莲——来自美国的大众彩妆品牌，它在全球很多国家彩妆领域排名第一，在中国也毫不例外，目前已经进入了 600 个城市，有 1.2 万个柜台。第四品牌是卡尼尔，目前在中国主要是引进了染发产品，它相比欧莱雅更大众化一些，年轻时尚，在中国 5 000 多个销售点有售。第五品牌是小护士，它面对的是追求自然美的年轻消费者，市场认知度 90%以上，目前在中国有 28 万个销售点，网点遍布了国内二、三级县市。

并且，为了给开拓广大低端市场做准备，收购中国品牌便成为它便捷的途径。2003 年至 2004 年，欧莱雅接连收购小护士和羽西两大本土品牌，其中小护士在 2004 年是中国排名第 3 的护肤品品牌，仅次于玉兰油和大宝，拥有 5%的市场占有率，品牌知名度更高达 90%，在 20 岁以下的年轻人当中有 90%的人知道小护士品牌，这对于欧莱雅通过一系列的别具特色的公关策划打造拓展二、三级城市有很大帮助。这也表明在完成高端市场的布局后，欧莱雅正在杀入中国的大众品市场。

2. 针对不同年龄层次预期客户的定位策略

不同年龄层次的人的皮肤有不同特质，欧莱雅从专业角度为每一年龄层的消费者打造专属于他们的护肤系列。例如，清润全日保湿系列适合 18~25 周岁人群使用，而复颜抗皱紧致系列则适用于 35 周岁以上的消费者。这样专业、贴心的分类设计，在预期客户头脑中的印象肯定不错。

3. 针对不同性别的预期客户的定位策略

在传统观念中，护肤品好像专属于女士，男士很少涉及。但随着人们对生活质量的要求日益提高及对外在形象的日益关注，男士也对护肤、美容等有了一定需求。不知道欧莱雅是不是第一个关注男士护肤的，但它应该是最成功地在人们心中树立"著名男士护肤品品牌"的集团，并且欧莱雅男士护肤品广告，大多是邀请外形帅气、气质优雅的男明星作模特，无疑使宣传力度大增。

欧莱雅正是通过"找空子"的方法，在其他竞争者都很少关注的领域拔得头筹。首先他们了解大众的定位，其次，他们向预期客户头脑里固定的思维提出了挑战。

资料来源：http://3y.uu456.com/bp_40o814pibm8ojis8frh5_1.html

（二）案例分析

在信息爆炸与传播过度的时代，消费者每天接受的信息已远远超过其可接受与记忆的范畴，并且不同种类、不同品牌的产品多如毛发，消费者不能、也不愿一并接收。时代已经改变，再也不是那个只以产品论成败的年代，现在的营销策略应该以"定位"为前提，既然做不了"第一"，那就必须进行准确的定位，在你的预期客户头脑中争得一席之地，不论你是要重新在他们头脑中建立一个形象，还是通过推翻其他的产品形象以凸显自己的地位。

（三）实践困境讨论

关于国际市场定位，有以下问题值得我们探讨。

1. 产品如何通过定位占据消费者的心智？

定位的本质就是利用品牌去占有顾客心智的某种"心智资源"。企业通过品牌运作，占有顾客某个心智资源，然后通过代言品类构建起认知标准，赢得顾客的优先选择，并且能有效地防范负面认知。这样品牌就在消费者心智中构筑了一个坚实的堡垒。

纵观国际市场中，但凡成功的品牌，都是在顾客心智中成功占据某个心智资源。例如，麦当劳代表着快餐，星巴克代表着咖啡，可口可乐代表着软饮料，沃尔玛代表着零售企业，等等。

产品品牌一旦成功占据了顾客的某种心智资源，就会对竞争对手的信息形成有效的屏蔽，其市场地位也将会牢不可摧。如果对手也要挤进来做生意的话，只会把这个品类炒得更旺。哪怕对手的产品通过改进，在客观上确实比企业的产品更好，消费者还是会在主观上倾向于忽视对手的优点（既看不到又会质疑）。

2. 国际企业如何在异国他乡进行合适的市场定位？

市场定位虽然重要，但在国际市场上定位也需要灵活进行。总体来说，产品定位主要考虑四个方面，即产品、企业、竞争者和消费者。产品方面主要指产品特性；企业方面侧重创新意识；竞争者方面考虑竞争对手的市场位置；消费者方面则是指需求偏爱。这四个方面需要协调得当，才能在异国他乡进行适当的定位。例如，中国具有民族特色的瓷器产品，在国外市场进行销售时，需要展现中国的瓷文化，选择合适的销售渠道，进而成为国外顾客喜爱的瓷产品。即凡具有民族特色的产品在走出国门时，应该强调本民族文化特色，以此作为吸引异国他乡消费者的基点。

【情景实训】
如何对冰激凌进行市场细分

1. 实训名称

分析冰激凌市场细分变量。

2. 实训目的

根据消费者市场细分的有效性，选择冰激凌市场细分变量。

3. 实训内容

蒙牛冰淇淋的市场细分

蒙牛乳业在全国范围内一下子推出了 20 多种新品冰淇淋，与同类产品相比，蒙牛在产品数量上可谓一枝独秀。因为冰淇淋市场经过几年的发展已渐趋成熟，相比于价格和宣传，消费者对产品品种的花样、口味更趋重视。

蒙牛特别设计了借助电子商务网和家庭饮用水配送网的销售网络，并根据网络端点的特性进行价值定位，以打造个性化的促销策略。随着越来越多的人喜爱果酱冰淇淋机制作的冰淇淋，人们对软冰淇淋机价格的消费习惯、消费心理和消费方式也发生巨大变化：用冰淇淋粉制作的冰淇淋不单纯为了防暑降温，也不仅是休闲、娱乐、趣味，更多地追求果酱冰淇淋机制作的新奇、怪味、刺激的口感，注重吃冰淇淋瘦身美容。软冰淇淋滋补营养、绿色健康，上海软冰淇淋机这个趋势引领着未来我国冰淇淋市场成长的方向。开发营养健康和功能性冰淇淋将是冰饮市场未来的主流。众多行业专家也纷纷透露冰淇淋：营养、功能、绿色、健康类冰淇淋即将成为我国冰淇淋市场的主流产品。

资料来源：http://blog.sina.com.cn/s/blog_6729623d0100iwsn.html

4. 实训步骤

（1）把全班同学分成四组。
（2）每组填写冰淇淋市场细分表。
（3）小组内讨论，找出最佳市场细分变量，并记录下来。

5. 实训要求

每组成员必须理解地理、人口、行为、心理细分变量各个要素；掌握冰淇淋市场细分的关键。

任务二　国际市场进入战略

【学习目标】
✧　了解国际市场进入的含义及类型；
✧　掌握国际市场进入的基本步骤；
✧　熟练掌握影响国际市场进入的内、外部因素；
✧　能掌握国际市场进入的三种模式；
✧　能处理影响国际市场进入的不同障碍。

【任务描述】
哈迪斯：营销在韩国

尽管有时在韩国会有强烈的反美情绪盛行，但年轻人还是被美国快餐店内充斥的美国风格和口感深深吸引。韩国的少年和大学生，把经常出没于哈迪斯这样的快餐店作为一件很时髦的事。于是，美国设在韩国的快餐店就把年轻人，特别是那些经常泡在快餐店的女孩子，作为自己的目标顾客。为了提供更多的空间，设在韩国的快餐店的占地面积是美国店面的两倍。

据调查，的确存在着一些促使哈迪斯这样的外国投资者进入韩国的因素，这些因素中包含着快速提升的生活水平。自从 1986 年以来，韩国居民的可支配收入已经上升了 141%，这使韩国成为仅次于日本的亚洲消费者市场。城市家庭的平均年收入为 12 400 美元。10 名成年人中就有一个拥有大学学位，并且拥有双份经济收入的家庭的数目也在不断增长。这些因素都促进了对方便食品及高质量产品的需求。但从总体来看，韩国的消费者市场与亚洲其他具有同等水平经济发展状况的国家相比依然是落后的。

为了更好地进入韩国市场，哈迪斯选择金昌旺（Kim Chanltwan）作为他们在当地的特许专卖组织。金昌旺将位于学生出没之地旁边的几家店改成了哈迪斯餐厅。在一次"就在你对面"的活动中，这个韩国的特许专卖组织在首尔的闹市区设立了第一家哈迪斯，店址离麦当劳只有几码的距离。到目前为止，该店的销售额同麦当劳的业绩不相上下。目前，哈迪斯在韩国的 25 个特许专卖组织都归一家哈迪斯聘用的特许专卖服务协调组织管理。

资料来源：科特勒 P，阿姆斯特朗 G. 科特勒市场营销案例[M]. 俞利军译. 北京：华夏出版社，2002

思考：

（1）哈迪斯为什么要进入韩国市场？

（2）哈迪斯可能使用什么方法进入韩国市场？它为什么会选择这些方法？

【任务实施】

一般而言，企业在进入国际市场时，面临着两种情况：一是把自己的产品通过各种各样方式输送到目标市场国；二是携带自己的技术和服务在目标市场国投资设厂。不管哪种产品营销，企业都面临着国际市场进入合适方式的选择问题。

一、选择进入国际市场的方法

企业在进入国际市场时，可以选择出口进入模式、契约进入模式和投资进入模式。

（一）出口进入模式

1. 直接出口

直接出口是指企业把产品直接卖给国外的中间商或最终用户。直接出口的具体方式有：利用国外的经销商；利用国外的代理商，包括存货代理商、佣金代理商和提供零部件和服务设施的代理商等；设立驻外分支机构，直接把产品卖给最终客户。

直接出口的优势在于：第一，企业可根据国际市场具体情况自由选择国外市场；第二，国际企业能迅速而准确的获得国外市场信息；第三，企业对国际营销活动具有较大的控制权。直接出口的劣势在于：第一，成本高，企业要么增加国际营销人力，要么增加出口机构；第二，企业直接进行国际营销活动，负担大，任务重；第三，企业会遇到国际营销中的许多问题，如东道国的产品要求，国际货币兑换率变动等。值得注意的是，直接出口是否成功的关键在于国外市场经销商的选择。

2. 间接出口

间接出口是指国际企业通过企业所在国的中间商把产品销售到国外市场。间接出口主要利用两种类型的中间商，一种是国内的出口商，他们或者是企业本国的国际贸易公司或出口行，或者是常驻国内的国外买主。这种类型的中间商购买企业产品，自行负责向国外市场销售，国际企业只需将产品卖给这些中间商即可。另外一种是国内出口代理商或经纪人。出口代理人帮助企业寻找国外买主，代表国外买主订货、运输、付款等。出口代理商不拥有商品的所有权，通过收取一定的佣金赚取利润，国际企业自己承担全部的风险。经纪人只负责寻找国外客户，收取佣金，不参与和产品销售有关的活动，不承担风险。

间接出口的优势是：由于不需要企业外派销售人员或开设分店，投资小，风险小。其缺点是企业不能及时掌握国际市场信息和国外客户保持紧密的联系，另外企业要向中间商支付较高的手续费，因而间接出口的盈利不高。

>> **小案例** >>

自主品牌纷纷海外拓荒　出口模式升级

《第一财经日报》2011年报道：今年以来，在国内市场表现惨淡的自主品牌，国外市场的表现却可圈可点。8月5日，奇瑞汽车表示，1~7月累计出口88 835辆，同比增长89.25%，已完成全年出口目标的七成。根据统计，上半年出口最多的五家整车企业均是自主品牌企业，包括奇瑞、长安、江淮、长城与东风。同时，自主品牌车企出口已经开始从简单的整车出口升级为在当地投建生产基地。盖世汽车网首席执行官陈文凯认为，自主品牌国际化是必须要走的路。

日前，《第一财经日报》从吉利汽车集团获悉，该公司计划扩大在印度尼西亚的生产规模，投资金额上千万美元。在自主品牌以往的出口历史中，多是采用当地经销商出资、中方以技术入股的形式建立合资企业，或者全部由经销商出资建立代工厂，以 CKD（completely knock down，即进口全散件）模式出口。

资料来源：http://auto.rbc.cn/qczx/201108/t20110808_2234293.html

（二）契约进入模式

契约进入模式是指企业与国外生产企业在商标、专利、专有技术等无形资产方面签订长期的允许国外企业生产、销售本企业产品的合同。契约进入模式和出口进入模式的重要区别在于出口输出的是产品，契约进入模式输出的主要是知识产权。主要类型包括许可证贸易、特许经营和合同制造。

1. 许可证贸易

随着国际营销活动的深入，许可证贸易成为一种广泛的进入模式。许可证贸易是指授权方（授方）通过许可合同，将专利、专有技术、商标及其他工业产权的使用权转让给被许可人（受方）的市场进入模式。许可证贸易主要有三种形式，如表4-2-1所示。

表 4-2-1 许可证贸易的三种形式及要求

类型	要求
普通许可	技术授权后，允许授权企业保留技术使用权，也允许其将该技术再转让他人
独占性许可	技术授权后，在协议规定的地区和期限，授权企业和第三方都不能再使用该技术
排他性许可	技术授权后，授权企业仍保留该技术，但不允许第三方使用

对于授权企业，许可证贸易的优点是：第一，企业不用投入大量资金，可快速进入国外市场；第二，企业通过转让无形资产可以突破目标市场国的贸易壁垒；第三，企业能够规避经营风险，节约物流成本。许可证贸易的缺点是：第一，一旦被许可企业掌握了技术，授权企业就在国际市场培养了强大的竞争对手；第二，授权企业获取利润少，收益期有限。

2. 特许经营

特许经营是指特许权人与被特许人之间达成的一种合同关系。在这个关系中，特许权人以合同约定的形式，提供或有义务在诸如技术秘密和训练雇员方面维持其对专营权业务活动的利益；而被特许人获准使用由特许权人所有的或者控制的共同商标、商号、企业形象、工作程序等，但由被特许人自己拥有或自行投资相当部分的企业。

特许经营是许可证贸易的特殊形式，他们之间的区别在于特许经营更强调对被许可方整个经营过程的控制。另外，特许方一般要向被特许方提供生产或管理方面的支持，包括提供设备、管理技术、帮助培训等。

特许经营的优点：第一，标准化的经营可以迅速扩大特许方的商号或商标的影响力；第二，可以使用较少的资本迅速开拓国际市场；第三，和投资方式相比，政治风险较小；第四，特许经营可以把激烈的竞争关系变为利益分享合作伙伴关系。

特许经营的缺点：第一，只有拥有著名商号、商标等特有优势的企业才能采用特许经营的方式；第二，特许方的收益受到限制，不如直接投资；第三，特许方对被特许方的控制力没有投资强；第四，特许经营的方式可能会受到一些东道国的政策法律限制。

3. 合同制造

合同制造是指国际企业向外国企业提供零部件由其组装，或向国外企业提供详细的规格标准由其模仿，然后由本企业负责产品销售的进入模式。

合同制造的优点在于企业把生产的工作与责任转移给国外企业，可以集中精力做国际营销工作，因而是一种有效的国际市场进入模式。其缺点体现在：第一，如果合同伙伴掌握了其产品制作工艺，则培养了强有力的国际竞争对手；第二，由于是合同伙伴进行生产，国际企业无法控制产品质量；第三，可能由对方的延期交货导致国际企业的营销计划不能按时执行。

（三）投资进入模式

在三种国际市场进入模式中，投资进入是企业进入国际市场的高级形式。投资进入是指企业将资金、设备、技术等资源投入目标市场国，以投资者的身份进行国际市场营销活动。按照投资手段和运用形式的差别，有直接投资和间接投资的区别；根据投资主体的不同，有独资和合资的区别。

1. 直接投资和间接投资

直接投资是指企业以合资、独资等形式直接进入目标市场国进行生产和销售活动。间接投资是指企业通过购买目标市场国的金融证券（股票、债券、衍生金融工具）而进行的投资行为。二者之间的区别在于前者一般以进入外国的实体投资为主，后者则以金融市场的间接手段以购买金融证券的形式达到投资行为。直接投资对国外市场控制力强，但成本、风险高；间接投资风险低，但国外市场控制力弱。

2. 独资和合资

独资是指企业独自到目标市场国投资设厂或并购目标国企业的投资方式。独资企业拥有完全的所有权、控制权和管理权。独资的优点是企业可以根据东道国特点相应调整营销策略，并能利用当地的渠道进行本土化经营；缺点是成本高、风险大。

合资是指企业与目标市场国的企业进行联合投资，共同经营企业，生产的产品在东道国销售或出口到其他国家。合资企业的特点是共同投资、共同经营、共同管理和共担风险。合资企业的优点是风险小，由于和当地企业合资，能较快融入目标市场国。缺点是文化差异很容易出现沟通问题，导致合资企业绩效下降或者解体。

> **小案例**

企业文化整合：跨国并购中的一道难题

2004 年 4 月 26 日，TCL 宣布与法国阿尔卡特已经正式签订了"股份认购协议"，双方将组建一家合资企业 T&A 从事手机及相关产品和服务的研发、生产及销售。这是中国在全球范围内首次整合国际大公司的手机业务。

当时的资料显示，T&A 总部设在香港，初始净资产为 1 亿欧元，TCL 通讯出资 5 500 万欧元持有 55%的股份，阿尔卡特出资 4 500 万欧元持有 45%的股份，由李东生任董事长，万明坚任首席执行官。2004 年 8 月 31 日，合资公司 T&A 正式投入运营，原阿尔卡特投资中国的苏州公司成为 T&A 的子公司。

双方对合资企业的运营最开始有很多期待，目标宏大。预期双方的合作不仅将大大控制整体研发成本，同时可以更快速地推出创新和尖端产品，并提出了将采取"技术创新"

和"开源节流"两大策略，以实现双方在交叉期销售、采购、生产及研发领域的四大协同效应。对于这一并购案，舆论上也有很多宣传，按照摩根士丹利的研究报告，T&A成立后，TCL国内外手机的年销量将达到2 000万部，将一跃成为中国手机销量第一、全球第七的手机生产制造商。

　　然而，这些只是美好的愿景，只是纸上谈兵。当合资公司T&A开始运营之后，双方的文化冲突就显现出来了，无论是双方的合作目标还是决策方式，管理制度、销售策略及员工待遇方面，都存在难以弥合的文化价值差距。TCL面对双方的文化差距或冲突，完全无力化解企业文化整合这道难题，而且越整合越糟糕，导致合资公司的经营状况迅速恶化，并购后出现严重危机，最后以失败告终。

　　资料来源：吴定祥. 企业文化整合：跨国并购中的一道难题[J]. 对外经贸实务，2010，（5）：68-70

二、分析影响企业进入方式选择的因素

（一）分析影响企业进入国际市场的外部因素

1. 东道国的市场因素

市场因素主要包括两方面：①东道国市场规模的大小。销售潜力很大的市场应该选择分支机构或子公司出口，或者投资进入；相反，市场规模较小应选择出口或合同进入方式。②东道国的市场竞争类型。市场竞争类型一般有完全竞争和不完全竞争（完全垄断、垄断竞争、寡头垄断）的类型，完全竞争比较适宜使用投资进入方式，不完全竞争比较适合出口方式。

2. 东道国的生产因素

东道国的生产因素投入（劳动力、原料、能源等）和基础设施（通信、交通、港口设施等）的质量和成本对企业进入国际市场的方式有较大的影响。生产成本高的市场，国际企业宜采取出口或契约进入方式；反之，国际企业应采取投资进入方式。

3. 东道国的环境因素

东道国的环境因素包括以下几方面：①地理距离。母国离东道国地理距离比较近，跨国企业可以选择出口进入方式；反之，企业应该选择契约或投资方式进入。②东道国投资政策。东道国实行限制的投资政策，跨国企业应选择出口或契约进入方式；东道国实施自由投资政策，跨国企业应选择投资进入方式。③文化距离。母国和东道国之间文化距离小，跨国企业可以选择直接投资和直接出口进入方式；两国之间文化距离大，跨国企业应选择间接出口、特许经营或许可经营等方式。④政治风险。东道国的政治风险小，跨国企业应采取直接投资或直接出口；东道国政治风险大，跨国企业应选择间接出口、特许经营或许可经营进入方式。

4. 本国的因素

本国的因素包括：①市场因素。本国是大规模市场，企业应选择直接投资方式；本国是小规模市场，企业应选择出口进入方式。②生产因素。本国生产成本低，企业应选择出口进入方式；本国生产成本高，企业应选择投资或契约进入方式。③环境因素。本国采取积极鼓励出口政策，企业应选择直接出口或间接出口方式；本国限制对外投资，企业应选择间接出口、特许经营或许可经营进入方式。

（二）分析影响企业进入国际市场的内部因素

1. 产品因素

根据跨国企业本身产品特性选择合适的国际市场进入方式：①标准化或差异化产品。标准化产品适宜选择直接投资进入方式；差异化产品适宜选择直接出口或间接出口进入方式。②产品适应性高低。适应性较高的产品适宜选择直接出口、特许经营或直接投资进入方式；适应性较低的产品适宜选择间接出口进入方式。③服务或技术密集型产品。服务密集型产品适宜采取直接出口或直接投资；纯服务产品适宜采取特许经营、许可经营或采取直接投资；技术密集型产品适宜采取许可经营或特许经营进入方式。

2. 资源因素

企业资源非常丰富，可以采取直接出口或直接投资进入方式；如果企业资源有限，那么采取许可经营、特许经营或采取间接出口就是合适的进入方式。

3. 投入因素

企业在进行国际营销时，投入度较高，宜采取直接出口或直接投资进入方式；投入度较低时，企业宜采取间接出口或采取特许经营、许可经营进入方式。

> 小案例

"好孩子"公司国际市场进入模式选择

"好孩子"公司（GOODBABY）是中国专业从事儿童用品设计、制造和销售的企业集团，位于江苏昆山经济开发区，占地66万平方米，具有年生产3万辆各类童车的能力。其童车的市场占有率达70%以上，并连续5年获同类产品全国销量第一和质量检测第一，并获得全国童车行业唯一的国家优质产品奖。早在1994年"好孩子"公司便制定了实现全球销量第一的目标，进入美国市场就成为关键。当时，美国童车市场被几个美国知名品牌牢牢控制，他们绝大部分产品都是从设在中国南方的合资企业进口的。这使"好孩子"在价格方面没有多少优势，过高的商业成本又将使产品出口得不偿失。公司的高层决策人员亲赴美国考察市场，发现美国中南部城市达拉斯市的卡斯科公司是一家有上百年历史的老牌儿童用品销售商，商业信誉良好，品牌信誉度高，并拥有庞大的营销网络，而该公司当时已经失去其在美国的童车市场地位。那么，"好孩子"可以与该公司合作，利用该公司的营销渠道，设计具有差异的产品，与美国市场现有的产品竞争。

资料来源：刘志超，罗凤翔. 国际市场营销实训教程[M]. 北京：中国商务出版社，2008

【任务小结】

在全球经济一体化的背景下，进入国际市场是很多企业必然的选择。当企业选择目标市场以后，就面临着国际市场进入方式的选择。出口、契约和投资是企业进入国际市场三种常用模式。出口是企业进入国际市场的初级方式，收益较少，但风险也小；投资是企业进入国际市场的高级方式，收益较大，但风险随之增高；契约进入方式的收益和风险居中。因为三种国际市场进入方式各有利弊，企业根据自身资源及国际市场外部环境选择合适的进入方式非常重要。

国际营销管理人员应该具备分析企业国际市场进入方式影响因素的能力。影响企业进入国际市场方式既有外部因素，也有内部因素。外部因素主要是指东道国的市场因素、生产因素和环境因素、企业本国因素等；内部因素主要指企业本身的产品因素、资源因素和投入因素。

【相关知识】
社会网络理论与国际市场进入模式

社会网络是源自于社会学的一个术语，20 世纪 90 年代以来，社会网络研究成为组织研究中最为活跃的一个领域。周雪光（2003）认为，社会网络理论从网络关系或人际关系的网络结构出发来分析和解释社会现象，提供了一个结构主义的微观基础。Gulati（1999）认为，企业处于一个与外部利益相关者相互作用、相互影响的多元网络环境中，所构建的网络关系有助于企业获取市场、技术、信息和资源，并通过组织学习、规模经济和范围经济来获得优势。从网络的视角出发，Johanson 和 Mattsson（1988）指出，跨国公司国际化进程应从企业间关系网络的视角，而非传统理论中单个企业的角度来研究，并认为跨国公司国际化是其与东道国企业建立和发展合作关系的过程。

Jensen（2003）认为，从根本上说，跨国公司国际市场进入模式的决策取决于在新市场上有效利用网络资源的可能性。Ojala（2009）指出，有利于企业进入新市场的成员之间网络关系可以分成三种，即正式关系、非正式关系及中介关系。正式关系涉及与商业行动者的关系，非正式关系涉及通过个人和家庭成员所建立的社会关系，而中介关系是经由第三方所构建的买卖双方关系。进一步地说，吴晓云和焦勇兵（2007）指出，基于网络类型的国际市场进入模式的成员关系有四种类型，即代表关系、层级关系、自主伙伴关系和相互依赖伙伴关系。其中，前两种关系属于市场关系；而后两种关系属于伙伴关系。依据成员之间的这四种关系，并结合进入模式之间不同的管理参与程度、资源承诺程度和企业链之间的相互依赖程度，跨国公司可以在出口、许可经营、管理合同、合资及绿地等模式中进行选择。

资料来源：陈怀超，陈安. 跨国公司国际市场进入模式的理论梳理与评析[J]. 未来与

发展，2014，（3）：20-25

【实践能力拓展】

（一）案例

安飞士的特许经营模式

安飞士汽车租赁有限公司把汽车租贷的经营模式以特许经营的方式授予整个世界。在以安飞士的名义及规定的准则和程序要求下经营的企业，有70%是独立由被特许方所拥有的，11%的是安飞士与当地投资者组建的合资公司，19%的是完全属于安飞士公司。安飞士以营业收入或运营中的汽车数量向被许可方收取费用。大部分特许使用费被用来抵冲经营成本、广告和进行其他促销活动。作为回报，被特许方可以使用安飞士的名义和汽车租赁系统来经营汽车租赁业务。安飞士定期召开地区及全球会议并向被特许方提供有偿的培训项目。为了实现对经销商的控制，安飞士要求被特许方每月汇报经营状况，并有随时检查其账目的权力。一般这种特许经营合同的期限是3~5年，是否延续取决于仔细评估经营业绩的结果。

资料来源：刘志超，罗凤翔. 国际市场营销实训教程[M]. 北京：中国商务出版社，2008

（二）案例分析

从以上案例我们可知，特许经营属于一种契约进入方式，是一种专业化的许可证协议。当企业想以较小的投资但以较快的速度进行扩张时，特许经营是一种理想的国际市场进入方式。在特许经营交易中，特许方提供产品、系统和服务，被特许方则提供市场知识、资金和管理人员。两者结合起来，既能灵活地适应当地的市场条件，又能使母公司保持一定程度的控制力。安飞士很好地利用了特许经营的优势，同时，提供培训项目、谨慎地选择被许可方及公司严格的控制体系，都为其全球经营战略的成功发挥了重要作用。

（三）实践困境讨论

从以上案例及分析结果来看，有以下问题值得我们讨论。

1. 如何区分不同的契约进入模式？

契约进入模式主要包括许可证经营、特许经营和合同制造方式。虽然同是契约进入方式，但又有其各自特点，企业应结合各自资源选择合适的契约进入方式。许可证经营的核心是无形资产（商标、专利、产品配方和公司名称等）使用权的转移；特许经营的特点是被特许方要按照特许经营合同规定的程序、规则从事经营活动，特许人要给予被特许经营人以生产和管理方面的帮助和指导；合同制造是国外企业根据合同要求和规格标准组装或仿制产品，企业主要从事营销活动。

2. 中小企业适合进入国际市场吗？

中小企业在寻找和开拓国际市场方面，由于企业规模小，在资金、技术、信息、人力、分销渠道等各方面较之大企业有许多困难。但正因为小，可以充分发挥灵活性高、适应性强、调头转向快、容易钻空档、找缺口、集中力量专门化等优势。只要注意扬长避短，发挥与众不同的特点，小企业也能在强手如林的国际市场中出奇制胜。因此，进入国际市场，中小企业发挥优势至关重要。中小企业要么协同作战，成为大企业全球生产网络中不可或缺的合作者、专业化协作者，随大企业一起进入各国市场；要么拾遗补缺，在大公司顾及不到的地方寻求发展，避开大企业的锋芒，间接而灵活地与大企业竞争；要么依靠自己独特的技术、专利或产品，在某个专门化领域抢占制高点；要么握紧拳头，集中力量在某个细分市场上发展壮大等。这说明寻找机会，参与国际市场竞争，需要的决定性因素并非企业的大小，而是企业的相对竞争优势，是企业的独特运筹与操作。

【情景实训】

国际市场进入模式影响因素

1. 实训名称

分析国际市场进入模式影响因素。

2. 实训目的

根据企业内外环境，判断企业国际市场进入模式影响因素。

3. 实训内容

伊利咖啡（Illycafe）进入美国市场

下面内容是关于意大利伊利咖啡（Illycafe）进入美国市场的描述，每一段相应地描述了影响其进入模式选择的因素，请根据描述内容填写相应的影响因素。

（1）伊利咖啡是一家中型规模的意大利公司，它生产并销售优质浓缩咖啡给餐馆和咖啡馆。到1990年，公司总共拥有150名员工，销售额达670亿里拉。（　　）

（2）作为一个单一产品的公司，伊利咖啡将其意式浓缩咖啡的包装进行细化。在生产中，伊利咖啡只使用百分之百的阿拉伯咖啡豆，而且还投资发明能够从生产中的每一批咖啡豆中去除任何劣质豆的精密机器。（　　）

（3）在公司开始进入美国市场时，除当地的意大利商店和餐馆以外不能找到意式咖啡。而且，自20世纪中叶以来，来自软饮料方面的竞争导致咖啡消费减半，但是专业咖啡协会表示该行业正在膨胀。（　　）

（4）一方面，伊利咖啡在调整美国人的生活方式和对意式浓缩咖啡的口味方面存在困难。（　　）另一方面，公司还要教育和培训当地餐馆和酒吧人员，如何通过恰当操作机器和恰当使用咖啡剂量来提供优质的意式浓缩咖啡。（　　）

4. 实训步骤

（1）把全班同学分成三组。

（2）每组填写各组认为正确的影响因素。

（3）小组内讨论，找出最佳解决方式，并记录下来。

5. 实训要求

每组成员必须熟练掌握影响企业进入模式的外部因素和内部因素。外部因素有东道国的市场因素、环境因素、生产因素及本国的因素；内部因素主要有产品因素、资源因素和投入因素。

任务三　国际市场营销竞争战略

【学习目标】

◇　了解国际市场竞争者类型；

◇　掌握国际市场竞争者分析方法；

◇　熟练掌握三种通用的国际市场竞争战略；

◇　理解国际市场竞争定位及实施；

◇　能够为特定企业选定和制定相应的市场竞争战略。

【任务描述】

点点滴滴的差别造就优势

法国葡萄酒优异于邻国，除了气候、葡萄品种等这些硬件之外，恐怕最主要的还是在酿制工艺上的差别。例如，在法国博艮第地区，还有超过 90% 的酒农，是采用人工收获葡萄，成本上肯定比机器收割要高得多，但质量上，显而易见，也好得多。法国明文规定，酒农不能在葡萄生长过程中对葡萄秧浇水。法国人认为，葡萄酒应该是葡萄、土壤、气候等纯自然因素的组合，人工的痕迹越少，越能说明这种 "上帝的礼物" 的珍贵之处。在其他国家，如澳大利亚、美国，由于气候因素的限制，酒农们不得不对葡萄秧浇水，施大量的肥料。而在法国，如果不具备适当的气候条件，法律就不允许种葡萄、酿酒！

一般而言，1 公顷①葡萄园能种四五千株葡萄秧，每株葡萄可产约 1 千克葡萄，最终造出约 0.5 公升葡萄酒。最极端的例子是伊凯姆庄园的索泰尔甜葡萄酒：每株葡萄只可生产一杯酒。在其他国家，葡萄酒农能用同样面积的土地，生产出数量远高于此的酒。在意大利某些地区，甚至还能看到露天的金属制酿酒槽。用露天的金属酿酒槽能酿出好酒来？在法国酒农们看来都是笑话！意大利人说，露天酿酒槽不过就是温度控制可能稍差一点，日照时间可能更多一点，由于风、雨、霜，清洁过程稍长一点等，但它具有产量大、生产流程短、成本低的优势，可以抵消上述那些 "一点"。法国人的看法则是，正是这些点点

---

① 1 公顷=10 000 平方米。

滴滴的差别，成就了法国葡萄酒在世界各国消费者心目中的绝对优势地位！

资料来源：钟大辉，黄桂梅. 国际市场营销学[M]. 成都：西南财经大学出版社，2011

思考：

（1）法国葡萄酒的竞争优势主要体现在哪些方面？

（2）你认为企业的竞争优势是天然形成的？还是后天造就的？

【任务实施】

无论是国内还是国际市场，竞争是常态。要想在激烈的市场竞争中站稳脚跟，国际企业除了必须适应所处的行业及市场环境外，还应具备长期和竞争者进行竞争的优势。国际市场风云多变，竞争比国内市场更加激烈，国际企业如果不制定合适的市场竞争战略，很难在国际市场竞争中立于不败之地。

一、行业环境分析

每个企业的生存和发展离不开一定的行业环境，如何在激烈的行业竞争环境中获胜，是每个企业都在劳心费神思考的问题。根据美国著名管理学家迈克尔·波特的竞争战略理论，行业内存在五种基本的竞争力量，分别是行业内现有竞争对手的竞争程度、潜在的行业新进入者的竞争、替代品的竞争、买方的讨价还价能力及卖方讨价还价能力。这五种基本竞争力量的状况及其综合强度，决定着行业竞争的激烈程度，从而决定着行业中获利的最终潜力。迈克尔·波特的竞争战略模型，如图 4-3-1 所示。

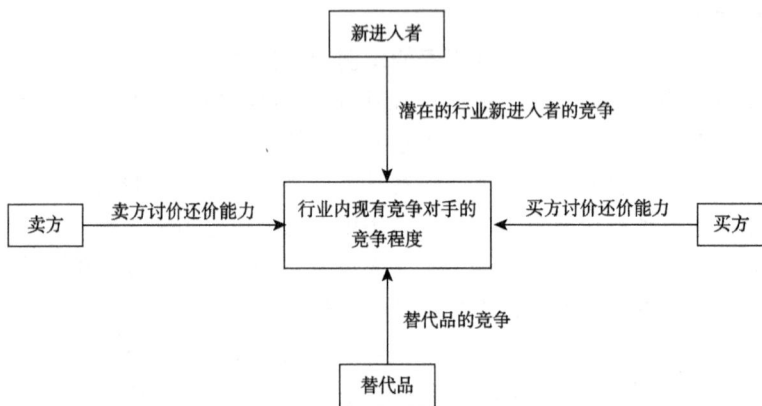

图 4-3-1　五种竞争战略模型

资料来源：迈克尔·波特. 竞争战略[M]. 陈小悦译. 北京：华夏出版社，2003

（一）行业内现有竞争对手的竞争程度

行业内现有竞争对手之间竞争是一种最直接、最普遍的竞争现象。在国际市场中，企业为了扩大市场占有率或提高利润率，会通过价格竞争、品牌形象竞争、服务质量竞争、广告竞争、产品质量竞争等手段展开竞争。一般情况下，行业内一个企业的竞争行为会引起其他竞争对手对该行动进行报复或设法应付。其中，价格竞争是一损俱损的竞争手段，会引起行业内普遍利润减少。

虽然任何产业都避免不了竞争，但竞争的激烈程度因产业不同而不同。即使是同一产业，也会因企业所处国家、地区不同而显著不同。产业内现有竞争对手之间竞争的激烈程度主要取决于产业内竞争对手的数量、产业增长速度、企业产品差异化程度和行业退出壁垒的大小四个因素。

当行业内竞争企业数量众多的话，竞争的自由度大，现有竞争对手竞争激烈程度就弱。而当行业内竞争者数量少且规模和实力可以彼此抗衡时，现有竞争对手竞争激烈程度就强，如日本的丰田、本田和日产三大汽车公司之间的相互竞争使日本汽车更新换代速度很快，汽车的性能越来越高，价格则相对较低。而当行业内企业产品同质化程度高时，企业之间竞争程度就比较激烈。因为同质化的产品最容易采用价格竞争，会对企业利润形成巨大的压力，从而形成激烈的竞争。

（二）潜在的行业新进入者

当某行业的投资回报率高于社会平均回报率时，该行业就容易吸引新的加入者。而新进入者的增加，一方面会使该行业增加新的生产能力；另一方面则会导致行业成本上升，产品价格下跌，利润减少和原竞争者市场份额减少，从而引发激烈的市场竞争。

新进入者的威胁状况取决于进入障碍和原有企业的反击程度。如果原有企业的反击非常激烈，对新进入者在行业内的经营形成困扰，则新进入者的威胁就小，反之亦然。关于新进入者进入障碍涉及以下几个因素。

1. 规模经济

规模经济是指在一特定时期内，企业产品绝对量增加时，其单位成本下降，即扩大经营规模可以降低平均成本，从而提高利润水平。行业内规模经济的存在会阻止新进入者进入，因为短时间内新进入者没办法达到规模经济的要求，再加上原有企业的强力抵制，会对新进入者形成很大的进入障碍。

2. 资金和技术

竞争如果需要的资金量大，且核心技术要求高的行业，一般企业是难以进入的。例如，制药业、计算机、矿业、航空业及高科技产业前期都需要大量的资金投入和要求高技术，这些行业的障碍使一般企业很难进入。

3. 产品差异化

产品差异化是指现有企业在产品、服务或广告方面独具特色，从而赢得顾客忠诚、品牌形象等先动优势。现有企业产品差异化越明显，则对新进入者造成的进入障碍就越大。

4. 转换成本

转换成本是指买方从原供应商处采购产品转换到另一供应商所要付出的成本。转换成本包括雇员重新培训成本、检测考核新资源所需时间和成本、供应方提供技术援助及产品重新设计耗费的成本等。如果这些成本过高，则对新进入者将形成一种进入障碍。

5. 分销渠道

分销渠道的获得对新进入者是非常重要的，因为最终消费者没有看到产品销售点，没有机会购买企业的产品。行业内理想分销渠道已被现有企业所占据，新进入者要想获得分销渠道需采取低价、共同分担广告费用等优惠政策促使分销商接受其产品，使企业利润降低。因此，原有企业占有或控制分销渠道是新进入者的高度障碍。

6. 政府政策

政府政策的进入障碍是和企业经营无关的障碍，这些障碍主要来自于政府机构，政府有时会制定政策禁止企业竞争性地进入某些行业，新进入者对此类障碍不可逾越，如专利、版权、环境保护、安全等项目的牌照取得等。

（三）替代品的竞争

替代品是指功能相近或相同，能满足消费者同样需求，因而可以相互替代的产品。像咖啡和茶、石油和煤炭、天然原料和合成原料等，就是典型的相互替代的产品。当行业中出现替代品时，就会对现有企业产品造成一定的威胁。替代品由于和现有产品具有较高正值的需求交叉弹性而成为竞争产品。替代品产生的因素既有价格因素，也有供需方面的因素。针对替代品的出现，现有企业应该努力消除可能导致替代产品出现的价格差异，并随时关注市场供需情况，对威胁到自身产品销售的替代品防微杜渐。另外，企业也可以实施差别化策略，想法扩大替代品与自身企业产品的不同。

（四）卖方讨价还价能力

卖方对企业的威胁主要体现在两个方面：一是提高供应品的价格；二是降低供应品和服务的质量。卖方的威胁会给生产者造成压力，减少利润。买、卖企业双方实际上是一个博弈过程，当卖方讨价还价能力强时，买方企业处于被动局面，面临着供应品价格被提高的威胁，从而生产成本提高。影响卖方讨价还价能力的因素包括：第一，卖方行业集中化程度如何。如果卖方行业集中化程度高，则卖方能够在价格、质量方面对购买商施加较大影响。第二，卖方行业替代品数量如何。如果卖方行业存在大量替代品，则卖方企业竞争力受到很大的牵制。第三，供应商所提供的产品是否供不应求。第四，卖方企业前向一体化的威胁。例如，一个汽车零部件生产企业就可以充分利用本企业的零部件，向组装领域发展，则对汽车制造商将是一个威胁。

（五）买方谈价还价能力

买方讨价还价能力是指买方采用压低价格、要求较高的产品质量或索取更多的服务项目等竞争手段，从卖方与竞卖者彼此对立的状态中获利的能力。从购买者的角度考虑，希望购买的产品质优价廉且能提供良好服务。买方的讨价能力强，买方就处于主动地位；反之，卖方则在产品价格、提供服务方面处于主动地位。一般来讲，决定买方讨价还价能力的基本因素有两个，即价格敏感性和相对议价能力。第一，价格敏感性。买方价格敏感性决定了买方讨价还价的愿望强烈。买方对价格是否敏感取决于产品对买方的成本结构是否重要。当该产品占买方成本的大部分时，买方就会更关心是否有成本较低的替代品。当然，该产品对买方产品质量的重要性也决定着价格是否能成为影响购买决策的重要因素。第二，相对讨价还价能力。相对讨价还价能力决定了买方企业能否成功地压低供应品的价格或提更多的要求。即使买方对价格很敏感，但若他们没有替代品的选择，买方相对讨价还价能力就弱。

>>> **小案例** >>>

胜家缝纫机辉煌历史的终结

胜家缝纫机公司已有100余年的历史，是美国第一家从事国际营销的公司。第二次世界大战前，该公司生产的缝纫机已行销世界上100多个国家，当时全世界每三台缝纫机中就有两台是该公司生产的。但是在如此辉煌的成就和如此高的市场占有率面前，该公司没有居安思危，丧失了市场竞争意识。第二次世界大战前，该公司生产的缝纫机在日本市场上的占有率为90%，在日本市场上占绝对统治地位，但第二次世界大战后，日本企业暗下决心要与该公司进行竞争，它们在日本政府的指导下先买了15台胜家缝纫机，然后组织专业技术人员对这15台缝纫机拆卸解体，对每一个零部件进行测量绘图，然后组织专业性机械厂仿制，最后由专业装配厂装配成整体缝纫机，先占领国内市场，然后占领国外市场。由于日本企业进行专业化生产并形成了规模生产，出口的缝纫机由1950年的每台40美元下降到1960年的每台12美元。从而使这些价廉物美的日本缝纫机像洪水一样占领了欧美市场，就连美国市场也被日本企业占领了一半，这时美国胜家缝纫机公司才大梦初醒，匆忙组织反击，但为时已晚。20世纪80年代，美国胜家缝纫机公司不得不全面放弃享誉世界的胜家缝纫机的生产而转向其他产业。

资料来源：秦波. 国际市场营销学[M]. 北京：对外经济贸易大学出版社，2012

二、国际竞争对手分析

在国际市场上，竞争无所不在。如何辨别企业主要的竞争对手及次要竞争对手？如何分析竞争对手的战略？如何预测竞争对手的反应模式？这些问题是国际企业必须考虑的永恒课题，也是企业制定竞争战略中不可缺少的一部分。国际竞争对手分析应遵循科学的步骤，如图 4-3-2 所示。

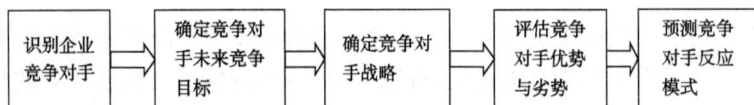

图 4-3-2 国际竞争对手分析步骤

（一）识别企业竞争对手

识别竞争对手是分析国际竞争对手的基础。企业进行经营活动，除了要了解自己的顾客，还要了解自己的竞争对手，才能比竞争对手更快、更好地满足消费者的需求。识别竞争对手首先的工作是明白从何角度对竞争对手进行分类。通常情况下，可以从行业和市场两个角度对国际竞争对手进行分类。

1. 行业划分标准

（1）现有竞争者。现有竞争者是指行业内生产同类产品或向顾客提供同类服务的企业。现有竞争者是企业需要直接面对的竞争者，也是相对容易识别的竞争对手。企业的竞争行为可能会对其他竞争对手产生深刻的影响，从而引起其他竞争对手对该企业竞争行为的反击或效仿。

（2）潜在竞争者。潜在竞争者是指新进入某行业的企业，或即将在某行业进行经营的企业。潜在竞争者暂时对企业可能构不成威胁，但随着潜在竞争者在行业中规模的扩大或形成良好的品牌形象时，即潜在竞争者的力量一旦壮大，就会对行业内其他企业的经营行为造成很大的冲击波。潜在竞争者是不容易识别的竞争对手，国际企业需要密切关注信息传播渠道，发现具有潜在进入特质的企业，参照其他信息，识别行业内潜在竞争者。

（3）替代品竞争者。替代品竞争者是指和企业提供的产品具有同一功能，能满足消费者相同需求的其他企业。一般来说，替代品竞争者是行业内所有企业都会遇到的竞争对手，但也是企业比较容易忽视的竞争对手。随着科学技术的发展，替代品将越来越多，某一行业的所有企业都将面临与生产替代品的企业进行竞争。因此，任何企业都应关注替代品的问题，它要求企业要关注与企业相去甚远的业务，同时还要关注替代品行业的未来发展。

2. 市场划分标准

（1）产品形式竞争者。产品形式竞争者也被称为行业竞争者，是提供同种或同类产品，但规格、型号、款式不同的企业。所有同行业的企业之间存在彼此争夺市场的竞争关系，如大众公司与所有其他汽车制造商、春兰空调与其他所有生产空调的厂家之间的关系。

（2）品牌竞争者。品牌竞争者是指生产相同规格、型号、款式的产品，但品牌不同的企业。以电视机为例，索尼、长虹、夏普、松下等众多企业之间就是品牌竞争者。显然，品牌竞争者之间的产品相互替代性较高，因而竞争非常激烈，则培养顾客品牌忠诚度是品牌竞争者争夺顾客的重要手段。

（3）愿望竞争者。愿望竞争者是指提供不同的产品以满足不同需求的企业。消费者的消费资金是有限的，但消费者消费愿望存在多样化。如果消费者口袋中有 10 万元，他所面临的选择就可能有汽车、房子、出国旅游等，这时汽车、房子及出国旅游之间就存在着竞争关系，生产经营这些产品的企业就成为愿望竞争者。

（4）平行竞争者。平行竞争者是指提供能够满足同一种需求的不同产品之间的企业，也被称为形式竞争者。例如，从满足消费者出行目的来说，自行车、摩托车、小轿车等都可以起到作用，这些不同产品的生产经营者之间必定存在着一种竞争关系，他们也就相互成为各自的平行竞争者。

（二）确定竞争对手未来竞争目标

只有明确竞争对手未来竞争目标，企业才能有效地制定合适的竞争战略。毋庸置疑，利润是所有企业追求的目标，但企业在竞争的不同阶段，利润并不是企业唯一的或首要的目的。

1. 不同竞争者目标组合的侧重点不同

企业必须了解每个竞争者的目标重点，才能对其竞争行为的反应做出正确的估价。例如，一个以"技术领先"为主要目标的竞争者，将对其他企业在研究与开发方面的进展做出强烈的反应，而对价格方面的变化相对不那么敏感。

2. 竞争者的市场目标及其行为变化

通过密切观察和分析竞争者目标及其行为变化，可以为企业的竞争决策提供方向。当发现竞争者开辟了一个新的细分市场时，也就意味着可以产生一个新的市场机会。当发现竞争者试图打入自己的市场时，需要加以认真对待。

3. 竞争者目标的差异也会影响到其经营模式

竞争者是寻求长期业绩还是寻求短期业绩，是提高市场份额还是提高产品利润率，将会影响到竞争者在利润与收入增长之间的权衡。例如，日本企业和美国企业的竞争目标就显著不同，从而各自具有不同的经营模式。日本企业一般采取以提高市场占有率为目标的经营模式，以较低的资金成本占据较高的市场份额，并保持较高的收入增长率。而美国企业则因其经营目标是股东利益最大化，一般都采取短期利润最大化的经营模式，因为美国企业每个季度都要发布一次财报，而其财报中的业绩是由股东评价的，如果短期利润下降，股东就可能会对企业失去信心，抛售股票，导致企业资金成本上升，不利于企业的发展。

（三）确定竞争对手战略

纵观全球竞争，因为行业不同，各个企业采取的竞争战略可能各不相同，但同一行业里的某些企业可能采取相同或相似的竞争战略，从而在全球氛围内形成一个个不同经营战略的战略群，这样就可以识别不同企业属于哪一个战略群体。例如，在服装行业中，企业A、B、C均是以非常完整的产品系列、中等的价格和良好的服务来占领市场；企业D、E、F则以比较少的产品系列、高质量的产品、优质的服务和高价格来占领市场，则企业A、B、C和企业D、E、F就是两个明显的战略群。企业战略群具有以下特征。

1. 同一战略群内竞争最激烈

对于市场竞争者而言，同一战略群体内的竞争最为激烈，公司最直接的竞争者就是那些处于同一行业采取同一战略的公司。例如，可口可乐与百事可乐之争、麦当劳与肯德基之争等。

2. 不同战略群体之间存在现实或潜在的竞争

因国际市场竞争瞬息万变，即使是不同战略群体，也会存在竞争。原因在于：第一，某些战略群体可能具有相同的目标客户；第二，某些顾客可能分不清不同战略群体的产品的区别，如分不清高档货与中档货的区别；第三，属于某个战略群体的企业可能改变战略，进入另一个战略群体，如提供中档货的企业可能转向生产高档货。

3. 不同战略群体的进入与流动障碍不同，企业进入不同战略群体的难易程度不同

一般来说，小型企业适合进入投资和声誉门槛都较低的群体，因为这类战略群体比较容易进入；实力雄厚的大型企业则可考虑进入竞争性强的群体。当企业决定进入某一战略群体时，首要事情是明确自己主要的竞争对于，然后再确定自己的竞争战略。

（四）评估竞争对手优势与劣势

《孙子兵法》有言："知己知彼，百战不殆。"在国际竞争中，企业必须评估竞争对手的优势与劣势。优势是指一个企业超越其竞争对手的能力，或者指公司所特有的能提高公司竞争力的产品质量、服务、技术等条件。例如，企业A和B处于同一市场或者说它们都有能力向同一顾客群体提供产品和服务时，企业A具有更高的盈利能力或盈利潜力，则企业A比企业B更具有竞争优势。竞争劣势则是指公司缺少或做得不好的方面，或指某种会使公司处于劣势的条件。竞争对手优势与劣势的评估内容主要包括：技术创新能力、资金实力、生产与经营能力、组织能力、市场营销能力、管理能力和人力资源能力等。

（五）预测竞争对手反应模式

每个企业都有自己的经营哲学、企业文化和理念，这将对该企业的行动产生影响。国际企业要想预测竞争者的行动与反应，就必须深入了解竞争者的心理状态。由于面对其他企业的行动每个竞争者的心理状态可能不一样，其反应模式也就各不相同。常见的反应模式有以下几种。

1. 从容不迫型竞争者

从容不迫型竞争者是指对其他企业的行动不做出迅速反应或反应不强烈的竞争者。竞争者从容不迫主要有以下原因：第一，企业非常自信，不屑于对竞争对手行为进行反应；第二，有的企业认为其顾客很忠诚；第三，企业对其他企业的行动缺乏观察力，反应迟钝；第四，有的企业没有能力对竞争对手做出反应。

2. 选择型竞争者

有些竞争者只对某些类型的攻击做出反应，而不理睬其他类型的攻击。例如，以成本为竞争优势的企业可能对其他企业降价做出反应，阻止对手降价策略的进一步实施。但对对手增加广告费用的行动，可能不会在意，认为不会威胁到自己的优势。

3. 凶狠型竞争者

凶狠型竞争者是对所有的攻击都做出迅速反应。凶狠型竞争者的用意在于向整个市场的竞争对手显示自己的实力与奋战到底的决心，使对手望而却步。例如，宝洁公司决不会听任一种新的洗涤液轻易投放市场。

4. 随机型竞争者

有些竞争者并不表现出固定的反应模式，即它们对于其他企业的攻击行动可能做出反应，也可能不做出反应，而且无论从经济、历史或其他方面分析，企业都很难找到它们做出反应的规律，预料它们将如何行事。许多小公司都是随机型竞争者，当他们发现能承受这种竞争时就进行竞争；而当竞争成本太高时，他们就不予反应。

不同行业竞争状况可能有很大的差别。在有些行业中，各企业间的关系相对来说比较和谐；而另外一些行业中，各企业无休止地你争我夺。但不管竞争状况如何，了解竞争者的反应模式对于企业有效地应付竞争者的反击，巩固企业自身在竞争中的地位十分有用。

三、国际基本竞争战略

面对不断变化的国际市场环境，企业战略必须立足于竞争，并致力于取得并保持持久的竞争优势。美国管理学家迈克尔·波特提出三种基本的竞争战略，即成本领先战略、差异化竞争战略和集中化战略，可供国际企业根据自身资源选择不同的竞争战略类型。

（一）成本领先战略

1. 成本领先战略的含义

成本领先战略是指企业通过降低自己的生产和经营成本，以低于竞争对手的产品价格，获得市场占有率，并获得同行业平均水平以上的利润。成本优势的来源因产业结构不同而异。它们可以包括追求规模经济、专利技术、原材料的优惠待遇和其他因素。例如，在电视机方面，取得成本上的领先地位需要有足够规模的显像管生产设施、低成本的设计、自动化组装和有利于分摊研制费用的全球性销售规模。在安全保卫服务业，成本优势要求极低的管理费用、源源不断的廉价劳动力和因人员流动性大而需要的高效率培训程序、追求低成本的生产厂商地位不是仅需要向下移动学习曲线，而是必须寻找和探索成本优势的一切来源。

2. 成本领先战略的实施方式

（1）简化产品。简化产品就是使产品简单化，即取消产品或服务中添加的花样。例如，没有实体店的网上店铺、仓库式的家具商场，由于节约店面成本，以低于同行业成本经营，就能占据销售的有利地位。由于简化产品而获得的低成本可以使企业建立起相对的竞争优势。通过简化产品获得成本领先战略的企业同样存在市场风险，如果有实力雄厚的企业实施价格战，就会对本企业造成很大的杀伤力。因此，采用简化产品方式的成本领先战略的企业必须勇于承担风险，并且拥有良好的财力资源和成本结构应对可能存在的竞争。

（2）改进产品设计。这种方式是改进产品整体设计或零件构成而形成成本优势。具体来说，企业可以改善和优化产品设计，在不降低产品质量和性能的基础上，通过减少产品零部件数量、降低装配作业费用等减少成本。

（3）节约材料。节约材料是通过源头降低企业成本。企业可以通过两个途径节约材料：一是建立企业协会，和原材料供应商进行协商和谈判，统一采购和保管，降低原材料成本；二是在生产过程中节约原材料，降低产品成本，建立相对竞争优势。

（4）降低人工费用。降低人工费用的方式在劳动密集型企业中更为明显。企业通过获得更为廉价的劳动力资源，从而取得较大的竞争优势。例如，国际上有些制造企业把分公司开到中国，就是相中了中国的人工成本低。

（5）生产创新及自动化。生产过程的创新及自动化，是赢得低成本优势的重要途径。例如，中国的比亚迪汽车创始人王传福善于自己动手制造生产设备，他发明半自动化、半人工化的生产线所具备的成本优势成为比亚迪的法宝，使之从初期就以 40%的价格差猛烈冲击着日产电池的价格体系。20 世纪 90 年代，三洋一块锂电池成本要 4.9 美元，而比亚迪的只需 1.3 美元。

格兰仕微波炉的战略

经过激烈的市场竞争，格兰仕攻占国内市场60%以上的份额，成为中国微波炉市场的代名词。在国家质量检测部门历次全国质量抽查中，格兰仕几乎是唯一全部合格的品牌，与众多洋品牌频频在抽检中不合格被曝光形成鲜明对比。2009年，格兰仕投入上亿元技术开发费用，获得了几十项国家专利和专有技术；2010年，将继续加大投入，使技术水平始终保持世界前列。

由于格兰仕的价格挤压，近几年微波炉的利润空间降到了低谷。2010年春节前夕，甚至出现个别韩国品牌售价低于300元的情况，堪称世界微波炉最低价格。国内品牌的主要竞争对手一直是韩国产品，它们由于起步早，曾经一度占据先机。在近几年的竞争中，韩国品牌落在了下风。韩国公司在中国的微波炉生产企业，屡次在一些重要指标上被查出不合标准，并且屡遭投诉，这在注重质量管理的韩国公司是不多见的。业内人士认为，200多元的价格水平不正常，是一种明显的倾销行为。它有两种可能：一是韩国受金融危机影响，急需扩大出口，向外转嫁经济危机；二是抛库套现，做退出前的准备。

面对洋品牌可能的大退却，格兰仕不是进攻而是选择了暂时退却。日前，格兰仕总部发出指令，有秩序地减少东北地区的市场宣传，巩固和发展其他市场。这一决策直接导致了春节前后一批中小企业进军东北，争夺沈阳及天津市场。

这些地区已经平息的微波炉大战，有重新开始的趋势。格兰仕经理层在解释这种战略型退让时指出，其目的在于让出部分市场，培养民族品牌，使它们能够利用目前韩国个别品牌由于质量问题引起信誉危机的有利时机，在某一区域获得跟洋品牌直接对抗的实力，形成相对的针对洋品牌的统一战线，消除那些搞不正当竞争的进口品牌。

从长远看，格兰仕保持一些竞争对手，也是对自己今后的鼓励和鞭策。格兰仕的目标是打出国门。1998年，格兰仕微波炉出口额5 000万美元，比上年增长两倍，在国内家电行业名列前茅，其国际市场价格平均高于韩国同类产品的25%。2004年，在世界最高水平的德国科隆家电展中，第二次参展的格兰仕不仅获得大批订单，而且赢得了世界微波炉经销商的广泛关注。2010年格兰仕的出口目标再翻一番。

为继续扩大规模，格兰仕将有选择地在国内微波炉企业中展开收购工作。1998年收购安宝路未果后，公司总结了经验教训，今年将重点联合政府部门实现新的目标。鉴于亚洲金融危机的影响短期内可能不会消除，格兰仕表示，并购工作对海外品牌企业一视同仁。

资料来源：吴健安. 市场营销学[M]. 北京：高等教育出版社，2011

（二）差异化竞争战略

1. 差异化竞争战略的含义

差异化竞争战略是指企业向市场提供的产品或服务比竞争者更具特点，从而建立一种相对竞争优势的战略。这种战略的核心思想是向顾客提供独特的不可替代的价值。竞争对手难以模仿或模仿代价高昂的差异化战略最具吸引力。实际上，实力雄厚的企业往往能够及时地仿制任何一种产品的特色或属性，即有形的产品容易复制，但无形的特色不易仿制，这就说明持久的差异化优势通常要建立在独特的内部能力和核心能力的基础上。差异化竞争战略追求的是持久的竞争优势，成本亦在企业考虑之内，只不过不作为企业主要的战略目的。

2. 差异化竞争战略的实施方式

国际企业可以从不同方面实施差异化，最常用的差异化方式是产品、服务、人员和形象四种。对于企业而言，四种差异化方式可以单独使用，也可以两种或两种以上同时使用。关键的问题是不同差异化方式必须针对不同的细分市场。

（1）产品差异化。产品差异化是指从产品的质量、特性等方面实现和其他企业的差别：①产品质量差异化。产品质量差异化是指产品的有效性、耐用性和可靠程度等方面。产品质量好，能为顾客提供更高的产品价值，提高企业的销售收入，获得比竞争对手更好的利润。产品质量差异化是日本企业赢得国际市场的重要战略。例如，松下电器、索尼的电子产品、本田的汽车等产品都享有很高的产品质量声誉。②产品特性差异化。产品特性差异化是指本企业产品具有其他企业产品不具有的特性，从而形成别具一格的形象。产品特性差异化是企业实施产品差异化的一个有效工具。在汽车、房屋、服装等产品上尤为重要。例如，在日本的汽车业，广为流传一句话："丰田的安装，本田的外形、日产的价格、三菱的发动机。"这句话充分表明了日本四大汽车公司各自的产品特性。③产品创新差异化。产品创新差异化是指企业不断给自己的产品注入新的特性。实力雄厚的高科技企业，普遍采取产品创新的差异化战略。这些公司拥有活跃的创新思想和卓越的创新人才，加上鼓励创新的组织体制和奖励制度，把技术创新和产品创新融入企业员工的自觉行动，如中国的联想集团、美国的 IBM 公司等均以高科技为先导，为市场创造新颖、实用、别致、效率高、可靠的新产品，成为世人瞩目的高科技创新企业。

（2）服务差异化。服务差异化是通过向市场提供不同于竞争对手优异的服务而获得顾客忠诚的战略行为。如果企业的竞争力能体现在为顾客服务的水平上，企业的差异化就越能体现出来。例如，国际商用机器公司规定：用户意见必须在 24 小时内答复。有一次，前南斯拉夫用户的一台 IBM 计算机出了故障，情况报告给公司总部服务中心，几分钟后，在前南斯拉夫用户的计算机终端就显示了故障排除方法，当天就消除了故障。中国的海尔集团，服务口号为：真诚到永远。在中国电器行业中，也有和海尔集团电器质量相似的企业，但海尔的服务质量略胜一筹，因而海尔电器竞争力就强。

（3）人员差异化。人员差异化是通过企业聘用和培训比竞争者更优秀的人才以赢取竞争优势的战略方式。人员差异化是市场竞争的根本法则，因为任何市场竞争归根到底是人才的竞争。日本航空公司在"北京—东京—夏威夷"的航线上有两个竞争者，一个是美国最大的航空公司"联航"，另一个是韩国的"韩航"。"联航"的优势在规模实力与硬件设备上，"韩航"以低价格见长，比"联航"低 30%，而日航则为乘客提供整合的优良服务，贯穿"入关—空中—出关"的全过程，赢得旅客的赞美。凡乘过此航线、接受日本航空服务的乘客，很难再选择其他航空公司。日航优良服务的秘诀在于他们有一支训练有素、业务精通的从机长到空中小姐的航空员工队伍。

（4）形象差异化。形象差异化的基础是企业的产品核心部分和竞争者相似，然后通过塑造不同于竞争者的 CI（corporate identity）或品牌形象而形成差异。形象差异化主要包括两个方面：第一，CI 差别化。CI 战略是企业国际竞争体现"差别化"的战略，主要体现在企业识别系统的各个方面。例如，视觉识别的企业标志，应简洁、明快、有民族特色、有内涵；理念识别能体现企业精神，要融个性与共性与一体，具有文化特色和文化底蕴。第二，品牌形象差异化。成功的品牌形象，需要企业具有创造性的思维和设计，持续不断地利用传播工具，让企业精心塑造起的品牌形象深达消费者的内心。例如，"麦当劳"金色的拱门"M"标志，与其独特的餐饮文化氛围相融合，留给消费者深刻的印象。无论在世界上哪个国家，消费者只要看到金色的"M"标志，立马能联想起麦当劳舒适宽敞的店堂、新鲜可口的汉堡、薯条和贴心的服务。

（三）集中化战略

1. 集中化战略的含义

集中化战略是指企业或事业部将经营重点集中在市场或产品的某一部分。集中化战略的重点是服务于某个特定的用户群体、产品线的某个部分或某个细分市场。这种战略和成本领先战略、差异化战略主要区别点在于企业将注意力集中于整体市场的一个狭窄部分，使企业或事业部专心地为较窄的目标市场提供更好的服务，充分发挥自己的优势，赢得更好的市场利润。此外，集中化战略和集中性目标营销战略有异曲同工之妙，二者的本质是相同，不同之处在于集中性目标营销战略仅从营销组合角度满足目标市场，而集中化战略主要从成本或差异化方面满足目标市场。

2. 集中化战略的实施方式

（1）单纯集中化。单纯集中化是企业在不考虑成本差异化的情况下，选择或创造一种产品、技术和服务为某一特定顾客群体创造价值，并使企业获得稳定可观的收入。例如，日本汽车厂家一直将经营重点放在小轿车生产和销售方面，并以小型汽车性能好、节省油、外观美、价格低的特点，打入美国和西欧市场，获得巨大的成功。

（2）成本集中化。成本集中化是企业采用低成本的方法为某一特定顾客群提供服务。通过低成本，集中化战略可以在细分市场上获得比领先者更强的竞争优势。实际上，绝大部分小企业都是从集中化战略开始起步，只是并不一定都能意识到它的战略意义，并采取更具有战略导向的行动。

（3）差别集中化。差别集中化是企业在集中化的基础上突出自己的产品、技术和服务的特色。企业如果选择差别集中化，那么差别集中化战略的主要措施都应该用集中化战略来体现。但不同的是，集中化战略只服务狭窄的细分市场，而差别化战略要同时服务于较多的细分市场。同时，由于集中化战略的服务范围较小，可以较之差别化战略对所服务的细分市场的变化做出更为迅速的反应。例如，麦当劳在印度就根据大多数印度人是素食主义者，且宗教信徒不能吃牛肉，而做出蔬菜汉堡，或羊肉汉堡，来满足这个地区消费者的特定需求。

小案例

美国西南航空公司

美国 1978 年解除航空业的特殊禁令后，当年有 28 家新的航空公司诞生，导致航空业的竞争加剧。1981~1983 年、1990~1993 年美国航空业发生两次价格大战，导致全行业亏损，只有西南航空公司独家盈利。1990~1992 年美国全航空业亏损 71 亿美元，但西南航空公司仅 1992 年就盈利 1 亿美元。

西南航空公司成功的经验如下：一是注重低成本。采取机上不提供正餐，取消头等舱，不设大型定位系统，使用燃油利用率高的波音 737 机型，减低训练维护成本等措施，使其运行成本最低。二是培养顾客忠诚度。实施方便登机（无纸机票、不对号入座），准时起飞，尊重顾客意见（曾为 15 位德州医学院的学生提前 15 分钟起航）等培养顾客忠诚度。三是集中地区性分行。公司只飞美国南方 15 个州，避免与其他公司的全国性竞争。

资料来源：钟大辉，黄桂梅. 国际市场营销学[M]. 成都：西南财经大学出版社，2011

四、国际市场不同竞争定位的竞争战略

不管企业承认与否，根据企业在同行业中的相对市场占有率，企业总处在市场竞争中的某个位置上，这种位置我们称为市场竞争定位。具体来说，依据企业的市场规模、竞争能力、资源条件等客观情况，主要分为四种类型的竞争者：市场领导者、市场挑战者、市场跟随者和市场利基者（补缺者）。企业应根据自己在竞争中所处的位置，制定合适的竞争战略。

（一）市场领导者

市场领导者是指在相关产品市场上占领导地位的企业。一般情况下，一个行业总有一个被全行业所公认的领导企业，其在相关产品的市场上市场份额占有最大，并且在新产品开发、价格变动、分销渠道和促销等营销组合方面占据主宰地位。市场领导者是市场竞争的导向者，也是其他企业效仿、挑战或躲避的对象。在国际市场上，著名的市场领导者企业有汽车业的美国通用公司、洗涤品的宝洁公司、计算机软件的微软公司、快餐业的麦当劳、软饮料市场的可口可乐公司等。

因为市场领导者的市场地位是在市场竞争中形成的，具有随时被别的企业取代的动态特点。因此，市场领导者为保证自己的领导地位，通常采取三种战略：第一，扩大市场总需求。随着市场总需求的扩大，市场领导者的受益也会增加。企业可以通过发掘产品新的使用者、开发产品新的用途、增加产品的使用率和使用量等方法扩大市场总需求量。第二，

保护现有市场份额。保护现有的市场份额不被竞争对手夺走，也是市场领导者一个重要的战略。这种战略的关键在于企业的防御战略。当企业不能主动出击对企业竞争对手进行打击时，根据企业目前市场状态可以选择阵地防御、侧翼防御、以攻为守、反击防御、运动防御及收缩防御六种类型。第三，提高市场占有率。一方面市场占有率的高低直接关系到企业利润的好坏，另一方面提高市场占有率无疑更为巩固了自己的市场领导地位，所以，企业要想法设法提高市场占有率。在国际市场上，提高市场占有率要注意三个问题，一是注意反垄断。因为很多国家规定，当市场占有率超过一定限度时，当触犯反垄断法律时，会受到指控和制裁。二是提高市场份额和所花费成本之比。如果后者比前者过高，则不会给企业带来任何益处，企业为提高市场份额所做的努力就得不偿失。三是企业应注意采用合适的营销组合。因为有些营销策略并不一定对提高市场份额和利润增加都有用，特殊情况除外，如单位成本随市场份额的增加而减少；或者提供优质产品所得的溢价大大超过为提高质量所投入的成本。

>>> 小案例 >>>

吉利刀片的阵地防御

吉利公司的董事会主席兼首席执行官每周都要在自己脸上亲自试用自己公司及竞争对手生产的剃须刀片。吉利公司任何时候都会有 20 种新的剃须刀片在试验中，其目标是不仅要在该领域做得最好，而且要设计出竞争对手难以模仿的剃刀。为防止竞争对手的模仿，吉利公司发明了传感器剃刀。这种传感器剃刀的制造设备非常昂贵与复杂，构筑了较高的模仿壁垒。

资料来源：袁晓莉，雷银生. 国际市场营销学[M]. 北京：清华大学出版社，2013

（二）市场挑战者

市场挑战者是指哪些居于市场次要地位，有能力对市场领导者和其他竞争对手发起进攻行动，试图挑战并取而代之的企业，如软饮料市场的百事可乐、美国汽车业的福特汽车公司、快餐业的肯德基等属于市场挑战者。市场挑战者如果想向市场领导者或其他企业进行挑战，一是要确定战略目标和挑战对象。不同的挑战对象对应不同的战略目标，如果攻击市场领导者，挑战者的目标是夺走一部分市场份额；如果攻击和自己实力相当者，挑战者的目标是夺走竞争对手的大部分市场份额；如果市场挑战者攻击仅在一些细分市场经营的小企业，挑战者的目标是夺走其全部的市场份额。二是选择合适的竞争战略。市场竞争可以比照军事战略进行相应选择：第一，集中全力向竞争对手发起全面进攻；第二，集中优势力量进攻竞争对手弱点的侧翼进攻；第三，全方位、大规模的包围进攻；第四，尽量避免正面冲突，在对手没有防备或不可能防备的地方发起迂回进攻；第五，规模小、实力弱的小企业没有力量采用正面进攻或侧翼进攻，可以向竞争对手的某些产品或市场发起游击进攻，干扰竞争对手，最终使自己在市场站稳脚跟。

>> 小案例 >>

本田的"多面进攻"

日本本田公司曾经采用"多面进攻"的策略，成功地将本田摩托车打入了美国市场。本田公司一方面采用产品围攻策略，推出轻型高质量的摩托车、增加级变速、自动变速装置，向哈雷的豪华重型车发起围攻。另一方面又采用市场围攻的策略，以洛杉矶的销售子公司为基地，逐渐从西部向东部扩大销售区域，建立包括运动器材商店、汽艇销售店在内的广泛销售网络，努力做好维修工作和零部件的供应工作，终于使本田摩托车顺利打入了美国市场。

资料来源：董飞. 国际市场营销学[M]. 北京：北京大学出版社，2013

（三）市场跟随者

市场跟随者是指一些居于市场次要地位，愿意在产品、价格、渠道或促销等方面模仿或跟随市场领导者的企业。跟随是市场大多数企业的选择，实践证明，跟随成功的企业照样能获得高利润。市场跟随者通过模仿或改进领导者推出的新产品，大量推向市场，由于其节省了创新成本，也不用冒创新风险，所以市场跟随者通过跟随能获得高利润。在产品差异性很小或市场同质性很强的一些基础性行业，如冶金、石油冶炼、化学行业等，实施产品差异化的机会很小，几乎唯一的竞争手段就是价格战，但是很少有企业会采取这种战略，因为会遭到同行业其他大企业的报复，用价格挑战其他竞争对手是这些行业不明智的做法。

跟随行业领先企业需要技巧，否则会引起市场领先者的强烈报复。跟随战略的核心是寻找一条避免触动竞争者利益、免遭报复的发展道路。企业有以下跟随战略可以选择：一是紧密跟随，是指跟随者不注重创新，全面模仿市场领导者的产品、包装、渠道及促销等而获得一定的市场份额。但是如果企业跟随不慎，可能就会沦为"伪造者"，依靠生产"赝品"而生存，其结果不仅给被模仿者造成市场伤害，而且会引火烧身。二是距离跟随。这种跟随是企业在主要方面，如目标市场、新产品等方面追随领导者，但在其他方面和领导者保持一定差异，力图给目标市场带来不同于竞争者的益处。三是选择跟随。选择跟随是企业接受市场领导者的产品，但是会在某些方面进行改进以形成自己的产品特色，选择不同于领导者的细分市场进行经营。

（四）市场补缺者

市场补缺者又称为市场利基者（market nicher），是因为中小企业占据带来利润的有利的市场位置（西方称为 nicher，国人译作利基）。市场补缺者是指企业选择某一特定较小的细分市场为目标，提供专业化的服务，并以此为经营战略的企业。每个行业都有类似的中小企业，他们通过服务于被大企业忽视的某些细小市场，进行专业化经营获得最大限度的利益。

一般来说，一个理想的补缺市场具有以下特征：有足够的市场潜力和购买力；有利润增长潜力；对主要竞争者不具有吸引力；企业具备占有理想补缺基点所需的资源、能力和足以对抗竞争者的信誉。补缺战略成功的关键是专业化，企业可选择一种能扬长避短的专业化模式，如顾客、特殊市场、产品、服务、渠道、质量等专业化。市场补缺者往往是中小企业，实力较弱，其面临的市场风险主要为竞争者入侵或目标消费者的需求偏好发生变化，所以，市场补缺者的主要任务是创造补缺市场、扩大补缺市场、保护补缺市场。只要企业能在多个补缺市场上经营，就能降低一定的市场风险。

>> 小案例 >>

小镇上来了"沃尔玛"

沃尔玛并不总是受欢迎，事实上，美国小镇的商家将其称为"商场杀手"。沃尔玛之所以得到这一称号，是因为小镇上的商人都无法与它的品种齐全、价格低廉的商品竞争，从而被淘汰出局。当威斯康星州尼尔逊中心的老板弗雷德得知沃尔玛准备进入该镇后，采取了一些措施。他带领6个员工到140英里（1英里=1.609 344千米）外的沃尔玛侦察其商品价格。经分析，弗雷德知道自己无法与沃尔玛比价格，因为沃尔玛采购量大，他自己只能集中于一些空隙市场。

弗雷德决定降低玩具、家庭用品的存货量，完全清除保健和美容品，集中经营衣服、农用工具、礼品。这些产品比沃尔玛质量更高，品牌更多，并且扩展农用工具的维修和零部件订货服务，推出自由退货政策，延长服务时间。强化对主要客户——当地农场主的服务，扩大农场供应部门，使价格能与沃尔玛持平。

弗雷德的环境分析和战略选择得到回报。新战略使他获得稳定的利润，且销售额有所上升，从沃尔玛进入该镇前的每年680万美元上升到每年800万美元。

资料来源：http://www.doc88.com/p-3029983943280.html

【任务小结】

竞争是企业不可避免的市场遭遇。要想在激烈的国际市场竞争中获得胜利，企业首先要从行业环境角度分析行业竞争的激烈程度，即从行业内现有竞争对手的竞争程度、潜在的行业新进入者的竞争、替代品的竞争、买方的讨价还价能力及卖方的讨价还价能力五个行业环境进行分析。其次，企业从识别企业竞争对手、确定竞争对手未来竞争目标、确定竞争对手战略、评估竞争对手优势与劣势、预测竞争对手反应模式五个科学步骤判断自己的主要竞争对手和次要竞争对手，在此基础上对国际市场竞争者进行全面的战略分析。

在国际市场竞争战略中，依据美国战略专家迈克尔·波特的竞争理论，有三种通用的竞争战略，即成本领先战略、差异化竞争战略和集中化竞争战略。依据企业的市场规模、竞争能力、资源条件等客观情况，主要分为四种类型的竞争者，分别是市场领导者、市场挑战者、市场跟随者和市场利基者（补缺者）。企业应根据自己在竞争中所处的位置，制定合适的竞争战略。

【相关知识】

国际市场竞争新趋势——国际战略联盟

国际战略联盟又称跨国战略联盟或战略经营同盟，是指两家或两家以上企业为了相互需要、分担风险并实现共同目的而建立的一种合作方式。企业建立战略联盟的目的在于，与合作方协力加速扩大市场容量，以便从中获得一定的市场份额，这正是战略联盟创造新市场的思想，即不是去"抢"对手的市场，而是与对手共同创造并分享一个更大的市场。

国际战略联盟的产生有其深刻的社会经济背景。第二次世界大战后随着世界新政治与经济秩序迅速发展、高科技产业与信息产业的迅速发展、经济全球化与经济区域化的发展，全球竞争更加激烈。主要表现在以下几个方面。

全球竞争范围扩大，全方位地开展全球竞争，从劳动密集型领域拓展到资金、技术密集型领域；从传统产业向高科技和服务业发展；从有形产品领域向无形产品领域发展。开发新技术的难度越来越大，所需费用越来越多，单个企业难以筹措到如此巨额资金。

全球竞争内容发生巨大变化。从争夺市场扩展到争夺技术和人才及战略伙伴的竞争。营销策略的竞争则从价格竞争扩展到营销整合策略及服务策略的竞争。

全球竞争主体发生巨变。从原来主要是单个企业到企业集团、跨国公司间的竞争。

全球竞争形式发生根本性变化，从你死我活的竞争变成既合作又竞争的双赢战略。主要发达国家，特别是美国，自20世纪80年代中后期开始，对企业间的联合、购并行为的放宽限制，美国联邦贸易委员会及国会对反托拉斯的放宽，为美国大企业、超大型企业间的合并提供了空间。加之，美国司法部门对于企业间购并采取不干预的态度，从而有力地促进了美国企业合并浪潮，而美国的企业合并浪潮又推进了全球战略联盟或战略伙伴的形成。

当今国际战略联盟已从制造业拓展到服务业，从传统产业发展到高新技术产业。例如，戴姆勒—奔驰汽车公司同美国克莱斯勒汽车公司组成的越洋公司；柯达与佳能结盟，由佳能制造复印机，而以柯达的品牌销售的联盟；摩托罗拉与东芝达成协议，利用双方的专有技术制造微处理器；美国国民银行公司与美洲银行公司合并成为美国最大的商业银行；日本与美国两大金融机构即日兴证券与美国旅行者公司进行资本重组；美国 AT&T 和日本 NEC 建立了战略联盟；英特尔公司与微软公司结成了战略联盟；等等。

总之，未来国际市场的竞争不再是企业与企业的竞争，而是战略联盟之间的竞争。

【实践能力拓展】

（一）案例

拖住竞争对手

立邦涂料漆因其质量上乘，性价比高，以及多达100多个的品种和色彩而深受市场的欢迎，无可争议地成为中国家庭装饰涂料第一品牌。

在牢牢地占领了国内市场后，立邦决定将市场的触角延伸到国外市场，临近中国的印度成为立邦首选目标。印度人口众多，每年涂料市场需要6亿多升，且呈不断增加趋势，更重要的是尚无其他强势品牌入驻，市场空间巨大。

2007年立邦涂料印度公司成立，之后开始在印度一些较大的城市开设了100多家分店，凭借其多品牌、多色彩，立邦迅速挤垮了印度本土的一些涂料公司，稳坐上印度涂料市场的头把交椅。接下来的2008~2009年，立邦决定将产品市场进一步下移到印度下面的二三级城市，甚至是城镇农村市场，因为这些地方的潜在需求量更大，他们投入巨资新建和扩大了多条生产线，试图狠赚一把。然而，立邦的这次豪举却遭到了强有力的抵制，几近血本无归。

对立邦形成有效抵制的是印度本地一家涂料公司，中文名翻译过来叫"比格"。看到来势汹汹的立邦，之前活得还不错的比格感到大难临头，急忙展开应对。比格深知，自己没有立邦多达数百条的生产线，无法从多品种和多色彩上和立邦比肩。但是，通过仔细研究调查，他们惊喜发现，多品种和多色彩既是立邦的优势，同时也是立邦致命的劣势！因为虽然立邦有上百个品种和颜色，但是最受市场欢迎的，也只有五个品种和颜色，它们占到总销售量的92%，其余的则只占到8%。

发现这个问题后，比格集中力量只生产这五种畅销的涂料，而且售出的价格比立邦便宜1/4，这一下子吸引住了许多客户。与此同时，比格还了解到，立邦的产品线非常长，而印度二三级城市的交通偏偏不是很发达，更别说一些小城镇和农村了，这就意味着立邦很难在交通欠发达的地方建立自己的专卖店或代销处，这些地区的人如想买立邦涂料，则必须要辗转乘车到能买到的地方。此外，立邦对经销商要求也非常高，要求他们必须设立较高档次的展示店，因为进入门槛高，利润低，愿意做立邦经销商的人很少。

与立邦相比，比格则完全相反，他们对经销商设立的门槛很低，使许多小城镇和乡村里都有他们的代销处，便利性让比格一下子超越了立邦，占领了下面的市场。接下来，对于那些需要多品种、多色彩的客户，比格则主动用车把他们送到立邦的销售处，然后再帮其将买好的立邦涂料运回来。

资料来源：徐立新. 拖住竞争对手[J]. 思维与智慧，2012，8：66-67

（二）案例分析

不能不说，比格运用了智慧的竞争策略，成功占领了印度二、三级城镇和乡村的市场。比格免费推销立邦的产品做法看似很愚蠢，实际上是比格精明的表现。比格看到立邦其他品质和色彩的涂料只占市场的8%的市场，这样的市场占有率不会对自己造成大的威胁，而自己可以抢占几乎92%的市场。如果比格不把8%的市场留给立邦，立邦可能会砍掉非主流涂料的生产线，只生产畅销的5种品种和色彩，这样对比格无疑是致命的打击。为了拖住立邦的后腿，比格就免费帮立邦推销，时不时把8%的客户送到立邦那里，让立邦不得不持续进货，以满足这类顾客的需求，这样就无法改变生产线和营销思路，从而占用了立邦的大量资源，以至于腾不出手来和比格进行竞争。以8%的市场所失换取92%的市场所得，聪明的比格就心甘情愿地免费帮立邦进行推销。

（三）实践困境讨论

1. 在国际市场竞争中，企业如何进行有效的价格战？

价格战，也被称为"红海战略"，游戏规则就是弱肉强食。但是，价格战并不是一无是处，如果利用的好，就能成为打败竞争对手的有力武器。打价格战，主要应注意两个方面：第一，扬长避短。在中国汽车行业，价格大战可以说是此起彼伏，而奇瑞和吉利等民族品牌不仅没被价格战打得大伤元气，反而茁壮成长起来，并具备了与一些外资品牌抗衡的能力。他们也参与了价格战，但他们在价格战中，直接锁定的根本不是同类型的竞争对手。例如，奇瑞旗下的东方之子，它锁定的直接竞争对手不是诸如雅阁、马 6、君威等 B 级车型，而是选择外资品牌的 A 级车型作为对手，本身就不是一个级别面的车型的竞争，然后再充分发挥出其价格战的优势，当然会有很大的胜算。第二，价格战不能降低企业的产品或服务质量。有的企业为了降低成本，在价格战中会把产品的质量或者服务质量降低，这样无疑是一种自杀行为。价格战最终的受惠者是消费者，消费者在获得价格实惠的时候，如果发现产品带来的实际价值在降低，他们会对品牌产生质疑，从而对品牌造成伤害。

2. 在科技发展迅速的 21 世纪，企业如何确定合适的竞争战略？

企业的竞争战略如何确定，要根据企业所处环境与企业本身的具体情况而定，没有一成不变的格式。一些学者认为，21 世纪的企业所处环境为"不确定时代"，有众多难以预料的变化给企业造成前所未有的困难。因此，企业的许多观念和战略思想都应进行相应的调整。企业已经很难按照自己的意志去按部就班地实施制订好的战略计划，由顾客意志（满意程度及需求变化等）引发的不确定因素常常会让企业措手不及。同时，科技的迅速发展会使科技含量较多的产品生命周期缩短，更新换代加快。而信息技术的广泛应用使消费者的信息量激增，造成对某一品牌的专注程度明显下降。这些无疑都会给企业的营销活动及长远战略带来不少麻烦。不过，与此同时我们应当看到这种不确定性也加剧了行业内的竞争，使新兴企业打破旧格局，迅速崛起的可能性大大增加。在这种情况下，各个企业无论是为了保持领先的优势，还是力争后来居上，都无一例外地面临着重新调整在竞争中的行为和观念的问题，因此，加强企业战略的研究与调整是确定合适竞争战略的前提。

【情景实训】
国际竞争环境和竞争对手分析

1. 实训名称

分析企业所处竞争环境和面临的竞争对手。

2. 实训目的

培养学生对企业竞争战略应用的选择能力。

3. 实训内容

空中客车、波音竞争激烈　广告大战互相拆台

据路透社报道：空中客车公司（Airbus）与波音公司（Boeing）分别推出了更加省油的 A320neo 和波音 737 MAX 飞机，以抢占更多的市场份额，双方竞争十分激烈。

全球商用客机市场每年的交易额可达 1 000 亿美元。为抢占这个巨大的市场，波音、空中客车公司进行了一系列的竞争。最近，双方的战火蔓延到行业杂志上。他们在行业杂志的专栏上刊登了一些对方的负面广告。

2012 年 11 月 26 日空中客车公司在《航空周刊》上刊登广告，指责波音公司夸大波音 737 和 747 飞机的性能。

在这则广告上，空中客车把波音飞机设计为动漫人物匹诺曹的形象，有着长长的鼻子。飞机上方是广告的题目："为什么我们的竞争对手要夸大事实？"在童话故事中，匹诺曹每说一次谎话，鼻子就会变长。

空中客车公司的营销主管约翰·莱希（John Leahy）表示，选择匹诺曹作为主题是为了回应波音公司近来刊登广告，鼓吹波音飞机性能的做法："他们凭借手中大量的订单，公开地扭曲事实，着实过分。"

对此，波音公司为自己的广告进行了辩护。

波音商用飞机发言人马克·波特尔（Marc Birtel）表示："我们坚信波音的产品与服务非常优越，事实也证明如此，我们坚持我们对飞机性能的宣传。最终，我们的顾客也会依据他们的经验，分析需求，做出明智的决定。"

资料来源：http://news.carnoc.com/list/238/238363.html

4. 实训步骤

将学生分成四组，分析讨论上面的案例材料，讨论以下问题，以小组为单位提交讨论报告。讨论报告应包括以下内容。

（1）空中客车、波音在国际市场营销活动中各自所处的地位？

（2）根据背景资料，归纳和分析空中客车、波音应采用的竞争战略？

5. 实训要求

全体学生必须分组完成实训项目。每一个学生在小组中有明确的分工，认真阅读案例，收集、分析资料。要求小组进行分析讨论并对案例中的公司进行市场竞争环境分析、竞争对手分析、竞争战略选择等。

模块五

国际营销组合策略

任务一 国际产品策略

【学习目标】

◇ 了解国际产品策略的含义及类型；

◇ 熟练掌握标准化产品策略和差异化产品策略；

◇ 熟练掌握企业选择标准化产品策略和差异化产品策略的影响因素；

◇ 能根据企业自身及其面临的市场环境选择正确的产品营销策略。

【任务描述】

通用汽车的产品策略

通用汽车刚进入中国时，中国轿车各细分市场已形成竞争的格局：以夏利为代表的经济型轿车占据了中国轿车的低端市场，桑塔纳、捷达和雪铁龙富康是中档车市场的霸主，中高档轿车市场则以进口车为主。根据这一市场情况，通用决定将其目标市场定位于高档市场，向中国市场推出其成熟的别克车型。上市的第一年推出了当时在中国市场生产的最高档的三款轿车：别克新世纪、GLX和GL，率先在市场上赢得了主动。2000年，上海通用分别推出具有驾驶乐趣的别克CS和中国第一辆多功能公务车别克GL8，紧接着又针对20多万元的市场推出排量比较小的别克G，形成从20多万元到30多万元这样一个梯级排列的产品线。

随着别克车型在中国的成功，竞争者也纷纷瞄准高档车这一潜力巨大的市场：一汽大众和广州本田先后从德国大众和日本本田引进了与别克同一级的奥迪A6和本田雅阁，其中奥迪A6是国产顶级轿车的翘楚；本田雅阁则是当今最畅销的车型，全球销量超过800万辆；上海大众从德国大众集团引进更先进的、在国际上屡次获得大奖的帕萨特B5。这样，高档车市场竞争开始白热化，在25万~45万元这一级的市场上就有了奥迪A6、别克系列、本田雅阁和帕萨特四大品牌，别克系列轿车受到来自一汽大众、上汽大众和广州本田的严峻挑战。

为迎接市场的挑战，上海通用又对市场进行了分析：经济型轿车虽然价格便宜，但给消费者的印象是低质低价，缺乏一种具有竞争力的车型，市场上还没有一款完全意义上的进口轿车；经过了近两年的市场运作和品牌传播，别克轿车在中国已经有了很高的知名度和认知度。鉴于此，上海通用决定将产品线向低端延伸。

资料来源：http://www.doc88.com1p-34156629509.html

思考：

（1）刚进入中国市场时，通用汽车为什么进行这样的产品定位？

（2）通用汽车采用的是什么策略调整其产品组合？

（3）通用汽车产品策略的特点是什么？

【任务实施】

市场营销学的基本理论——4P 理论中的 4P 分别指的是产品、价格、渠道、促销。国际营销的战略无疑也应该围绕这四个方面进行。4P 理论中的"产品"是企业与市场的结合点，提供市场所需的产品是组织营销活动的核心，因此产品策略在营销 4P 策略组合中居首，是渠道、价格、促销策略的前提和基础。故产品策略是企业市场营销组合策略的重要内容之一。企业的市场营销活动，总是要以一定的产品去占领市场，产品是市场营销的物质条件，是其他营销组合策略的基石。企业必须针对目标市场的需要，制定标准化或差异化的产品策略。

一、国际产品策略的分类

（一）国际产品标准化策略

1. 国际产品标准化的含义

国际产品的标准化是指企业向全世界不同国家或地区的所有市场都提供相同的产品。而实施产品标准化的前提是市场全球化。过去的研究显示在其他情况相同时，企业通常会选择标准化。举例而言，品牌名称、产品特征及包装的标准化程度可能极高。跨国企业在发展中国家销售的商品有超过一半是来自于母公司所在的市场。在样本中，61 个子公司销售的 2 200 种商品中有 1 200 种是在美国或英国中发展出来的。也正因为此，标准化被称为技术创新体系的轴心。

2. 国际产品标准化策略的意义

（1）标准化可以提升企业社会声誉。当今社会，企业之间产品的竞争，已经不再是价格的竞争，而是品牌的竞争，而品牌则是通过企业产品质量、售后服务等来体现。企业采用标准化能够促进企业品牌形象的建立，提高企业的社会声誉。例如，企业采用国际标准化组织（International Organization for Standardization，ISO）产品质量认证体系，说明企业在产品质量方面已经达到一定的水平。对于一些专业性很强的产品，消费者或用户在这方面的知识短缺，他们选择产品，很大程度上依靠其他消费者或用户的推荐、该企业通过的认证，以及采用标准化的多少。

（2）标准化可以降低企业成本。标准化的采用，提高了企业产品之间的兼容性，减少了由于企业产品之间标准不一致，带来的巨大社会浪费。另外，企业通过标准化可以避免对某一个供货商的依赖，因为其他供货商依据公开的标准可以补充市场，于是企业的供货渠道不断增加。供应商数量的增加，加大了供货商之间的竞争，从而促使产品质量不断提高，价格也会不断降低。因此标准化可以降低企业的成本。

（3）标准化有利于企业之间战略同盟的形成。标准化形成了一个统一的产品和技术规则体系。在这种情况下，企业之间的合作，以及战略同盟的形成更加容易。标准化层面的合作对于企业很重要，因为通过协作效应，成本降低的潜力及成功的可能性都会提高。通过战略同盟的建立，可以为企业带来风险共担、技术共享、规模经济及固定成本分摊的作用。

（4）标准化可以打破技术贸易壁垒。发达国家不断通过各种国家或区域标准设置技术壁垒，阻止发展中国家产品进入其市场。标准是在区域经济内针对其他标准作为一种非关税贸易壁垒的武器。如果企业在全球市场上通过国际标准化组织或国际电工委员会（International Electrotechnical Commission，IEC）认证，在欧洲市场上通过相应的欧洲标准（European Norm，EN）认证，可以很好地打破发达国家设置的技术壁垒，促进出口。

>> 小案例 >>

麦当劳服务营销的策略

尽管世界各国的市场都无一例外地在不断变化，尽管不同国家的市场环境存在着极大的差别，但整个麦当劳无论是美国国内的连锁店还是遍布世界各地的连锁店，其高度程式化的营销策略集中表现在以下几个主要方面。

（1）产品的标准化。20世纪40年代麦克唐纳兄弟创建了麦当劳这家快餐连锁店，60年代克罗克以270万美元收购了这家快餐店的一切资产，历经70余年的发展，早已是全球最大的快餐企业。然而，在其整个的发展过程中，麦当劳向顾客提供的食品始终只是汉堡包、炸薯条、冰激凌和软饮料等。即便有变化也只是原有基础上的细微变化。例如，在汉堡包中增加点鸡肉。70年代末，麦当劳开始涉足跨国经营，其遍布世界各地的连锁店早已逾万家。尽管不同国家的消费者在饮食文化等方面存在着很大的差别，但是麦当劳仍然淡化这种差别，向各国消费者提供着极其相似的产品。麦当劳对食品的标准化不仅有着定性的规定，而且有着定量的规定。例如，汉堡包的直径统一规定为25厘米，食品中的脂肪含量不得超过19%，炸薯条和咖啡的保存时间不得超过10分钟和30分钟，甚至对土豆的大小与外形等都有规定。这些规定在各地的连锁店中必须严格执行，并且每年会进行两次严格的检查。

（2）分销的标准化。无论是麦当劳自己经营的连锁店还是授权经营的连锁店，店址的选择都有着严格的规定。最初的店址规定是：5千米的半径范围内有5万以上的居民居住。后来这一规定被更改了，并规定连锁店必须建于繁华的商业地段，诸如大型商场、超市、学校或政府机关旁边等。这一规定沿袭至今并且作为选择被授权人的重要条件之一。不仅如此，所有连锁店的店面装饰与店内布置还必须按照相同的标准完成。

（3）促销的标准化。麦当劳在其整个经营过程中始终都坚持以儿童作为主要促销对象，其促销理念是吸引儿童消费吸引全家消费，为此，店内有供儿童娱乐的场所和玩具。其促销的方式主要是电视广告。为了使所制定的各项标准能够在世界各地的连锁店得到严格执行，麦当劳设立了汉堡包大学，以此来培养店长和管理人员。此外，麦当劳还编写了一本长达 350 页的员工操作手册，详细规定了各项工作的作业方法和步骤，以此来指导世界各地员工的工作。

资料来源：http://doc.mbalib.com/view/cc4c96fd6fdbe69cfe6e3a01eff7c863.html

（二）国际产品差异化策略

1. 国际产品差异化的含义

国际产品差异化是指企业的产品因地制宜，对不同国家和地区的市场提供不同或调整过的产品，以适应当地市场的特殊需要。国际产品的差异化又称为定制化，就是要求国际企业的营销人员不断调查研究不同国家和地区的市场在经济、文化、地理等方面的差别，而提供能迎合当地消费者口味的产品，不少调查报告表明，许多企业在国际营销中的重大错误之一就是产品设计没有因地制宜地进行修改，没有采用差异化策略。按照产业组织理论，产品差异是市场结构的一个主要要素，企业控制市场的程度取决于它们使自己的产品差异化的成功程度。除了完全竞争市场（产品同质）和寡头垄断市场（产品单一）以外，通常产品差异是普遍存在的。企业对于那些与其他产品存在差异的产品拥有绝对的垄断权，这种垄断权构筑了其他企业进入该市场或行业的壁垒，形成竞争优势。同时，企业在形成产品实体的要素上或在提供产品过程中，造成足以区别于其他同类产品以吸引购买者的特殊性，从而导致消费者的偏好和忠诚。这样，产品差异化不仅迫使外部进入者耗费巨资去征服现有客户的忠实性而由此造成某种障碍，而且又在同一市场上使本企业与其他企业区别开来，以产品差异为基础争夺市场竞争的有利地位。因此，产品差异化对于企业的营销活动具有重要意义。

2. 产品差异化的表现形式

产品差异化的概念比较大，但本质含义是相对于同质化或者成本优势而言的一种竞争手段或者产品定位。成本优势是指提供具有基本相同的使用价值的产品，通过生产成本或销售价格更低的办法取得竞争优势，就好比同样的一个充电器，A 和与 B 两个不同企业成本分别是 8 元、7 元，相同销售价格下 B 的获利更好，而相同获利下 B 的竞争力更明显。产品差异化具体有以下几种不同表现。

（1）产品价格定位差异化。产品差异化通俗地讲是高中低档定位不同，如打火机，一次性打火机和 ZIPPO 档次不同，消费群体因此而不同。

（2）技术差异化。例如，尚朋堂电磁炉使用双圈加热路线，达到提升加热均匀程度，其他品牌都是单圈加热的。

（3）功能差异化。功能差异化是指不改变基本使用价值的前提下，通过延伸或附加功能的不同提高竞争力的办法。例如，索爱手机强力开发 MP3 功能。

（4）文化差异化。销售不同文化，如北京布鞋也是鞋，但销售对象的文化取向有差异，陶玉梅服装也是如此，ZIPPO 也是销售一种文化。

3．国际产品差异化策略的意义

（1）建立起顾客对产品或服务的认识和信赖，当产品或服务的价格发生变化时，顾客的敏感程度就会降低。这样，差异化可为企业在同行业竞争中形成一个隔离地带，避免竞争对手的侵害。

（2）顾客对商标的信赖和忠实形成了强有力的行业进入障碍。如果行业新的加入者参与竞争，它必须扭转顾客对原产品的信赖和克服原产品的独特性的影响，这就增加了新加入者进入该行业的难度。

（3）差异化策略产生的高边际收益增强了企业对付供应商讨价还价的能力。

（4）企业通过差异化策略，使购买商缺乏与之可比较的产品选择，降低购买商对价格的敏感度。另外，产品差异化使购买商具有较高的转换成本，使其依赖于企业。这些都可削弱购买商的讨价还价能力。

（5）企业通过差异化策略建立起顾客对本产品的信赖，使替代产品无法在性能上与之竞争。

>> 小案例 >>

宝洁公司的差异化营销

始创于 1837 年的宝洁，是全球最大的日用消费品公司之一，位列《财富》全球 500 强之一，2006 年宝洁公司全球销售额达到 764 亿美元，同比增长 12%。

宝洁公司全球雇员近 10 万，在全球 80 多个国家设有工厂及分公司，所经营的 300 多个品牌的产品畅销 160 多个国家和地区，其中包括织物及家居护理、美发美容、婴儿及家庭护理、健康护理、食品及饮料等。2005 年，宝洁公司收购了 Gillete，开辟了男士剃须用品市场；2008 年，宝洁与 Gillete 的业务基本完成整合，当年宝洁全球销售额高达 835 亿美元，实现净利润 120 亿美元，每股收益增长 20%（增长达 3.64 美元），10 美元品牌达到 24 个，成为当之无愧的世界日用品"老大"。

宝洁公司经营的多种品牌策略不是把一种产品简单地贴上几种商标，而是追求同类产品不同品牌之间的差异，包括功能、包装、宣传等各方面，从而形成每个品牌的鲜明个性。这样，每个品牌有自己的发展空间，市场就不会重叠。

以洗发水为例，宝洁公司在中国市场上共有五大洗发品牌：海飞丝宣扬的是去头屑，"头屑去无踪，秀发更出众"；飘柔突出"飘逸柔顺"；潘婷则强调"营养头发，更健康更亮泽";"沙宣"是专业美发;"伊卡露"则注重草本精华。于是宝洁构筑了一条完整的美发护法染发的产品线,最大限度地瓜分了市场。

资料来源:http://www.docin.com/p-345282003.html

二、影响企业国际产品策略选择的因素

无论是产品标准化策略还是产品差异化策略,都有着一批践行之并取得成功的企业。例如,雀巢咖啡和可口可乐,无论在哪一个国家,都是一种口味,相似的包装。用这样的产品策略企业能够得以迅速扩大生产规模,节约产品和经营成本,也降低了产品开发和营销的费用。同时,由于同一种产品卖向许多不同的国家,因而简化了出口管理。但是标准化策略仅强调了不同国家消费者之间的相同一面,而在某些特定条件下当不同点超过相同点,标准化产品的销售就会遇到麻烦,很难满足消费者之间不同的需求,所以更多的企业采用了差异化的产品策略。宝洁公司和海尔集团,凭借着强大的针对具体市场开发新产品的能力,在产品差异化策略的路线上取得巨大成功。影响企业选择标准化策略还是差异化策略的因素有很多,具体说来可以概括为企业自身的因素和目标市场因素。

(一)企业自身的因素

1. 跨国公司国际营销所处的具体阶段

跨国公司在开始进入国际市场时,一般采用产品标准化营销策略开拓国际市场,并在适应东道国环境的基础上,逐步实现差异化营销。采用标准化营销策略能够有效减低国际市场的进入壁垒,以较低的产品成本及时进入国际市场和扩大市场份额;否则,率先实行差异化营销策略将会使产品成本及进入成本过高,很难启动国际市场。

2. 企业能力

企业能力是指跨国公司实施产品标准化与差异化营销策略的能力,它直接决定了跨国公司在国际市场上的活动范围和营销能力。另外,企业能力同消除文化差异的障碍也有一定的关系。当跨国公司具有能够有效破除跨国文化差异的能力时,便有了足够的能力来满足当地消费者对产品的差异化需求,因此能够提高差异化的程度。

3. 跨国公司所实施的竞争战略

一般而言,以成本领先战略作为竞争战略的企业应以产品标准化策略进入国际市场,以差异化战略作为竞争战略的企业应实施产品差异化策略。否则将会出现战略的转换成本,增大国际营销的风险。

（二）目标市场因素

1. 市场需求的特点

如果跨国公司目标市场的需求显现同质化的特点，则选择产品标准化策略既能够满足顾客需求，又能因产品的标准化而节约生产、销售、管理成本。反之，则跨国公司就应该采用产品差异化策略满足不同国家或地区的顾客不同的需求。

2. 行业特征和产品特点

高科技产业属于典型的"全球行业"，IT 等新兴产业，以及钢铁、大宗化学品和半导体芯片等行业的跨国公司，往往通过产品标准化进入全球主要市场，以规模效益来削减成本和获取丰富的收益；而在快餐、娱乐和休闲等传统服务产业中，跨国企业则需要运用产品差异化策略细分全球市场，根据各国消费者的不同偏好调整在各国的产品。在产品特性方面，工业产品比消费品更具有标准化的潜力。

3. 法律法规限制

因为法律法规限制和文化冲突，要想进入一个地区，必须采取差异化策略，如在印度就不能卖牛肉汉堡，如果想进入欧洲，企业的产品质量要求必须达到其标准。

4. 国际标准和国别标准的差异

随着工业化的发展，各国为了规范行业发展，都为产业和产品制定了具体标准。总体来说标准大都相似，但是也存在着细微差别，有些国家明确规定，必须在本国采用本国产品。因为为了进入这个市场，也需要对产品采取一些差异化。

5. 其他市场因素

不同国家的人均收入差别很大，这关系着他们对产品使用寿命的关心程度，关系着他们对包装材料要求的高低，等等。而且不同国家的人在欣赏水平和消费口味上有着很大不同，这些都是供应商必须考虑的问题。

影响跨国公司确定全球产品营销策略有诸多因素，在企业做出任何理性的营销策略之前，应该从多维度权衡利弊，为企业的全球化战略选择最佳的产品营销策略，以在全球激烈的市场竞争中获得有利地位。

小案例

家乐福在日本的退败

2005 年 3 月 10 日，家乐福发布公告，宣布与日本零售巨头永旺（AEON）结成战略合作伙伴关系，永旺接管家乐福在日本的业务。该公告称，家乐福将向永旺出售其在日本的八家大卖场。双方合作内容包括：继续在日本使用家乐福的品牌；在双方认同的商业模式下进行合作；在家乐福的日本店内，可以出售印有家乐福标志的商品，在永旺的店内，也可以出售印有法国制造标志的商品。

家乐福以 8 000 万欧元（约合 1.07 亿美元）的价格将其设在日本的 8 家超市卖给永旺集团，售价仅为这些超市 2004 年营业额的 25%。同时，家乐福设在墨西哥的 29 家超市则以 5.45 亿美元的价格转让给该国的 CHEDRAUI 集团，成交价格与这些超市 2003 年营业额基本相当。

当家乐福谨慎而又雄心勃勃地进入日本市场时，它并没有料到，会因为经营不善而不得不从世界第二大零售市场——日本退出。这也是家乐福继 1993 年退出全球最大的零售市场——美国之后的又一次战略"大撤退"。此前，家乐福曾于 20 世纪 60 年代退出英国市场，并于 1993 年从 1988 年才进军的美国市场完全撤出。1999 年，家乐福在中国香港苦苦经营了 3 年之后，宣布退出中国香港市场。为什么家乐福会在这些重要的国际市场上节节败退？

资料来源：刘志超，罗凤翔. 国际市场营销实训教程[M]. 北京：中国商务出版社，2008

【任务小结】

在跨国公司实施全球化战略的路途上，在什么阶段选择哪种产品营销策略的影响因素是很多的。当目标市场情况与其东道国市场，在产品需求、政府政策法规、消费习惯、收入水平等方面比较接近时就可以采取产品标准化策略。否则，企业应积极采取产品差异化策略，以适应目标市场国与东道国各方面的差异，最终取得商业经营的成功。家乐福的例子就很好地说明了未能具体分析市场而盲目推广标准化的产品策略，最终会因市场各方面的差异而导致失败。家乐福能在西方国家成功，同样的模式未必适应东方国家。家乐福在中国的大城市的推广模式未必适应中小城市。

国际营销管理人员应该具备分析影响企业进行国际产品策略选择因素的能力。影响因素既有外部因素，也有内部因素，既有微观因素也有国家的宏观因素。

【相关知识】

除了产品标准化策略和产品差异化策略的分类，根据企业产品与市场开发的关系，学界也有将国际产品策略分为固有产品策略、产品更改策略、机会牵引策略、聚力开发策略、专门产品策略、尾随跟进策略的分类方法。

（1）固有产品策略。以本国或本企业原有的产品直接打入国际市场，即为固有产品策略。运用此策略的产品范围是有限的，并不是任何固有产品都可行销国外，凡可直接销往国外的产品，一般都具有某种需求共性。下述三类产品可用于此策略：传统产品，如景德镇瓷器、法国葡萄酒、美国的可口可乐；矿产品及某些原材料产品，如石油、煤炭等；某些已畅销国内市场的产品。由于此策略大大方便了营销者，无需另行研究开发新产品，可以降低成本，所以该策略很具有吸引力。

（2）产品更改策略。这是基于改变整体产品要素的思想之上而产生的产品策略。国际市场的需求与国内市场的需求具有有很大的不同，很多产品在某些方面必须做出相应的改变，才能适应国际市场的需要。当然，更改整体产品的哪个部分和如何更改，需要根据国际市场情况而定，也正因如此，在变化无常的国际市场上，在产品的"个性化"方面，该策略显示了很高的灵活性。一般产品的更改着眼于下述五个方面：①功能的更改。这是一项能给消费者提供更多利益的产品更改内容，如空调车等。②外观的更改。这主要是对式样的颜色进行更改。更改的原因是因为产品使用国的条件特殊和文化环境不同，如厨具的大小和衣着的色彩、款式等。③包装的更改。包装的更改与销售地的自然状况和产销两地的运输距离有直接关系，但国际市场营销特别强调包装，是因为消费国的风俗习惯和消费水平更为重要。④商标、厂牌和标签的更改。在这方面的更改，除有不同的文化要求以外，消费国的法律也有这方面的规定，如加拿大要求商标必须用英、法两国文字书写其内容等。从营销学的角度来说，商标画面的设计必须要有艺术性和吸引力，要与个性化的包装及产品相呼应。⑤服务的更改。做好产品的服务工作（如保修、供应零配件等），对保证产品的销售十分重要。作为整体产品的一部分，良好的服务可以增强用户的购买信心，提高产品的声誉，打开市场、扩大销路。

（3）机会牵引策略。这是一种以市场机会为导向的产品开发策略。该策略要求国际营销者树起"全方位天线"，如雷达的天线对准天空 360 度旋转一样，在任何方位遇有反射波就可以确定周围环境中某种产品的潜在市场存在，之后便据此提供产品。这种策略主要有五种形式：①创造新产品，开创新潮流。②依据或创造新的消费形式，提供产品。③找出外国公司忽略或服务不周的产品和市场，提供产品。④把握消费特点转变的机会，提供产品。⑤研究竞争者的产品，再提供自己的产品。

（4）聚力开发策略。新产品在按着严格的管理程序生产并打入市场以后，企业不再对这一产品项目进行小的改动，而是把改进的想法积累起来，运用到下一代新产品的设计中去。

目前，产品的生命周期大大地缩短了。在美国新开发的产品，经过 2~3 年就要退出市场，在中国有些产品经过 3~5 年的时间也会失去原有的市场地位。因此，在已经缩短的产品生命周期内，企业保持产品的相对稳定性是极为重要的。从消费者的方面来看，一件新上市的产品，企业经营宣布产品有所改进，会在顾客当中留下一个设计不成熟、质量不可靠的印象，人们会等待着产品的全面改进。就企业方面来说，频繁地对产品的某些部分进行变动，会增加企业的生产费用和管理费用，给生产部门带来麻烦，甚至在企业还没有收回成本与合理的利润以前不得不退出市场。不仅如此，企业还会因为在平时过于分散精力，而延误了下一代新产品的开发。很显然，在新的形势下，企业放弃那些无关紧要或华而不实零星小改，而集中力量大改，是非常明智的，运用这种策略不仅对企业有利，而且也对消费者有利。

（5）专门产品策略。这种新产品策略不主张开发普通的大众化产品。这种策略不仅可以及时设计与投产新产品适应新兴的市场需要，而且还充分反映了市场的细分化的观点。一般性产品生产批量大、品种少、市场面大，方便企业的生产，但应变性差，一旦在竞争中被淘汰，就会招来重大损失。因此，在新技术革命条件下，国际上从经营一般产品转向经营专门化产品已成潮流。

目前，中国的一般化产品还有很多，这是相应于中国现实经济水平与消费水平的现象，但是有些大众化产品已开始失去它的市场。很简单，这种产品适应需求的硬度太大，勉强了消费者，时间一长，消费有所提高的顾客及需求偏好有差异的顾客，就会对一些专门化的产品产生需求。所以，有的企业生产了一般化的产品，就要想着开发专门化的产品。有的新兴企业，从一开始就应着眼于专门产品。

（6）尾随跟进策略。这是一种企业着眼于发展刚刚被某家企业开发出来的新产品策略。在现代社会，由于市场信息系统和各类情报网的建立，先进厂家花大力气首创的新产品，不难被很快学到手。所以，先进者不一定很成功，而紧跟者却受益不少，紧跟者可以节省大量研究费用，缩短发展时间，及时跟上先进水平，甚至会超过首创者。

以日本索尼公司为例，它在家用电器方面推陈出新可谓世界前茅，但由于竞争激烈，它的新产品往往很快被同行业竞争者效仿，因此所获利益越来越少。以盒式录像机为例，1983年它的盈利额大幅度下降。而著名的国际商用机器公司却是一个成功的紧跟者，它在中央处理机和微型机这两个重要产品方面都是后发制人，后来居上的。这种情况可以使后进企业把研究和开发战略的重点放在仿制、引进和学习上，而不是最先进的产品上。

这一策略对于中国具有更为现实的意义。可以说它更符合中国的国情，中国要在最短的时间内赶超世界先进水平，这一策略当推为首。这并不是反对独创和发明，独创和发明是更伟大的战略，资力雄厚的企业可以着眼于此，而国家也该集中力量在某些重要方面获得自己的领先地位。

资料来源：http://baike.1688.com/doc/view-d1627676.html

【实践能力拓展】

（一）案例

屈臣氏的差异化竞争战略案例分析

屈臣氏是1828年成立于广州的一个小药房，于1841年将业务拓展到香港。到了20世纪初叶，屈臣氏已经在中国与菲律宾奠定了雄厚的业务根基，旗下有一百多家零售店与药房。1981年，华人首富李嘉诚旗下的和记黄埔将屈臣氏收购，通过导入现代商业管理理念系统，将屈臣氏变成了全球首屈一指的个人护理用品、美容、护肤商业业态的巨擘。发展到今天，屈臣氏在全球门店数已超五千家，销售额逾百亿港元，业务遍及亚、欧等四十多个国家和地区。

1. 产品组合差异化

其中"健康"类产品从处方药到各种保健品、维生素等，占总数的18%；"美态"类产品从各种化妆品到各类日常护理用品，占总数的65%；而"欢乐"类产品包括各种服装、饰物、精品、礼品、糖果、贺卡和玩具等，占总数的17%。而屈臣氏的自有品牌主要集中在健与美的产品领域，即护肤、美发产品等500种产品。这些产品都经过了市场调研，即对店铺销售趋势和消费者偏好进行分析。这样一种产品系列组合的价值，就可以在差异化的品牌延伸中，为顾客提供全面解决方案，顾客可以从屈臣氏提供的产品组合中获得一种心理上和物质上的支持，从而在消费个性化上获得自己的成功。

同时，在做到产品组合的同时，屈臣氏强调针对顾客进行价格组合，而不是将顾客的钱一次赚个够，要将廉价与高品质的双重品牌构成奉献给消费者，在"可持续赚钱"中保持顾客的持续购买。

2. 市场定位差异化

屈臣氏在 1989~1997 年，发展不尽如人意。其原因就是没有建立好自己的目标顾客群。屈臣氏在调研中发现，亚洲女性会用更多的时间进行逛街购物，她们愿意投入大量时间去寻找更便宜或是更好的产品，这与西方国家的消费习惯明显不同。中国内地的女性平均在每个店里逗留的时间是 20 分钟，而在欧洲只有 5 分钟左右。这种差异，让屈臣氏最终将中国内地的主要目标市场锁定在 18~40 岁的女性，特别是 18~35 岁的时尚女性。屈臣氏认为这个年龄段的女性消费者是最富有挑战精神的。她们喜欢用最好的产品，寻求新奇体验，追求时尚，愿意在朋友面前展示自我。她们更愿意用金钱为自己带来大的变革，愿意进行各种新的尝试。而之所以更关注 40 岁以下的消费者，是因为年龄更长一些的女性大多早已经有了自己固定的品牌和生活方式了。

2004 年，屈臣氏选择了消费者购买最频繁、对购买支出影响最大的 1 200 多种保健与美容护肤商品进行让利。价格平均低于市场价格 5% 左右。其中自有品牌产品占减价商品的 15%，这些自有品牌产品的价格甚至比同类产品在其他超市的售价低 20%~30%。这次活动宣称：如果消费者发现同样商品在其他店以更低价出售，则可以享受差额的双倍奉还。

这次低价活动不仅重新诠释了屈臣氏时尚消费的观念，更带给广大追求生活品质的消费者前所未有的购物新体验。从这时开始，"保证低价"成为屈臣氏为中国内地消费者量身定做的长期让利策略。有关"保证低价"策略消费者调查结果显示：消费者对其认知程度非常高，而低价、高品质、产品深度与广度是消费者选择到屈臣氏购物的主要因素。

3. 渠道差异化

（1）购物环境差异化。走进屈臣氏任何一家门店，迎接顾客的首先是欢乐的音乐，还有摆放在商店里独有的可爱的公仔、糖果等，一些可爱的标志，如"心""嘴唇""笑脸"等都会出现在公司的货架上、收银台和购物袋上，这一切都给消费者欢乐、温馨、有趣的感觉，向消费者传递着乐观的生活态度。

（2）售后服务差异化。屈臣氏拥有一支强大的健康顾问队伍，以"健康活力人士"命名的专业队伍，常年为顾客免费提供健康生活的咨询与服务。在店内提供陈列信息快递《护肤易》等各种个人护理资料手册，免费提供各种皮肤护理咨询，在药品柜台建立"健康知己"资料展架。提供各种保健营养分配和疾病预防治疗方法等。以上种种经营策略，可以让顾客看到，屈臣氏关心的不仅仅是商品的销售，更注重对顾客体贴细致的关怀。

4. 促销差异化

（1）广告媒体差异化。由于零售商自有品牌仅在该零售商的内部进行销售，其广告宣传主要是借助零售商的商誉，与采用大众媒体相比，广告成本大大降低。屈臣氏店内有 25% 的空间留给自有品牌，包括所有一般品类及特殊品类，摆放在屈臣氏自有品牌区域比较显眼的位置。

（2）品牌形象差异化。屈臣氏在 19 世纪初的义诊及送药行为曾为它赢得了良好的社会形象。屈臣氏曾为孙中山在香港就学时提供奖学金的故事更使这个品牌不胫而走。为更好地诠释屈臣氏"欢乐"的品牌内涵，2004年6月，屈臣氏开发的新奇士果汁，与美国迪士尼公司合作在深圳上演"迪士尼100周年奇幻冰上巡演"项目，从娱乐角度切入，让人们感到轻松有趣之余，使屈臣氏"欢乐"主题淋漓尽致地体现出来，拉近了与消费者的距离。新奇士和迪士尼有着相近的消费群体——重视娱乐、思想年轻的乐观一族。新奇士与迪士尼品牌内涵相融合，增强了新奇士的品牌张力，丰富了屈臣氏的品牌内涵。

资料来源：http://wenku.baidu.com/link?url=5JeLf8UHFjW1SSbjdqaYAGy2HnEadqV2s
YazkoSVYpbqoEaiqZVs47gkeu8MytFkgGdRQZ9wXEElwtausa6UzZ1gm9_0hkrAS9QGpx5l6Cm

（二）案例分析

采用了产品差异化策略，是屈臣氏进行市场定位的根本点，也是屈臣氏如此成功的秘诀。产品差异化带来较高的收益，可以用来对付供方压力，同时可以缓解买方压力。当客户缺乏选择余地时其价格敏感性也就不高。最后，采取差异化策略而赢得顾客忠诚的公司，在面对替代品威胁时，其所处地位比其他竞争对手也更为有利。

（三）实践困境讨论

从以上案例及分析结果来看，有以下问题值得我们讨论。

1. 国际产品标准化策略和差异化策略，哪一个孰优孰劣？

在开拓国际市场时，企业面临着一个基本问题：是采用标准化的营销策略还是采用差异化的营销策略。标准化可以显著提高企业产品的产量和利润，然而在所有地方按一种方式营销一种产品会使企业无视顾客的需要，流失客源，事实也并不支持消费者趋同的观点，跨国界的消费群中很少有共性存在，而国内和国际所有消费群的差异性超过了其共性，标准化看起来并不是一个现实的策略。成功的跨国营销基本上都是以成功的跨越各国文化差异为前提的，世界各国文化的差异性决定了实行差异化策略的必要性，但是纯正的适应策略是昂贵和无效的。在国际商战中，日本企业比美国企业显示出更强的进击力，重要原因之一就是日本企业在适应异国文化方面比美国做得更好。另外，日本跨国企业的利润率远远低于美国也是不争的事实。因此，标准化与差异化各有利弊，获取更高的利润率与占领更多的市场份额，二者不可兼得，完全的标准化策略和纯粹的适应策略也都是不切实际的。

2. 屈臣氏对我国企业品牌建设有何启示？

国内企业采取国际产品差异化时，首先要转变观念，树立起"以顾客为中心"的理念。实施差异化策略中一个重要的环节是收集、整理、分析目标市场国消费者对某类商品的需求特性的信息。企业全员要深刻理解这种思想，并将它实践于工作中，进而升华为企业的核心价值观，为产品差异化策略的顺利发展做好思想上的保障。

【情景实训】

国际产品策略影响因素

1. 实训名称

分析影响国际产品策略选择的因素。

2. 实训目的

根据企业内外环境，判断影响国际产品策略选择的因素。

3. 实训内容

（1）肯德基刚进入中国市场，先选择中国的大城市，推出的都是汉堡配可乐等标准化的产品，随着在中国市场的扩大，渐渐推出带有中国特色的产品。例如，香菇草鸡焖饭等中式快餐也能在肯德基的快餐店找到踪迹。（　　　）

（2）苹果公司推出的 iPad 系列产品，每一系列产品出来，仅仅在文字等细小的环节做改动，便以统一的形象推向市场。（　　　）

（3）海尔根据日本市场的需求，设计酒柜式的冰箱。根据美欧市场的需求，领先在行业中推出双开门、大容量的冰箱。（　　　）

（4）中国制造的商品进入欧洲市场，需要 CE 认证。CE 认证是欧盟国家强制要求通过的安全指令。没有 CE 认证，欧盟之外的国家所生产的产品都与进入欧盟无缘。（　　　）

4. 实训步骤

（1）把全班同学分成三组。
（2）每组填写各组认为正确的影响因素。
（3）小组内讨论，找出最佳解决答案，并记录下来。

5. 实训要求

每组成员必须熟练掌握影响企业制定产品策略的企业自身因素和目标市场因素。企业自身因素有跨国公司国际营销所处的具体阶段、企业能力。目标市场因素有跨国公司所实施的竞争战略、市场需求的特点、行业特征和产品特点、法律法规限制、其他市场因素。

任务二　国际价格策略

【学习目标】
◇　了解国际价格策略的含义；
◇　熟练掌握影响国际产品价格的因素；
◇　能掌握基本的国际产品价格方法；

◇ 能根据企业面临的环境分析影响国际产品价格的因素。

【任务描述】

太姆的成功秘诀

美国太姆公司原来是一家生产军用信管计时器的小公司。第二次世界大战以后，单靠做军火生意的日子越来越难过。1950 年太姆公司开始涉足手表制造业，但是在当时手表市场上，强手如林，竞争十分激烈。太姆公司这样一个素不为人知的小公司要在这样激烈的市场上杀出来一条生路，开辟和扩大自己的产品市场，确实不是一件容易的事情。太姆公司的对策是，不断以低价向市场推出自己的新产品，他们认为，手表这种产品需求弹性较大，市场潜力也比较大，面临的市场竞争也比较激烈。因此，本公司的产品如果能采取较低的价格姿态，就比较容易进入市场，扩大销路。而且，较低的价格和利润率也容易使后来的竞争者望而却步，或挤掉已有的竞争者，因而能够使自己的产品较长时期占有市场。基于这样的考虑，太姆公司在长达几十年的经营活动中，一直坚持对新产品运用渗透定价策略，20 世纪 50 年代，太姆公司最初投入市场的男式手表每只定价近 7 美元左右，比当时一般低档次手表价格要低得多，1963 年他首次生产出电动手表推入市场，售价 30 美元，仅为当时市场上同类产品价格的一半。20 世纪 70 年代初，世界上一些主要手表制造商首次生产豪华型石英手表，定价在 1 千美元以上。1972 年，日本、瑞士和美国其他一些手表厂商生产的石英手表也以 400 美元或者更高的价格向市场推出，而同年四月，太姆公司的石英手表首次登场，售价才 175 美元，正确的定价策略带来了经营上的巨大成功。20 世纪 50 年代，在手表制造业中，知道太姆公司的人还寥寥无几，到了 60 年代，太姆公司的产品不仅在国内站稳了脚跟，而且一个接一个打出了国外市场，到了 70 年代，它已成为世界闻名手表制造公司，工厂遍布世界各地，年销售额达两亿美元，美国市场上每出售两块手表，就有一块是太姆（现改名太麦克斯）手表。

资料来源：http://www.doc88.com1P-70681951775.html

思考：

美国太姆公司运用什么价格策略使其经营取得了成功?

【任务实施】

进行国际市场营销活动时，企业对产品的定价是一个极其复杂、重要而又非常敏感的问题。产品定价的复杂性，是因为国际市场营销活动中的定价会受到比国内市场定价更多因素的影响和制约，由此造成所应采取的定价策略与方法也是复杂多变的；定价的重要性，是因为价格既是产品在海外市场竞争能力的体现，又是为企业创造利润的重要因素，产品价格制定的是否合理，往往会影响企业的生存与发展；而定价问题的敏感性则会反映在低价可能引起的反倾销诉讼等一系列法律问题上。

一、影响国际产品定价的因素

在国际市场营销中，产品定价主要受到五大因素的影响与制约，它们是产品的国际价值、产品的成本、产品竞争状况、市场供求状况及东道国政府和法律政策影响。

（一）产品的国际价值

产品在国际市场上的价值量，是由生产该产品所需的世界平均必要劳动时间决定的。不同国家在同一劳动时间内所生产的同种产品的不同量，有不同的国际价值，从而表现为不同的价格，即表现为按各自的国际价值表现的货币额。产品在国际市场上相互交换，必须按照国际价值进行。

（二）产品的成本

成本是产品定价的基础，国际营销定价同样不能背离成本这个基础。总的来说，产品成本可分为制造成本与销售成本两个部分。国际营销产品的成本表现为比国内营销更低的制造成本和比国内营销更高的销售成本的特点。其原因是：国际营销企业得以利用不同国家或地区生产要素的比较优势，在全球范围内组织生产，实现企业资源的最佳配置，从而可能取得比国内生产更低的制造成本。另外在某些行业，扩大生产可以降低单位产品制造成本，获得规模效益。但企业进行国际营销活动的程序却更为复杂，涉及的环节更多，常常会产生国内营销所没有的其他成本或费用，较为典型的有关税成本、融资及汇率风险成本等，从而增加产品的销售成本。

因此，企业在国际上进行市场营销时，产品的全部成本主要包括产品制造成本、仓储运输成本、分销成本、关税成本和风险成本等。

（1）产品制造成本。就产品制造成本而言，国际产品与国内产品包含的项目基本相同。主要有生产所必需的原材料和辅助材料费用、燃料和动力费用、职工的工资与福利费、产品的包装费、企业内部管理费用、固定资产折旧和特许权使用费等。需要注意的是国际产品的质量要求往往较高，为了满足这种高要求，生产成本不得不提高，特别是精美、坚固的包装等会造成额外费用，这其中的某些费用是国内市场产品所没有的。

（2）仓储运输成本。国际货物从出口地运送到进口地，往往要经过长距离的运输，多次的装卸和相应的仓储过程，运输成本常常大于国内营销。运输距离远近、运输方式选择等因素决定了不同的储运成本，从而影响到商品价格，通常可占货物价值的10%~15%。因此，在国际营销定价过程中，要将此项费用列入考虑范围。

（3）分销成本。相对于国内市场，国际市场的分销渠道跨度长、环节多、费用高。对出口产品而言，企业直接与当地消费者见面交易的情况是很少的。多数情况下，这些商品需通过中间商进行销售，以扩大销售面，增加销售数量。就可能涉及的中间商而言，不仅有批发商与零售商，而且还可能包括出口商、进口商、经销商或代理商等。以分销的层次来说，许多国家或地区存在多级分销体系。渠道长，中间环节多，必然导致流通费用的增加，与此同时，产品最终售价也会有所提高。因此，国际营销人员在中间商种类、数量的选择，以及中间商资信情况的调查方面必须慎重。

（4）关税成本。关税是指进出口商品经过一国海关边境时，由政府所设置的海关向其进出口商所征收的税收。它的目的主要在于：第一，保护国内产业和市场；第二，增加政府的财政收入；第三，调节进出口货物结构。关税额一般是用关税率来表示的，可以按从量、从价或混合的方式征收。除关税外，各国可能还有其他形式的进出口税，如交易税、增值税和零售税等。这些税收往往会给出口商造成沉重的成本负担，并导致商品价格的升高，影响到产品在当地市场的竞争力。

（5）风险成本。国际营销活动往往要承受更大的风险，各国货币利率的不同会给进出口商带来不同的资金成本，形成更大的风险。而计价货币或支付货币汇率变动的风险，买方或卖方的信用风险、东道国可能发生的金融风险或政治风险等也加大了产品销售的成本，并反映到产品的售价上来。

（三）产品竞争状况

竞争是影响企业制定产品价格的重要因素。竞争因素对国际营销定价的影响，取决于目标市场的竞争形式。当今国际市场的竞争状况主要表现为完全竞争、完全垄断和不完全竞争三种不同的类型，企业的定价行为相应表现出不同的特征。

在完全竞争条件下，产品的市场价格是由整个行业的供求关系自发决定的，个别企业只能是市场价格的接受者，并无定价的自由。而在完全垄断市场上，独家垄断企业控制与操纵产品的市场价格。这两种竞争形式在国际市场上并不多见。

不完全竞争市场介于完全竞争和完全垄断两种竞争形式之间，既有垄断因素又有竞争存在，这种形式最为常见。根据竞争与垄断的对比程度，不完全竞争市场又可进一步划分为垄断竞争和寡头垄断两种类型。垄断竞争市场具有两个方面的特点：一方面，由于众多生产厂家的存在，市场竞争激烈；另一方面，由于产品差异的存在，生产厂家对自己产品的定价拥有自主权，具有垄断性。例如，轻工、零售和服务等行业在许多国家属于垄断竞争市场。寡头垄断的市场形式表现为：少数几家大企业控制着某种产品的生产与销售，彼此之间相互约束与制衡，一家企业产品价格的变动往往直接引起其他几家企业的直接反应，因而市场价格相对稳定。许多国家的钢铁、汽车或石化等行业属于寡头垄断市场。在这种不完全竞争情况下，既存在着垄断制约因素，又存在着众多的复杂的竞争关系。一般而言，卖主之间的激烈竞争会导致买方市场的形成及价格的下降，而买主之间的竞争则会带来卖方市场的形成及价格的上升。

（四）市场供求状况

商品供给是指在一定的价格水平上，商品的生产者或所有者在市场上提供或能够提供的商品的数量。商品需求是指在一定价格水平上，消费者同时具有购买意愿及购买力的商品。市场供求关系是引起国际市场价格变动的基本要素。一般而言，在供求平衡条件下，国际市场价格制定的中心是国际价值或国际生产价格，但实际上由于垄断、经济周期性、销售手段等因素的影响，供求往往是不一致的，有时供大于求，有时供不应求，因此，商品的价格也通常会随着供求状况的变化而上下起落。

但是，我们必须看到，国际市场作为典型的买方市场，市场需求对产品价格的决定作用表现得尤为明显。市场需求对产品定价的影响表现在：市场需求的增加推动产品价格上涨，市场需求的减少逼迫产品价格下跌。影响国际市场对产品需求的因素很多，主要有当地市场的收入水平、消费者的习惯偏好和产品需求的价格弹性等。但在不同的国家或地区，这些因素影响的时间与作用的程度往往并不一样。

（五）东道国政府和法律政策影响

对于国际营销定价有着重要影响的环境因素，主要是政府对市场价格的干预。政府干预通常是指单个国家政府颁布价格管制法律法规或以其他形式进行的干预，或多个国家政府通过国际协定或利用国际组织，对某些产品的国际市场价格进行的干预。

单个国家政府对市场价格的干预主要有三种形式。

（1）价格控制。政府通过限定产品的最高售价，来稳定市场物价对付通货膨胀，或者限定产品的最低售价，来维持市场秩序反对恶性竞争。对于进口商品，政府通过反倾销法规，对低价进口商品征收反倾销税，以保护国内市场价格和国内厂商利益；对于出口商品，则设置最低限价或协调价格，防止恶性降价争夺客户。近年来愈演愈烈的反倾销案件是政府实施价格控制的典型例证。

（2）价格补贴。政府往往通过补贴政策降低出口产品的价格，增强其国际市场竞争能力。例如，对于某些大宗农副产品或工业原料，许多国家实施价格支持制度，由政府出面收购或者给予补贴，以稳定国内市场价格，保护生产厂商利益。补贴分为直接补贴和间接补贴两种，一般情况下，政府多采用间接补贴方式。其主要表现形式有减免税收、出口退税、给予优惠信贷、配额制度等。这些政府行为无疑会对国际产品定价产生重大影响。

（3）参与市场买卖。政府直接出面或者通过代理机构，在国际市场上大量购进或抛售某种产品，以达到控制或影响该产品国际市场价格的目的。例如，西方工业国家在短期内对石油等重要原料和战略物资大量购买或抛售行为。

总之，影响国际市场价格的因素复杂多样，既有经济的，又有政治的，而且变动频繁，难以及时准确地进行调查、分析和预测。因此，国际市场定价成为各国国际经营企业面对的最复杂的决策问题之一。

二、国际营销定价方法

国际市场营销定价方法与国内市场营销相似，主要包括成本导向定价法、市场导向定价法、竞争导向定价法和比较价格定价法四种。但国际市场价格的构成更复杂，因此企业要对一些基本定价方法灵活掌握和运用。

（一）成本导向定价法

成本导向定价法主要是以成本为依据，在考虑企业定价目标、市场需求、竞争格局等因素的基础上，增加适当利润的一种定价方法。

1. 加成定价法

成本加成定价法是指在单位产品总成本的基础上加上一定比例的利润来确定产品价格的方法。其计算公式为

$$单位产品售价 = 单位产品总成本 \times （1 + 成本利润率）$$

其中，单位产品总成本 = 单位产品固定成本 + 单位产品变动成本

这种价格计算简便，同时又可以保证各行业获得正常的利润率，以保证生产经营的正常进行。在市场供需稳定、波动小的条件下，许多企业采用此方法。这种方法的关键是要确定成本加成率，即成本利润率。在不同的国家、不同的行业、不同的产品及不同的市场竞争情况下，加成率是各不相同的。例如，美国零售业中的百货公司一般对烟草制品加成20%，相机加成28%，服装加成41%，而对食品杂货中的咖啡、牛奶、糖果的平均加成却较低。成本加成定价法由于是企业一厢情愿的产物，忽视了市场需求和竞争情况，并且经常会出现批发商加成率高于生产者、零售商的加成率高于批发商的状况，因此使用成本加成定价法要对加成率进行适时的调整，使市场价格趋于合理。

2. 边际成本定价法

边际成本定价法也称变动成本定价法。这种方法不计算固定成本，而以变动成本为计价基础。所谓边际贡献，是指产品扣除自身变动成本后给企业所做的贡献，首先用于收回企业的固定成本，如果还有剩余则成为利润，如果不足以收回固定成本则发生亏损。边际成本定价法的计算公式为

$$单位产品售价 = 单位变动成本 + 单位边际贡献$$

其中，单位变动成本 = 总变动成本 ÷ 总销售量

$$单位边际贡献 = 总边际贡献 ÷ 总销售量$$

采用这种方法的企业把海外销售额当做是额外的收入，补变动成本后的收益就是对总利润的贡献。产品在国际市场上供过于求且竞争非常激烈的情况下，可以采用此方法占领市场，在竞争中取胜。但这种方法确定的价格通常低于国内市场价格，因此企业易受到倾销的指控，所以这种方法不可长期使用。在企业生产能力过剩时，可以适当采用此方法。产品售价只要超出变动成本，就可以弥补一部分固定成本，使企业总利润增加。

3. 损益平衡定价法

这种方法又称保本点定价法，是指以收入与支出相平衡的原则来确定产品价格，也是盈利为零的销售价格。这种方法的关键是要确定企业的保本点，其计算公式为

$$保本点价格 = 固定成本/保本销售量 + 单位变动成本$$

$$保本销售量 = 固定成本/保本点价格 - 单位变动成本$$

由公式可看出保本点价格与保本销售量之间的关系：在保本点价格条件下，销售量只要高于保本销售量，企业就有利润，否则会发生亏损。这种定价方法通常是在国际市场不

景气、企业经营困难时采用，保本经营总比停业损失要少得多。另外，国际营销企业通常生产多种产品，有些产品可能是高利，有些产品可能是无利，甚至亏损。所以，在某一种产品暂时无法实现利润时，可相应提高其他产品的产量或售价，从而实现企业总体产品的盈利。

（二）市场导向定价法

市场导向定价法是以国外市场需求强度和消费者对产品价值的认知作为定价依据的一种方法，这种方法是按照消费者接受的价格而不是以产品的成本来确定价格。同一种产品在不同的国外市场有可能制定不同的价格。这种定价方法主要有市场理解价值定价法、市场倒推定价法和差别定价法三种。

1. 市场理解价值定价法

市场理解价值定价法也称为认知价值定价法，它是从市场需求出发，根据消费者的价值观念或感受及对产品价值的理解来定价。因此，在对某种产品进行定价时，企业要特别研究目标市场消费者对产品价值的判断标准是什么，是品牌、质量、包装、服务还是档次等；然后运用各种市场营销组合手段来影响消费者对企业产品的认识和理解，使消费者形成对本企业产品有利的价值观念；最后在全面、深入的调查研究工作的基础上，根据消费者对产品价值的理解水平，制定出尽可能准确的产品价格。所谓的"准确"，即消费者认为该产品有多大的"价值"，企业就定多高的价格。在制定价格的过程中，企业要注重考虑消费者的消费心理。消费者对产品价值不同的理解会形成不同的价格标准。对于一些名牌产品，由于其产品形象已深入人心，价格可以定得高一些；在一些国家被认为是重要的产品，尽管其成本较低，价格也可定得高一些。同时，要考虑产品的需求弹性，需求弹性大的产品，价格应定得低一些，需求弹性小的产品价格应定得高一些。

这种方法虽然主要研究消费者对产品价值的理解，但企业仍然要加强自身在投资、成本、利润等方面的把握，并结合国际市场消费者的收入水平、消费习惯等方面的差异，综合考虑各种因素，以确定较为合理的价格。

2. 市场倒推定价法

市场倒推定价法是企业事先预测出国外市场上消费者可接受的价格，然后扣除各种中间环节的费用，得出企业的出厂价格。这种方法对市场需求的适应性强，能确保企业在国际市场上的竞争力，同时又可防止产品价格过低遭遇反倾销起诉。

3. 差别定价法

差别定价法又称需求定价法，就是对同一种产品，根据不同的国家、不同的消费者、不同的时间分别制定不同的价格。这种差别通常不是因为产品的生产成本不同，而是因为顾客的需求不同。

（1）对不同的消费者，可以制定不同的价格。消费者由于职业、收入、年龄等不同，对同一种产品会产生不同的需求强度。例如，西装对于从事脑力劳动的消费者定价可以高一些，对于从事体力劳动的消费者定价可以低一些；对急需某种产品的消费者，可以制定较高的价格，反之，则应制定较低的价格。

（2）对同一种产品，由于型号、包装、用途等不同，可以制定不同的价格。例如，型号大的服装制定较高的价格，型号小点的服装适当降低价格；包装精美的产品价格定得高一些，包装简单的产品价格定得低一些。

（3）对不同地区的消费者，可以制定不同的价格。产品成本尽管相同，也可以制定不同的价格，如销往发达国家的产品可比销往发展中国家的产品定价高一些。

（4）对于不同时间或季节的产品，可以制定不同的价格。例如，在白天与夜间可以制定不同的价格；旺季时价格可定得高一些，淡季时价格可适当降低。

采用差别定价法需要企业对消费群体进行细分，同时注意价格差异不可过大，否则易引起消费者的反感，市场上也会出现以低价购入某种产品再高价卖出该产品的现象。此外，差别定价还必须符合目标市场国家的法律规定。

（三）竞争导向定价法

竞争导向定价法是企业根据国际市场产品竞争状况来确定本企业产品价格的一种方法。

1. 随行就市定价法

随行就市定价法也称通行价格定价法。这种方法是根据国际市场上同行业的平均价格水平来确定本企业产品价格的定价方法。采用此种方法时，企业只要"随大流"就可以，从而大大简化了定价程序并减少了定价费用，同时这种价格易于被消费者接受。这种方法适用于企业难以估算成本、市场竞争激烈且产品需求弹性较小或供求基本平衡的产品。

在国际市场上，对于小麦、茶叶、大豆、咖啡等大宗农副产品，其国际市场价格是经众多买卖双方通过多次交易达成的，已经成为标准价格，企业只需随行就市即可。在这种情况下，企业不能以成本来定价，只有降低成本以获取更多利润。

2. 密封投标定价法

密封投标定价法是买方引导卖方进行竞争投标，密封报价，再由买方根据众多卖方的报价，择优选择报价最低、质量高、服务好、买方最有利的投标者签订合同。在这里，买方为招标方，卖方为投标方。密封投标是通过招标、投标、开标过程来实现的，这种方法通常用于国际上的建筑工程承包，大型机械设备采购及政府、集团等的采购，其关键是投标报价。企业要掌握招标方的标底，并充分预测各投标方的报价，制定出低于竞争者且高于企业边际成本的合理报价。企业可以通过预测期望利润的方法来确定合理的报价。通常报价越高，中标率越低，所以报价要力求低于竞争者，目的是中标。最优报价是期望利润最高的价格。期望利润是在一定报价条件下其所对应的实际利润与报价的中标率的乘积。

（四）比较价格定价法

比较价格定价法是企业为了在竞争中制胜而采取的一种定价方法。企业要对自身产品的实际情况与竞争对手产品进行比较，确定出本企业产品的优势与劣势，并采取以等于、高于、低于竞争者的价格来确定本企业产品的价格。

1. 领导价格定价

一些实力雄厚的大企业在行业中能够占据主导位置，它们凭借其在资金、技术、生产规模、产品品牌等方面的优势地位左右市场的定价水平。这些大企业在同行业中具有领袖地位，它们制定的价格通常成为行业中的标准价格，许多小企业一般都自愿追随。

2. 高于竞争者价格

企业为了树立其产品的品牌形象和声望地位，把自己产品的价格定得远远高于领袖价格，凭借产品技术先进、质量优异的特性和能提供全面优质服务来打开销路。

3. 低于竞争者价格

企业在国际市场上通常会低于领袖价格定价，主动做出产品与领导者不在同一档次的姿态，以求利用低廉的价格在市场上获得一席之地。

企业在进行国际市场定价时，应多采用需求导向定价法和竞争导向定价法，因为成本导向定价法主要以本国企业产品成本为定价依据，脱离了国际市场的现实情况，因此，企业定价有可能偏高或偏低。中国企业过多地采用成本导向定价法使产品价格在国际市场上普遍偏低，如在法国市场上最好的中国米酒仅售价5欧元，其价格低于一瓶普通法国酒的价格。如此价格低廉的产品，对于打开销路有一定的好处。但还应看到，在发达国家，价格过低的产品往往被视为劣质产品，影响到产品销售，还容易被指控倾销产品而有可能被征收高额倾销税。所以，企业在国际市场定价时，应多考虑使用需求导向定价法和竞争导向定价法。

三、国际营销定价策略

国际营销定价策略是指企业在营销活动中，根据自身条件变化及所处的国际市场环境的具体情况，运用价格策略来获取竞争中的优势地位的一种手段。在国际市场营销中，企业常用的定价策略有新产品定价策略、心理定价策略、差别定价策略、折扣定价策略、国际转移定价策略等。

（一）新产品定价策略

企业在向国际市场推出一种全新产品时，一般可选用以下两种定价策略。

1. 撇脂定价策略

撇脂定价是指在产品生命周期的最初阶段，把产品的价格定得很高，以攫取最大利润，就如从鲜奶中撇取奶油。从市场营销实践看，在以下条件下，企业可以采用撇脂定价策略。

（1）高新产品，或是专利保护的产品，或是独家经营，别无竞争者。

（2）市场有足够的购买者，他们的需求缺乏弹性，即使把价格定得很高，市场需求也不会减少到可以降低销售收入的水平。

（3）商品的价格与其质量应该相符，即高价推出的新产品在消费者心目中应该是优质产品、高档产品。

2. 渗透定价策略

渗透定价策略和撇脂定价策略正好相反，渗透定价策略是指企业在新产品打入市场之初将价格定得很低，这样做的目的是迅速打开销路，争取到更多的购买者，提高市场占有率。采取这一策略的优点是新产品能迅速进入并占领新的国际市场，可以拥有价格方面的竞争优势，薄利多销可扩大产量，降低成本等。但也应看到此种策略亦有其不足，如不利于尽快地收回投资，不利于在消费者心目中塑造优质优价的产品形象。

一般而言，市场渗透策略能否成功，受到以下三个方面影响。

（1）市场价格需求弹性大，消费者对产品价格较为敏感，降低价格确实可以起到刺激消费需求的作用。

（2）低价出售仍使企业有盈利的可能，且不致引起竞争者的报复和倾销的指控。

（3）采用这种策略会使企业在短期内很难实现预期的收益目标。因而一定要对目标市场的政治稳定性、政策的制定、汇率的变动等问题有一个总体与长期的把握。

（二）心理定价策略

企业在对外销产品定价时，必须要研究消费者的价格心理。社会地位不同、经济收入不同的消费者往往对商品价值与品位高低有着不同的偏好，因此，应根据国外消费者的不同心理需求及特征，制定不同的价格策略。

1. 声望定价

声望定价是指企业利用消费者仰慕名牌商品或名店的声望所产生的某种心理，制定商品的价格。国际市场上的许多名牌产品、老牌产品，在消费者心目中占有极高地位，多数白领阶层人士及一大批年轻的消费者往往特别重视商品的品牌及企业的声望，对价格不是非常敏感，为了获得他们认同的品牌，他们可以不惜为此支付高昂的代价，因为他们认为这是身份与地位的象征。一般质量不易鉴别的商品的定价最适宜采用此法，因为消费者有崇尚名牌的心理，往往以价格判断质量，认为高价代表高质量。

2. 尾数定价

尾数定价是指利用消费者数字认知的某种心理，尽可能在价格数字上不进位，而保留零头。例如，一件商品标价299.30元一定比标价300元给顾客带来的吸引力大得多。一种心理效果是尾数定价会使消费者感觉价格较低，而另一种心理效果是消费者会认为产品价格是经过严格核算而制定的。现在这种尾数定价法在西方国家中已被相当普遍地应用。

3. 促销定价

促销定价主要是利用消费者"求廉"的心理，运用价格、信贷等手段进行促销，具体包括：①企业使某些商品的定价低于正常价格，甚至低于成本价。这些定价低廉的商品称为"牺牲品"，这样做是为了扩大这部分产品的销量，更主要的是为了通过这部分降价商品吸引顾客上门，使他们发现没有降价的那部分商品并产生兴趣，进而购买，最终达到促进全部产品销售的结果。②企业不对商品实行直接的降价销售，而是通过提供现金回扣的方式鼓励消费者进行大量购买。③在国际市场上常见的另一种价格策略是向长期或经常性购买的消费者提供一定数额的低息贷款，以此确保彼此之间较为稳定的供销关系，如美国福特汽车公司的汽车销售信贷。

> **小案例**

低价不好销，高价反抢手

美国亚利桑那州的一家珠宝店，采购到一批漂亮的绿宝石。由于数量较大，店主担心短时间销售不出去，影响资金周转，便决心只求微利，以低价销售。本以为会一抢而光，结果却事与愿违。几天过去，仅销出很少一部分。后来店老板急着要去外地谈生意，便在临走前匆匆留下一纸手令：我走后若仍销售不了，可按1/2的价格卖掉。几天后老板返回，见绿宝石销售一空，一问价格，却喜出望外。原来店员把店老板的指令误读成"按1~2倍的价格出售"，他们开始还犹豫不决，就又提价一倍，这才使绿宝石一售而空。

资料来源：http://wenku.baidu.com/view/fe65c5c869eae009581becfc.html

（三）差别定价策略

在国际营销中，企业在各个市场有时均采用统一的价格，这有利于企业形象在全球的统一及企业产品在全世界统一定位。但是在更多的情况下，企业更倾向于针对不同的消费者群体，不同的市场供求状况，不同的供货时日、地点及不同的支付手段等因素制定差别的定价策略。

1. 顾客差别定价

顾客差别定价是指企业对同一项产品，根据需求的迫切程度及对产品、行业内行程度的不同，而制定不同的价格。一般而言，对于那种需求弹性大、内行程度高的行业、用户，应制定较低的价格；而相反情况下，则可适当提高价格。例如，某汽车经销商按照价目表价格把某种型号汽车卖给顾客 A 的同时，按照较低价格把同一种型号汽车卖给顾客 B。这种价格差别表明，顾客的需求强度和商品知识有所不同。

2. 时间、季节差别定价

在国际营销中，商品价格随时间、季节变动而变动的幅度是很大的。就时间而言，不同时期、时点的价格策略都会有明显差异。对一些应季商品，季节对市场需求量往往产生很大影响。在淡季产品供过于求时，为了刺激消费，企业往往会将价格进行较大幅度下调，而到了旺季，产品供不应求，此时为了调节供求平衡，应将价格适当提高。例如，美国公用事业对商业用户（如旅馆、饭馆等）在一天中某些时间、周末和平常日子的收费标准有所不同。

3. 地域差别定价

有时，由于地域不同，人们会对同一种商品产生不同的需求强度，由此制定出不同的价格。例如，中国传统出口产品茶叶、丝绸、桐油等在国际市场上享有盛名，需求旺盛，因此，对这部分产品的出口定价应大大高于国内销价。

4. 产品形式差别定价

产品形式差别定价即企业对不同型号或形式的产品分别制定不同的价格，但是，不同型号或形式产品的价格之间的差额和成本费用之间的差额并不成比例。

需求和市场的异质性为差别定价提供了想象空间，差别定价的方法多种多样。虽然如此，企业采取差别定价策略应具备以下条件：①市场必须是可以细分的，而且各个市场部分需表现出不同的需求程度。②以较低价格购买某种产品的顾客没有可能以较高价格把这种产品倒卖给别人。③竞争者没有可能在企业以较高价格销售产品的市场上以低价竞销。④细分市场和控制市场的成本费用不得超过因实行价格差别而得到的额外收入，这就是说，不能得不偿失。⑤价格差别不能导致价格歧视，不能违法，不会引起顾客反感而放弃购买，影响销售。

（四）折扣定价策略

折扣定价策略是指在经营活动中，企业为了鼓励客户购买产品，在价格上给予一定的优惠激励措施，按某种比例减让商品的价格的定价方法。主要包括以下几种形式。

1. 现金折扣

现金折扣是一种根据买方付款期限不同而提出的折扣。买方付款越快，折扣率越高。买方如能当时付款或提前预付则可获得最高的折扣。采用此方式的企业是为了尽快收回资金，加速流转，降低风险。

2. 数量折扣

数量折扣是一种最为常见的折扣方式，即对大量购买的顾客给予低价。一般可分为一次性数量折扣和累计性数量折扣。所谓一次性数量折扣是指买方一次购买的数量越多，单价越低；而累计性数量折扣是指在一定时期内，买方累计购买量越大，单价越低。

3. 季节折扣

季节折扣是为稳定生产和销售而采用的策略。许多商品的销售具有明显的时令性。反季节或在销售淡季购买，企业就给予优惠价格折扣。

4. 职能折扣

有时卖方会需要买方承担一定的业务功能，如商品装卸、运输、存储、包装、加工等。买方在不同环节上承担的责任不同，折扣当然也不同。如果经销商能主动为产品进行一系列的促销活动，如广告宣传、设置专柜、橱窗展览、加派现场促销员等，那么可获得更低的进价。

小案例

让 利 销 售

20 世纪 70 年代初，美国市场竞争日趋激烈，有一家名叫"斯里兰"的百货公司，面临着被人吃掉的危险。为了求生存，他们突发奇招，以公司最为俏销的"雪山"牌毛毯，让利 8%，凡顾客在公司购得雪山牌毛毯一条，可得优惠券一张，凭此券再去公司可优惠15%，并再给顾客一张二次优惠券，顾客凭此券再去公司购物，便可优惠 20%，若顾客能三次购物，公司便发给顾客"忠实上帝"抽奖券一张，顾客凭此券便可参加公司根据购物价值级别设立的各种抽奖，奖品为公司所售的冰箱、彩电、计算机、自行车等，若顾客不能中奖，便可凭抽奖券在公司挑一件价值 3~5 美元的小商品作为感谢惠顾。此招一出，公司不但没有在竞争中被人吃掉，反而站住了脚跟。

资料来源：http://blog.sina.com.cn/s/blog_753b5f620100pdpy.html

（五）国际转移定价策略

这种定价技巧只存在于国际营销之中。它是指跨国经营的企业在母子公司之间、各子公司之间相互交易商品与劳务时使用的一种内部交易价格。其实质是跨国公司实现全球利益最大化的一种手段，因而，这种价格很少受供求关系的影响。

国际转移定价要考虑的问题一般是营销的成本和利润，其目的有以下三点。

1. 规避关税

关税是国际商品转移的重要成本。为了增加收益，许多跨国经营的企业都会采用转移价格的方法来规避关税。例如，荷兰某公司要向澳大利亚出口某种产品，澳方海关采用从价计税法，该商品关税率为30%。如果该商品价格为10 000元，则需缴纳关税3 000元。该荷兰公司在两边的子公司内部从事这项交易，定价仅为6 000元，则缴关税1 800元，少缴关税1 200元。这种规避关税的办法有时不一定在跨国公司内部，在关系较密切的两个不同公司之间也可以使用，尤其是当双方都有商品需求的情况下，则更为便利。随着世界经济集团化的趋势进一步加快，出现了许多地区性经济组织，如欧盟中各国之间的商品交换，关税具有减免政策。例如，日本一家公司要出口商品到德国，则要缴纳较高关税，因此日本公司可以把该产品的半成品以极低的价格卖给其在法国的子公司，在法国完成生产，并造成产品的大部分价值增值是在法国完成的假象，然后再将产品出口至德国。这样一来，就可获得关税的减免。

2. 规避所得税

世界各国各地区的所得税征收办法不同，税率也相差较大，这就给跨国公司提供了减少整个税额的办法。例如，A国的所得税高于B国，某跨国企业在两地设有子公司，当该企业的商品和劳务由A国转移到B国时，价格低于正常水平；当由B国转移到A国时，价格高于正常水平。这样，B国子公司的利润额增加，A国子公司的利润额减少，总公司税额下降。又如，A国公司与B国公司长期有进出口业务往来，假设要做一笔某产品从A国出口至B国的生意，双方可以共同控股在某免税地或避税港C国设立一个公司。A国公司以近于成本的低价出口至C国公司。B国公司再以近于最终售价的高价从C国公司进口。这样，A和B两国公司均因为利润小而缴纳少量所得税，C国公司可由当地优惠政策免税，商品甚至只需做账面上的所有权转移，而实体则并不经过C国，由A国直运B国。

3. 规避风险

跨国经营的风险要远远大于国内经营。除去自然风险和市场需求上的风险之外，还有政治军事风险、汇率波动风险、外汇管制风险等。

当某国政局不稳或有可能发生军事冲突时，跨国公司可利用转移定价抽走该国资金。其做法是增加该子公司的成本，减少其利润。例如，对该子公司收取高额专利使用费、技术指导费、劳务费；以高价向该子公司销售商品或劳务，以低价购买其产品或劳务。这样一来，实际就等于抽掉了该国的资金。

当汇率贬值风险和外汇管制风险同时存在时，跨国公司都可以采用大体一致的转移价格。

【任务小结】

价格是市场营销组合的重要因素之一。产品价格的高低，直接决定着企业的收益水平，也影响到产品在国际市场上的竞争力。国际市场价格是由生产成本、流通费用、利润和税金、国际间的运费、装卸费用及储存费用、保险费、关税、国外中间商的加成等构成。

在国际市场营销中，产品定价主要受到五大因素的影响与制约，即产品的国际价值、产品的成本、市场竞争状况、市场供求状况和东道国政府和法律影响等。企业在确定了定价目标以后，就要确立定价方法。定价方法分为成本导向定价法、需求导向定价法、竞争导向定价法和比较价格定价法。在国际市场营销中，企业常用的定价策略有新产品定价策略、心理定价策略、差别定价策略、折扣定价策略、国际转移定价策略。

【相关知识】

在国际市场上，国际大宗商品是如何定价的？

1. 国际大宗商品定价的两种方式

国际大宗商品定价主要有两种方式：一种是通过期货市场首先确定大宗商品的期货合约价格，从而为大宗商品现货贸易提供价格基准。在这种方式下，期货市场成为大宗商品定价的关键。另外一种是大宗商品主要的供需双方通过谈判来确定基准价格，在这种方式下，供需双方的市场结构、实力大小，甚至谈判技巧都会影响大宗商品的价格。

国际上大部分大宗商品，如农产品、金属、能源产品都是通过期货市场进行定价的，不同类型的大宗商品逐渐形成了各个基于期货市场的定价中心。例如，铜、铝、铅、锡等金属的价格主要在伦敦金属交易所确定，大豆、玉米、小麦等农产品的价格主要在芝加哥商品交易所确定，原油等能源的价格主要在纽约商品交易所确定，等等。

期货交易有助于大宗商品的价格发现，但也加剧了大宗商品的价格波动。期货市场参与交易的人数众多，集中了大量的市场供求信息，通过公开竞价取得的期货价格能够较为合理充分地反映未来一段时间内市场的供求关系及价格预期走势，这有利于增加市场的透明度，提高资源的配置效率和交易效率。然而，由于期货交易的金融属性不断增加，投机因素在国际大宗商品定价中变得日益活跃，这加剧了国际大宗商品的价格波动。

期货定价主要适用于可以进行标准化合约处理的大宗商品，但是如果不能对交易数量和质量及交易时间做出标准化的规定，那么只能通过国际市场上的主要供需双方的商业谈判来确定价格。与期货市场相比，谈判定价方式涉及的市场参与主体不多，更容易受到供需双方关系的影响，这方面最突出的案例就是国际铁矿石的定价。

2. 谈判定价的代表：铁矿石定价机制

从国际铁矿石定价机制来看，供求关系是影响价格的主要因素。

国际铁矿石定价机制经历了一系列的变化。在 20 世纪 50 年代之前，国际铁矿石市场的交易规模相对较小，交易主要以现货贸易为主。从 20 世纪 60 年代开始，全球铁矿石贸易不断扩大，铁矿石供需变得日趋紧张，铁矿石的供需双方为了维护自身的利益，纷纷增强了铁矿石的谈判力量，铁矿石的谈判机制逐步确定下来，到 20 世纪 80 年代逐渐形成了铁矿石的年度定价长协机制。

年度定价长协机制是指在每年的第四季度开始，由国际上铁矿石的主要供应商和需求商经过谈判协商确定下一个财政年度的铁矿石价格，一经确定，交易双方则依照谈定的价格在下一年内执行，其他铁矿石供应商和需求商则对这一价格进行确认并跟随。

年度定价长协机制有利于国际上的铁矿石供需双方建立长期稳定的合作关系。对铁矿石供应商来说，稳定的铁矿石价格可以确保其矿山投资获得良好合理的回报；而对铁矿石需求商来说，通过稳定铁矿石的供应渠道，有利于合理安排生产计划，更好地控制生产成本，这也保证了下游产品（如钢材）的价格稳定。

然而从 2010 年起，年度定价长协机制开始瓦解，国际铁矿石定价转而实行季度定价机制。从 2010 年 3 月起，以淡水河谷、必和必拓、力拓为主的国际主要铁矿石供应商先后宣布放弃铁矿石长协机制转而实行季度定价机制。季度定价机制改变了以往一年一度的铁矿石谈判模式，同时在定价基础上采用指数定价，即每一季度的价格确定以上一季度的铁矿石价格指数作为基础。由于定价周期更短也更加灵活，这导致铁矿石供应商在价格谈判中处于有利地位，但是这一定价方式也由于议价周期的缩短而使国际上铁矿石的价格波动变得更加频繁。

从国际铁矿石定价机制来看，供求关系是影响价格的主要因素。从供给方来看，铁矿石具有易囤积和储藏等特殊属性，使卖方不会因为惧怕铁矿石积压而急于出货，所以供应商相比需求商来说占有一定的优势。从全球铁矿石的供需格局来看，相比需求方，供应商相对更加集中。例如，世界三大铁矿石公司的铁矿石贸易量占全球的比重已超过 70%，从而使它们在铁矿石的议价上具有较大的主动权。

从市场结构上看，国际上铁矿石的需求商不如供应商那么集中，对铁矿石价格的影响力较为分散。此外，世界经济的发展状况，各国宏观调控政策的变化也会对铁矿石的需求产生影响，从而影响铁矿石的价格变化。铁矿石特殊的产品属性和定价机制，使金融资本很难有机会对其进行炒作，供求关系是决定铁矿石价格最重要的因素。

3. 国际大宗商品期货市场定价机制与影响因素

目前国际上主要的大宗商品都是通过期货市场进行定价的，因此，建立一个国际化、具有较大市场辐射力和影响力的大宗商品期货市场成为一个经济体影响大宗商品定价的关键。目前，国际上主要的期货交易所都集中在欧美发达经济体，如美国的芝加哥商品交易所、纽约商品交易所，欧洲的伦敦期货交易所、欧洲期货交易所等，这使发达经济体在国际大宗商品定价方面占据优势地位。

期货市场的建立需要一定的条件。从历史上看，一个国家要建立某种商品的期货交易市场，并对国际定价产生一定影响，这要求该国或地区能够大量生产或大量消费或大量贸易、中转与集散该种商品，因此，期货市场的建立是以现货交易为基础的，最基本的供求关系规律仍是影响国际大宗商品定价的主要因素。

以食品为例，据联合国粮食及农业组织统计显示，2012 年 7 月之后，该组织编制的食品价格指数不断上升，9 月食品价格指数已攀升至 216，接近 2008 年国际粮食危机期间的水平。本次食品价格的上涨主要是粮食产量下降所带来的负面供给效应造成的。2012 年夏季，美国中西部遭遇严重旱情，导致大豆、玉米、小麦等主要农作物产量下降。由于美国中西部是美国甚至全球重要的粮食生产基地，这直接推动了国际大宗农产品价格的飙升。

除现货市场的支持外，期货市场的建立仍需其他支持条件。期货市场的建立必须具备一定的金融开放条件，只有这样才能吸引全球资本进入该市场进行交易，最终形成被市场广泛接受的基准贸易价格。此外，期货市场的建立还必须具有健全的金融、法律、通信等基础设施，为投资者提供交易基础。

资料来源：http://futures.hexun.com/2012-10-11/146636711.html

【实践能力拓展】

（一）案例

亚马逊差别定价实验

2000 年 9 月中旬，亚马逊选择了 68 种 DVD 碟片进行动态定价实验。根据潜在客户的人口统计资料、在亚马逊的购物历史、上网行为及上网使用的软件系统确定对这 68 种碟片的报价水平。

差别定价策略实施不到一个月，就有细心的消费者发现了这一秘密。

通过在名为 DVDTalk(www.dvdtalk.com)的音乐爱好者社区的交流，成百上千的 DVD 消费者知道了此事。

亚马逊前不久才公布了它对消费者在网站上的购物习惯和行为进行了跟踪和记录，这让亚马逊的价格事件与敏感的网络隐私问题联系在了一起。

亚马逊的首席执行官贝佐斯亲自出马做危机公关，宣布：亚马逊的价格调整是随机进行的，与消费者是谁没有关系，价格实验的目的仅仅是为测试消费者对不同折扣的反应，亚马逊无论是过去、现在或未来，都不会利用消费者的人口资料进行动态定价。

亚马逊答应给所有在价格测试期间购买这 68 部 DVD 的消费者以最大的折扣，据不完全统计，至少有 6 896 名没有以最低折扣价购得 DVD 的顾客，已经获得了亚马逊退还的差价。

亚马逊的管理层在投资人要求迅速实现盈利的压力下开始了这次有问题的差别定价实验，结果很快便以全面失败而告终。

亚马逊违背商业伦理的行为曝光后，不仅它自己的声誉会受到影响，整个网络零售行业都会受到牵连，而亚马逊因占有最大市场份额将从行业信任危机中受到最大的打击。

资料来源：http://www.doc88.com/P-185619774979.html

（二）案例分析

亚马逊 DVD 差别定价失败的主要原因可以归结为两个方面。

第一，是战略制定方面的问题。在亚马逊公司的网页上，亚马逊明确表述了它的使命：要成为世界上最能以顾客为中心的公司。亚马逊的定价试验彻底损害了它的形象，即使亚马逊为挽回影响进行了及时的危机公关，但亚马逊在消费者心目中已经永远不会像从前那样值得信赖了。亚马逊在收集顾客资料时是以为了向顾客提供更好的个性化的服务为幌子获得顾客同意的，显然，将这些资料用于顾客没有认可的目的是侵犯顾客隐私的行为。亚马逊的行为显然违背了基本的商业道德。

第二，具体实施方面的问题。不符合差别定价策略的可行条件。差别定价策略只有满足以下三个条件时才是可行的：①企业是价格的制定者而不是市场价格的接受者。②企业可以对市场细分并且阻止套利。③不同的细分市场对商品的需求弹性不同。DVD 市场的分散程度很高，严格意义上亚马逊不是 DVD 价格的制定者，但亚马逊在制定价格上有一定的回旋余地。亚马逊的细分方案在防止套利方面存在着严重的缺陷。亚马逊的定价方案试图通过给新顾客提供更优惠价格的方法来吸引新的消费者。但老顾客却可以轻而易举地通过重新登录伪装成新顾客实现套利。至于根据顾客使用的浏览器类别来定价的方法同样无法防止套利。歧视老顾客的差别定价方案同关系营销的理论相背离。

亚马逊的销售主要来自老顾客的重复购买，重复购买在总订单中的比例在 1999 年第一季度为 66%，一年后这一比例上升到了 76%。消费者通过信息共享显著提升了其市场力量。但亚马逊忽视了价格策略制定的信息同样可以通过信息共享被客户知道。受到价格歧视的客户自然失去了对亚马逊的信任。

（三）实践困境讨论

从以上案例及分析结果来看，有以下问题值得我们讨论。

1. 如何进行更好的差别定价？

差别定价的类型主要有三类：①按消费者可以支付的最高价格定价。例如，在农贸市场，消费者一般都有讨价还价的余地，不同的消费者达成交易的价格可能存在很大的差异。可以实行这种差别定价的市场，消费者的数量比较少，否则价格就会变得很复杂，使成本增多。②按照消费者的支付能力划分消费阶层，分别定价。一般而言，划分标准是以消费者的收入水平或消费者的偏好程度为依据的。③按消费者的需求价格弹性区分市场。对弹性较小的市场，提高价格能够获得更多的收入，一般可以制定较高的价格；而对于弹性较大的市场，需求对价格变化比较敏感，企业应该制定较低的价格来吸引和留住消费者。企业针对不同的消费需求制定价格，达到最大限度获得消费者剩余的目的，相对于实行统一价格，可以产生更大的经济收益。只要一家企业在市场上占据完全垄断的地位，就可以通过实施差别定价策略来获取更大的收益。

2. 差别定价实施过程的基本方法有哪些？

一旦决定实施差别定价，那么选择适当的差别定价方法就非常关键。常见的差别定价法有以下几种形式：①顾客细分定价。企业把同一种商品或服务按照不同的价格卖给不同的顾客。例如，公园、旅游景点、博物馆将顾客分为学生、年长者和一般顾客，对学生和年长者收取较低的费用；铁路公司对学生、军人售票的价格往往低于一般乘客；自来水公司根据需要把用水分为生活用水、生产用水，并收取不同的费用；电力公司将电分为居民用电、商业用电、工业用电，对不同的用电收取不同的电费。②产品形式差别定价。企业按产品的不同型号、不同式样，制定不同的价格，但不同型号或式样的产品其价格之间的差额和成本之间的差额是不成比例的。例如，33 寸彩电比 29 寸彩电的价格高出一大截，可其成本差额远没有这么大；一件裙子 70 元，成本 50 元，可是在裙子上绣一组花，追加成本 5 元，但价格却可定到 100 元。③形象差别定价。有些企业根据形象差别对同一产品制定不同的价格。这时，企业可以对同一产品采取不同的包装或商标，塑造不同的形象，以此来消除或缩小消费者认识到不同细分市场上的商品实质上是同一商品的信息来源。例如，香水商可将香水加入一只普通瓶中，赋予某一品牌和形象，售价为 20 元；而同时用更华丽的瓶子装同样的香水，赋予不同的名称、品牌和形象，定价为 200 元。或者用不同的销售渠道、销售环境来实施这种差别定价。例如，某商品在廉价商店低价销售，但同样的商品在豪华的精品店可高价销售，辅以针对个人的服务和良好的售货环境。④地点差别定价。企业对处于不同位置或不同地点的产品和服务制定不同的价格，即使每个地点的产品或服务的成本是相同的。例如，影剧院不同座位的成本费用都一样，却按不同的座位收取不同价格，因为公众对不同座位的偏好不同；火车卧铺从上铺到中铺、下铺，价格逐渐增高。⑤时间差别定价。价格随着季节、日期甚至钟点的变化而变化。一些公用事业公司，对于用户按一天的不同时间、周末和平常日子的不同标准来收费。长途电信公司制定的晚上、清晨的电话费用可能只有白天的一半；航空公司或旅游公司在淡季的价格便宜，而旺季一到价格立即上涨。这样可以促使消费需求均匀化，避免企业资源的闲置或超负荷运转。

【情景实训】
国际定价的影响因素

1. 实训名称

分析国际定价的影响因素。

2. 实训目的

根据企业内外环境，判断影响企业国际定价的影响因素。

3. 实训内容

（1）越南的荔枝今年获得了丰收，但销路有限，政府号召把荔枝当饭吃，卖到中国批发市场上的越南荔枝平均采购价格为每斤 2 元。（　　　）

（2）2009 年 2 月 28 日，伦敦情人节期间 3 英镑一枝的玫瑰花，现在零售价 1 英镑。康乃馨变动不大。据从事鲜花生意的业内人士预计，随着母亲节和父亲节的到来，鲜花价格又将上涨。（　　　）

（3）国家发展和改革委员会价格司负责人 15 日就成品油降价答记者问时表示：油价下调符合当前刺激经济增长的政策取向。（　　　）

（4）第二次世界大战结束后，美国雷诺公司从阿根廷引进圆珠笔技术。作为首家销售圆珠笔的公司，而在短期内就赢得了高额的利润。其他厂家见有利可图都生产圆珠笔，生产成本降到 0.1 美元一支，而批发价格从雷诺公司一枝独秀的 10 美元降至 0.7 美元一支。（　　　）

4. 实训步骤

（1）把全班同学分成三组。

（2）每组填写各组认为正确的影响因素。

（3）小组内讨论，找出最佳的答案，并记录下来。

5. 实训要求

每组成员必须熟练掌握影响企业定价的因素。影响国际企业定价的主要因素有：产品的国际价值、产品的成本、产品竞争状况、市场供求状况、东道国政府和法律政策影响。

任务三　国际渠道策略

【学习目标】

◇　了解国际分销渠道开发所涉及的中间环节；

◇　掌握国际分销渠道的概念；

◇　掌握国际分销渠道的基本结构模式；

◇　能根据具体的情况选择正确国际分销渠道管理的策略；

◇　能为企业制定合适的互联网营销的方案。

【任务描述】

渠道结构：波兰、希腊和意大利

在波兰销售消费品面临的一大障碍是当地的分销网络。在波兰街头，小摊小贩林立，波兰人的创业精神由此可见一斑。波兰零售业几乎全由这些小零售商把持，而这些店铺大多数都是最近五年内才开张的。波兰有千千万万个这样的零售商店，遍及全国各地，给分销商带来很大的后勤供应问题。尽管这些商店一般都经营某一类商品，但是也有很多商店经营范围很广。例如，一家玩具商店也可能同时出售文具和家用器皿。

波兰的确存在分销网络，尽管其中大多数零售商店是新近成立的，在结构和规模上千差万别。对消费品的分销网络来说，大多数都是拼凑在一起的，专门经营某一种商品，结构上包括代理、批发和零售等不同层次。要想把商品送到千千万万个零售商店去，放到货架上，即使对大厂商来说，也是件非常困难的事。

在希腊，零售和批发通常都是由家庭企业经营的，每一家企业只经营少数几种商品。希腊有 30 万家商店，有 7 700 家公司从事批发业务，3 200 家公司从事零售业务。希腊的确有一些百货商店和若干个超市，但是好几家百货商店因为不能适应新的购物趋势，已经关门大吉。仍在营业的百货商店也打算借鉴"店中店"的概念，开成小型的购物中心。商品零售主要还是由小的专门化的店铺经营。在过去几年里，欧洲好几家大型连锁店要么收购那些现有的百货商店和超市，要么建立自己的连锁店。

意大利的零售额总量很大，主要通过无数的家庭小店为顾客服务，而不是大型商场。意大利的分销体系由家庭小店、街头小贩、特大型商场、购物中心、专卖店和折扣商店组成。尽管有人认为传统零售商店已经过时，但是意大利的分销企业在很多情况下仍然太小，无法有效地同欧洲其他国家的大型连锁商店进行竞争。

倘若某种商品销售额大，利润低，意大利公司往往直接和制造商打交道。销售给百货商店、连锁商店或最终用户往往能获得最佳的销售结果，但是却需要更大的促销努力。从现有的销售观点来看，意大利存在着一种趋势，销售将由家庭小店和街头小贩向分销连锁店转移。

资料来源：http://www.docin.com/p-452188995.html

思考：

（1）波兰、希腊和意大利分销渠道存在问题的共性是什么？

（2）用整体分销渠道的概念解释整合这三个国际分销渠道的必要性。

【任务实施】

一、国际分销渠道的概念与国际市场产品实体分配的基本模式

（一）国际分销渠道的概念

分销渠道又称营销渠道，是指产品从生产者到达消费者所经历的各个环节和途径。商品从生产者向国际市场消费者转移所经过的流通渠道、流通环节和流通方式，就称为国际市场分销渠道。国际市场上分销渠道是通过市场沟通，及时有效地把商品转移到消费者购买地点，实现所有权在国际市场上的转移。它包括两方面的含义：一是实体转移；二是所有权的转移。从广义来讲，分销渠道一般应包括以下组织和个人：出口商、进口商、进出口代理商、进出口佣金商、经销商、批发商、零售商、与贸易有关的单位（如储运、银行、保险等）、销售服务单位（如广告公司、市场调研公司等）。在国际市场上，它一般具有采购、分配、加工、储存、运输、包装、融资、承担风险、销售和提供服务十种功能。

（二）国际市场商品实体分配的基本模式

实体分配，又称实体流通、物流等，是指通过有效地安排商品装卸、储存、运输、加工、包装、整理，顺利实现商品的实体转移。市场营销不仅意味着发掘并刺激购买者的需求和欲望，而且还意味着商品的实体分配。商品实体分配的目的是实现产品从生产者手中送到消费者手中的空间移动，满足顾客的需求并取得一定的利润。其基本模式为

生产企业→仓库→出口商→进口商→仓库→经销商或代理商→仓库→零售商→用户

该模式表明，一个企业要正常进入国际市场必须有一套完善、畅通的实体流通系统。这个系统的中心是储存和运输管理，即商品实体转移的功能。储运作为联系生产企业、中间商和顾客的纽带，二者互相影响，互相制约，运输量和环节会因消费者需求增加、产量增加而增加，存货水平会因消费者需求增加而降低。

（三）国际市场商品实体分配决策的类型

1. 一个工厂，一个市场

企业只有一个生产厂，在国外有一个销售市场。在这种情况下，企业可以把产品直接运交顾客；也可通过中间商把产品交付用户；也可以把产品直接送到市场，在当地租用仓库储存，随时供应给用户或经销商。这几种策略必须通过成本费用和收益比较，才能做出决策。

2. 一个工厂，多个市场

企业在国内有一个生产厂，却分散销售好几个市场。在这种情况下，企业通常可采取的策略包括以下几种：①把产品直接运到几个市场上销售。②通过中间商把产品转移给用户。③几个不同市场区别对待，分销策略各异。④把产品运到目标市场上储存起来，随时供应给用户。⑤对销量少，距离远的市场，可以把零配件送到靠近市场的外国企业，请它们装配，就地销售。

3. 多个工厂，一个市场

这种现象虽不普遍，但仍存在。例如，企业在国内一个厂家难以满足国际市场的需求，可以设几个厂同时生产，满足国际市场需求；企业为拓展国际市场，也可能利用多个工厂生产，满足一个大的市场需求。

4. 多个工厂，多个市场

许多企业，特别是跨国公司和大型联合企业，并不是只建立一个大工厂来生产，满足多个市场的需求，而是在国内外建立多个工厂、多个仓库，多条流通渠道的国际分销系统。这种决策最为复杂，同时也需要最高效管理。

（四）国际分销渠道的基本模式及结构分析

在国际市场上，出口产品从出口国生产者流转到国外最终消费者手里，要经过出口国和进口国两个方面的分销渠道。虽然各国的营销环境差异较大，使国际市场上分销渠道呈现出不同的特点，但在长期的国际市场营销活动中，仍然有基本的分销渠道模式和分销渠道选择惯例，如图 5-3-1 所示。

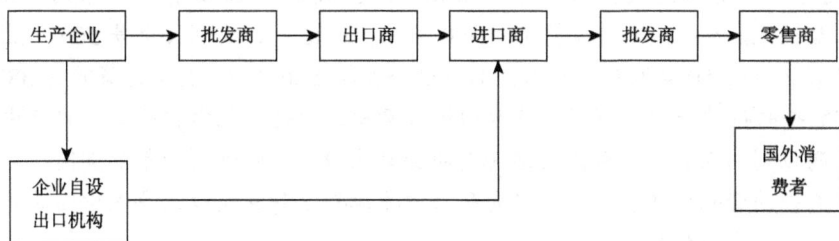

图 5-3-1 国际分销渠道的基本模式

以上是出口商品的最基本的模式或总体模式,在实践中间若干个环节可以被省去。例如,生产企业直接交付给国外用户,邮购等直接渠道就是省去中间环节的渠道模式。出口企业使用或不使用中间商、使用多少、使用哪些中间商,构成了不同形式的国际分销渠道,如图 5-3-2 所示。

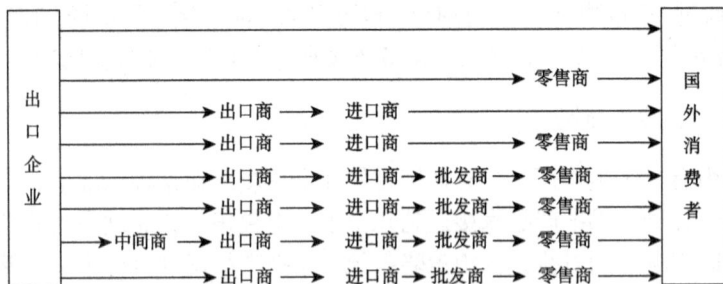

图 5-3-2 国际分销渠道的基本结构

从图 5-3-2 中可以看出,国际营销者必须对两种渠道施加影响:一是国内分销渠道,二是国际分销渠道。在国内,营销者必须有一个机构来沟通国与国之间的各个分销环节。在国外,营销者还必须监督检查向最终消费者供应商品的渠道。最佳的做法是营销者能够控制整个分销渠道或参与其中。但初期从事国际营销企业往往重视进口国国内的分销渠道,认为产品卖给进口商就完事大吉,仅把进口商作为销售对象。实际上,进口商是中间商,他们购买商品的目的是再出售,赚取差价。若其产品不如竞争者的产品能满足消费者的需求,他就会转而去经营竞争产品。若出口产品卖给进口商,而他不经过本国适当的渠道使产品与最终消费者见面,那么商品就没有和同类商品在消费者面前竞争的机会,即使质量再好,也无法被消费者所选购。因此,国际营销企业的任务并没有随产品抵达海外市场而告完成,而是应该关心从生产者到最终购买者的整个分销渠道,即使他并不总能对所有中间环节的行为和政策施加直接影响。这就是现代营销学中的整体渠道概念。

>>> 小案例 >>>

安利的直销

创立于 1959 年的美国安利公司是世界知名的日用消费品生产商及销售商,业务遍及五大洲 80 多个国家和地区,以安利(Amway)为商标的产品共有 5 大系列、400 余种,全球员工超过 1.2 万人,营销人员超过 300 万人。2002 年,安利在全美 500 家最大私营企业中排名第 27 位;50 家家居与个人用品制造企业排名第 4 位;公司总资产达 380 亿美元;在安利 45 年的持续增长过程中,从未向银行贷款,保持"无借款经营"的纪录。由于安利公司的两位创始人狄维士和温安洛都是推销员出身,所以近五十年来直销一直被安利公司看做最有效的营销方式,然而,当安利兴冲冲地将这种营销模式导入中国的时候,他们却遇到了前所未有的尴尬。

1995 年,安利正式落户中国,他们在广州投资一亿美元建成了安利在海外唯一的现代化日用消费品生产基地，欲在中国掀起一场安利的直销风暴。可是很快中国国内形形色色打着直销旗号的传销诈骗活动搅乱了安利的市场前景。1998 年 4 月 21 日，《国务院关于禁止传销经营活动的通知》出台，对传销（包括直销）活动加以全面禁止。对于安利来说，1998 年无疑是它在中国的一个分水岭，随着这年 4 月在中国的业务被禁，安利开始在中国寻求新的生存方式。1998 年 6 月 18 日，国家工商行政管理总局颁发《关于外商投资传销企业转变销售方式有关问题的通知》，准许部分外资传销企业转为店铺经营，并可以雇佣推销员。1998 年 7 月经批准，安利（中国）日用品有限公司正式采用新的营销方式，由直销改为"店铺+雇佣推销员"的经营模式。自此，安利 40 多年来在全球 80 多个国家和地区均通过直销员销售产品的传统被彻底打破。转型后的安利把原来分布在全国 20 多个分公司改造成为第一批店铺，以后又陆续对这些店铺进行扩充。所有产品明码标价，消费者可以直接到专卖店中自行选购，杜绝推销员自行定价带来的问题。新的经营模式给消费者带来了新的选择，同时也让安利做出了新的尝试，突破原有的直销模式，多种销售方式并举，对于融入中国国情的安利来说也是一种挑战。

"店铺+雇佣推销员"模式是安利在中国渠道转型的最主要内容。安利公司创办人之一的狄维士针对这一转型直言："这是安利 41 年来前所未有的革命！"总裁黄德荫将"店铺+雇佣推销员"渠道模式的优势总结为下列三个方面：①保证了产品质量——通过直销模式，安利的消费者基本上不会遇到假冒伪劣的产品；②提供了很好的销售渠道——店铺既是公司形象的代表，又为营销人员提供后勤服务，还直接面对普通消费者，消费者和政府都因为店铺的存在而更加放心；③这种模式可直接受益于安利（中国）积极的市场推广手法。安达高公司执行副总裁 BillPayne 这样总结安利的变革："到目前为止，这种经营方式非常有效。其一，自设店铺提高了公司透明度，让消费者有一个自愿选货、进货和成为优惠顾客的机会；其二，安利目前在全国 120 家店铺的所有产品都明码标价，公开的价格避免了哄抬价格的可能。此外，营业代表的推销弥补了销售网点的不足，提升了服务质素，让消费者享受到更直接、更亲切的售前、售后服务。"

"店铺+雇佣推销员"的新型渠道模式成功地推进了安利在中国的转型进程，而与此同时，安利对员工的管理整顿也在加紧进行。从 2002 年 1 月开始，安利（中国）公司停止了新营业代表的加入，并对现有人员进行培训和全面的整顿，所有营销人员都是安利的合约雇员，这就意味着安利必须承担每一位推销员的职务行为所引起的法律责任，新推销员加入不会给任何人带来收入。在对推销员的管理方面，安利进一步加大了透明度，制定了一系列精确的制度，并且十分严格地加以实施。从 2002 年 1 月至今，安利（中国）已清除了近 600 名身份为公务员、军人或学生等不符合从业规定的销售人员。它的推销队伍从 2001 年年初的 13 万人锐减至 7 万人。同时，安利（中国）还加强了对营销队伍的管理，通过培训和严格的奖惩制度来规范其推销员的行为。2002~2003 财政年度，安利（中国）共查处各类违规行为 1 649 起，处分营销人员 2 317 人。

安利的渠道转型为其带来了巨大的市场收益。公司财务报告显示，在 2002~2003 财政年度（2002 年 9 月至 2003 年 8 月）中，安利（中国）的销售额已超过 10 亿美元，在公司 49 亿美元的全球销售额中占据二成。2003 年 8 月，安利公司在大中华区的销售业绩已超过美洲地区，中国成为安利全球营业额最大的市场。正如安达高公司执行副总裁 BillPayne 所说："我们重视中国市场，我们尊重中国国情，我们遵守中国的规则，因此我们改变自己的经营模式来适应中国，做这一切的结果是：我们赢得了中国市场。"总裁黄德荫说："经过短短 9 年的发展，中国已经超过拥有 45 年历史的美国市场，成为安利在全球的最大市场。安利（中国）的成功充分说明了规范经营的直销企业，在快速发展的中国市场上的广泛空间。"在 2002 年翰威特咨询公司和《亚洲华尔街日报》《远东经济评论》联合发布的"2001 年亚洲最佳雇主评选"中，安利（中国）名列榜中。在《财富》（中国版）评出的"2002 年最受赞赏的 50 家外商投资企业"中，安利（中国）也榜上有名。根据独立市场调查公司于 2004 年年初进行的一项调查，安利（中国）的知名度和美誉度分别达到了 93% 和 75%。

资料来源：http://wiki.mbalib.com

（五）从传统到现代的分销渠道结构趋势

如今，几乎没有任何国家能够完全封闭，不受国际经济和政治变化的影响。这些变化趋势正在改变经济结构的各个层次，包括分销结构。传统的渠道结构让位于新的形式、新的联盟和新的过程，虽然速度各不相同，但是无一不在变化。一个国家要求变革的压力既来自国内，也来自国外。跨国公司的营销人员正在寻求进入由昂贵的传统分销体系服务的那一部分细分市场并从中获益的方式。直销、上门兜售、特大型市场、打折商店、商场、邮购、互联网上的电子商务，以及其他销售方式纷纷登场，以提供高效的分析渠道。

分销的一些重要趋势将最终导致各个国家的中间商彼此更加雷同而不是相异。例如，沃尔玛正在全世界扩张——从墨西哥到巴西，从欧洲到亚洲。雅芳正在挺进东欧，安利正在进军中国。这些对传统分销体系的入侵的结果是导致变化，使折扣、自选、超市和大宗采购的概念盛行全球，把竞争氛围提高到空前的程度。

二、国际分销渠道成员类型

从商品在国际市场营销中的流通顺序来看，国际中间商可分为国内中间商和国外中间商两大类。国际中间商在企业的国际市场营销中起着关键的桥梁和连接作用，因而企业既要将中间商看成顾客，又要将其看成是战略协作伙伴。

（一）国际中间商的任务

1. 产品实体移动

分散的生产商和消费者与用户都希望能够迅速地运输和转移产品，因而实体移动是中间商的一项重要任务。在产品实体移动中，基本的指导思想是以最快的速度、最短的时间、最合理的路线，将产品进行空间转移，并实现其价值。

2. 调节生产与消费的矛盾

供需双方在地域、时间、信息沟通、价值评估及对商品的所有权上存在着许多矛盾，使供需双方之间的交易存在许多困难。这些矛盾的存在，客观上要求在生产商、消费者和用户之间建立某种营销中介，中间商在生产和消费之间起着桥梁和纽带作用。

3. 减少交易次数，降低交易成本

中间商的介入可以减少直接交易的次数，大大降低交易成本。在没有中间商介入的情况下，生产者直接面对消费者，交易十分复杂，每一个生产商都要与每个消费者进行交易。如果中间商参与其中，整个交易过程和活动都得到了简化，不仅降低了成本，而且提高了效率。

4. 资金融通

国际中间商要利用自身的信誉和能力，向生产商提供金融服务。例如，帮助生产商融通资金，提供商业信贷，代替生产商催收货款等，从而为生产企业节省人力、物力和财力。

5. 分担风险

生产商在产品研制过程中已经进行了巨大的投入，中间商的加入可以帮助生产商开拓市场，降低经营的风险。中间商通常会根据市场和产品的要求，在流通环节中对产品进行一些加工、整理和分装，从而使中间商的产品能够更方便地提供给国外最终消费者和用户；中间商可以利用贴近市场、了解市场行情、市场营销经验丰富的优势，在生产商开发市场的过程中发挥作用；中间商则可以利用营销的经验、已有的市场营销网络，帮助生产商推销新产品，从而使新产品的成功几率大大提高。

（二）国际中间商的类型

1. 以母国为基地提供营销服务的出口中间商

（1）出口商。在国际市场上，凡经营出口业务的企业，无论是生产企业，还是贸易企业，只要它以自己的名义在本国市场上购买产品，再出口到国外的贸易商，都称为出口商，有的国家叫国际贸易公司，在日本则叫综合商社，在中国一般是外贸公司或进出口公司。

出口商都以自己名义在本国市场上购买产品，拥有商品的所有权，自己选择货物的种类并决定买卖的价格。大的出口商自己备有运输工具、自办转运业务。有些出口商在国际市场上为自己经营的商品进行各种促销宣传，以广招客户。比较大的百货商品出口商，经营品种齐全，在国际市场上有巨大的销售网络、众多的国际商业关系和庞大的信息机构，有的还向国际市场派驻自己的或雇佣的推销人员。有时也给国外买主资金上的通融。同时，他们一般还兼营进口业务。

出口商开展出口业务，一般有两种形式：一种是先买后卖，即先在国内采购商品，再卖给国外买者。这种形式要求出口商经常备有存货，一手交钱，一手交货，成交快，信誉好，但风险大且占压资金。另一种方式是先卖后买，即先接受国外订单，再依订单在国内购买相应商品。该方式风险小，占压资金少，但由于没有存货，会因为买不到适合货物或不能按时交货而失去商机和信誉。

出口商最典型的形式是日本的综合商社。日本的综合商社是日本经营进出口业务的主要企业，又兼营国内贸易，承担外汇风险和各种信贷风险，从事管理咨询并参与生产制造。经营范围广，资金雄厚，市场覆盖面大。它们在国内控制各种销售渠道，既代表制造商出口货物，也作为商人买进卖出，同时还为买主代理进口。它们的经销额占日本商品生产总量的 25%，占日本年出口额的 50% 和国际市场贸易额的 9%。综合商社在国际上也有强大的推销网，商情灵通，有丰富的谈判经验和业务知识，并能给国内外买主和卖主以资金上的融通和其他方面的支持。外商若绕过这些综合商社，是很难深入到日本市场的。

（2）出口代理商。出口代理商与出口商不同，它不以自己名义向本国卖主购进货物，而只是接受卖方的委托，在规定的条件下代委托人向国外市场销售，交易成功后，收取一定佣金。它可以是一个机构也可以是个人。在国际市场上，出口代理商主要包括销售代理人、厂商出口代理人和国际经纪人三种形式。

销售代理人是独立的中间商，它代理出口企业的产品销售，并为生产企业提供较其他出口商更多的服务，如负责全部促销活动，设置商品陈列处，召开订货会，参加国际展览会，开展市场调研，并提供咨询和产品售后服务等。销售代理人与生产企业是委托代理关系，它没有商品所有权。在法律上，所有业务活动都是由生产企业做最后决定，但它在实际上又可以完全控制产品的定价、销售和促销，等于生产企业的销售经理。生产企业按销售额一定比例付给销售代理人佣金，这笔佣金一般在汇付货款时予以扣除。

厂商出口代理人接受厂商的委托，从事商品销售，相当于执行厂商出口部的职能。但其在价格或营销策略上无决定权。其在收到外商的订单后转给有关企业，或由外商直接把订单交给厂商。代理人须征得厂商同意后才能正式成交。生产企业可将产品直接发运给买主，也可交给代理人，由代理人办理出口运输和保险手续。和销售代理人相比，二者有明显差别：①厂商可同时使用几个厂商出口代理人，各限其于一定地区销售产品；而厂商只能使用一个销售代理人，且在地区上不加限制。②出口代理人可以同时代理几个厂商互不竞争的产品；销售代理人则可以代理互相竞争产品。③出口代理人没有营销控制权，而销售代理人有。④出口代理人通常只代理厂商产品类别中的一部分，或限定市场的全部产品；销售代理人则可代理全部产品。

国际经纪人是指经营进出口业务的经纪人。它只负责联系买卖双方达成交易，没有商品所有权，也不持有商品，也不代办货物运输保险等具体业务。因此，它只起牵线搭桥的作用，与买卖双方一般没有长期固定关系。在下列情况下可选用经纪人：本小利微的小企业或缺乏国际市场营销经验的企业；季节性较强的产品；产品需求面广且分散的情况；想开拓市场但缺乏相应销售机构的企业；不值得花费大力气促销的产品；等等。和其他代理商比较，国际经纪人工作简单，又不承担风险，所以它收取的费用也较低。在美国一般不超过 2%，西欧、日本则低于 5%。

（3）出口佣金商。出口佣金商是一种接受委托代办出口业务的外贸中间商。其报酬是委托人付给的佣金。其业务主要是代国外买主采购佣金商所在国的商品出口，有时也代理国内厂商在国外销售产品。

出口佣金商代国外买主办理委托业务时，是根据买主的订单或委托购物书进行的，委托购物书是买主寄给出口佣金商的购货单，受委托人接收后，买主就不能再变更它的委托，而受委托的佣金商也必须按照购书内规定的条件进行采购，运交指定地点，由买方交付佣金，一切风险与费用都由买主负担。

出口佣金商在代国内厂商办理委托出口业务时，一般采用两种方法：一种是寄售，厂商先将商品交给佣金商，委托其寄售，由佣金商在国外寻找买主；另一种是佣金商先在国外买主订货，然后由生产企业供应货物。

佣金商所收佣金，因商品性质、交易额大小、国际市场供求状况、国际惯例等情况而定，一般占交易额的 2%~6%。

2. 以销售国为基地提供营销服务的进口中间商

（1）进口商。凡自国外进口商品向国内市场出售的贸易企业，都可称为进口商。它们从事买进卖出业务，承担一切贸易风险，并赚取商业利润。

进口商通常是先买后卖，即先从国外买进商品，然后卖给国内中间商或用户。有时也可以先卖后买。进口商经营的业务范围，一般分为三种：第一种是从不同国家或地区购入某种或某类商品的专业性进口商；第二种是集中从一个或几个国家购入商品的地区性进口商；第三是广泛从多国购进各种商品的进口商。

（2）进口佣金商。进口佣金商是一种代办进口、收取佣金的贸易企业，又称进口代办行。其业务主要有三种：一是代国内买主办理进口，在国际市场上选购商品，并按买主授权范围进行代理性质的进口业务，其性质类似于进口代理商；二是代国外出口商销售寄售商品；三是以代理人的身份代国外出口商销售商品。从事后两种业务，佣金商的职能是销售商品，得到佣金。

（3）经销商。生产企业可指定国外一家或多家商号销售其商品，并在价格上给予一定优惠，货源上给予一定的保证，双方通过经销合同，建立经常性的买卖关系。这种经销产品的商号，称为经销商。

经销商独立从事商品经销业务，拥有商品所有权，以自己的名义购销货物，对用户提供服务，赚取买卖差价。不过，在购货数量、价格、服务、分销机构、广告宣传等方面，生产企业可以通过经销合同加以控制。经销商只能在一定限度内自行定价。对于市场地位重要、用户分散、需看样订货和大量广告宣传、售后服务的商品，如耐用消费品、汽车、高技术产品等，一般适合采用经销的形式。

3. 目标市场国国内的批发商

批发商是从事批发活动的中间商，是在目标市场国国内销售进口商品的重要渠道。批发商经营的商品主要由本国进口商或经销商供应，但也有一些批发商（如日本的综合商品、欧美的大型贸易集团）直接从国外进货。其销售对象是零售商、工业用户或政府购买者。批发商按其经营范围可分为综合批发商和专业批发商。综合批发商一般备有花色品种齐全的存货，雇有推销员，主要销售对象是零售商；专业批发商则以生产厂家为推销对象，主要经营生产设备、零配件和保养维修用品，经营品种相对较单一。

批发商的功能主要有以下几个：①购买，即大量买进各种商品作为存货。②销售，直接配售给零售商，赚取差价。③分割，分成小单位出售。④运输，提供中间运输服务。⑤储存，中间存货功能。⑥资金辅助，可以给用户或厂商以资金上帮助。⑦风险负担，批发商拥有商品所有权，自承风险；在信用、赊欠方面也有风险。⑧管理服务，可给零售商提供管理及咨询方面的服务。

对从事国际营销的企业来说，各国的批发商的批发活动都是重要的分销模式，有些批发商对企业在国外市场上的经营成败起着决定性作用。例如，日本的批发商对零售商的控制力极强，国际企业在日本销售时，必须利用其提供的服务，若绕过它，就必须在财力上给当地零售商以大力量支持，这就要提高成本。

4. 目标市场国国内的零售商

零售商是向最终消费者出售商品的中间商，通常是商品分销渠道中的最后一环。由于它能较迅速、灵敏地反映消费者的需求变化，受到各地出口企业的普遍重视。近年来，出口企业为了减少出口中间商从中赚取差价，趋向于把货物直接卖给零售商。另外，零售业也趋向集中，愿意直接从国外进货，以获取更多的商业利润。

（1）零售商的服务范围。零售业是一个十分繁杂的行业，服务范围非常广，相对于生产者而言，可提供的服务一般包括产品储存、产品陈列、产品促销、售后服务及提供市场信息等。由于零售商的规模各不相同，提供服务的质量和能力也各不相同。发达国家的零售商经营范围广，规模大，资金雄厚，提供的服务全、质量优，而发展中国家的零售商或规模小，或资金欠缺，或经验不足，难以很好地提供全面的服务。

（2）几种典型的零售商。

百货公司。百货公司通常是指组织水平高、规模大、经营品种齐全的零售商。1830年始创于法国巴黎，很快传遍世界各地。它有两个特点：一是商品种类多。各种消费品一应俱全；美国、日本、英国、法国的百货公司商品品种都在万种以上，多的达五十万种。二是分部管理，各商品部自负盈亏。有的百货公司还设有辅助性的加工部门，形成一套完整的经营体系。百货公司由于势力雄厚，经营规模大，故大多设有进口采购部，直接从国外进口商品。

超级市场。超级市场是一种自助服务式的大型零售商场。在国际市场上有以下特点：①商品陈列在货架上，自动售货；②实行薄利多销；③商品品种繁多，从食品到日用百货，无所不包；④四周有较大停车场，满足顾客停车需要。超级市场在各国发展迅速。近年来，一些国家的超级市场正在向巨型超级市场过渡，它把仓库和售货市场连在一起，面积更大，货品更多，服务更周到。

邮购商店。邮购商店是一种主要通过邮政销售产品的零售商店。其特点是不设门市部，但配有丰富的存货与宽敞的配货场地，采用邮寄方式推销商品。其零售方式有：①样本邮售——寄送商品图片或样本给顾客，让其据此订货；②广告邮售——通过电台、电视台做广告，说明产品特点，以供消费者来函或电话订货；③电话推销——接受电话订货。在国外，邮售商店发展迅速，已成为一种大规模的零售活动。

连锁商店。连锁商店通常是指在同一资本经营下，拥有多家店铺，分散于各地销售同类商品的一种大型零售商。有两种形式：一是由大工厂或大商店在各地设分支机构，各店门面装潢、陈列布置大致相同，经营管理权由总店掌握。二是许多独立的零售商店联合起来，在采购中心统一管理下，统一配送，各自销售。连锁商店的特点是大量进货，低价销售；分支机构多，强调规模经营；进货渠道广泛。其进货量大，店面多，营销费用低，成为许多出口企业选择的分销商。

折扣商店。折扣商店是一种在实行明码标价的基础上，出售时给予一定折扣的零售商。这种商店从设施投资、进货规模、人员成本等方面减少商店的开支，降低商品的售价。以大众需求和廉价吸引顾客、扩大销售。它一般设备简陋，选址不在闹市区而在租金低廉的近郊地段，自助售货，服务较少，一般削减 10%~25%的价格出售商品。折扣商店在西方发达国家比较盛行。在美国其销售额占全美零售额的 30%。

购物中心。购物中心是一种规模很大，多店铺聚在一起吸引顾客选购商品和游览的场所。在购物中心有各行各业的店铺、门市，配备齐全，同时还有服务业。在西方发达国家，购物中心颇为流行。除了上述零售组织之外，在国际市场上还有合作社、专业商店、特价商店、方便店、拍卖行等零售商。

5. 零售商的变化趋势

国际市场上的零售商和各国的政治、经济和文化相适应，也在不断变化。国际营销人员不但要了解其现状，还应把握其发展趋势。只有这样，才能正确制定国外市场上的分销渠道策略。零售商发展趋势主要表现在四个方面。

（1）国际化。一个国家的零售商跨出国门到其他国家经销商品，采取国际连锁的方式进行跨国经营，如美国的西尔斯公司、派尼公司都在很多国家设立了分店。西欧的零售业大举进入美国，已占有美国杂货零售业务的 10%。日本的大荣、西友等已进入美国市场。美国的沃尔玛、法国的希福在中国也设立了分支机构。

（2）规模越来越大。近几十年来，西方发达国家零售商的规模越来越大，数量不断减少。在一些发展较快的新兴国家和地区也表现出同样趋势，如中国香港、韩国等。发生这些变化的原因是收入增加、汽车增加、工作妇女数量的增加等。这一趋势对生产者来说意味着零售商对产品分销的控制权增大，以及在价格谈判中的实力增加，意味着中间商牌号增加。

（3）直销方式更加需要。直接营销是指通过电话推销、上门推销和邮售等手段将产品直接卖给顾客。近几十年来，这一销售方式表现十分突出。它主要适合于书籍、保险、大宗商品、家庭用品及化妆品等，如美国雅芳、安利在亚洲直销业务非常发达。很多运动器材厂商通过电视直销传递信息。

（4）折扣商店迅速发展。折扣商店近年来规模越来越大，数量越来越多。在有些国家，折扣连锁店已取代百货商店，成为最大的零售组织，如日本。这一趋势必然会给生产者的定价、分销等决策带来很大影响。

（三）国际中间商的选择

生产商在进行国际销售渠道设计时，只有选择了合适的国际中间商，才能为今后的渠道建设工作打下坚实的基础。中间商选择是否合适直接关系着生产企业在国际市场的经营效果。国际中间商的选择应建立在对国外市场的详细考察和充分了解的基础上。例如，某公司在向国外销售其自动计量产品时，采取直接到国外销售的方式，它鼓励其公司的销售人员积极到海外考察，以达到消除文化和语言障碍的目的。该国内公司在进入中国市场之前，其总裁曾多次到中国考察了解中国人的特点和经商方式，以及对于计量产品的一般要求等，为其产品顺利地进入中国市场，采用合适的销售渠道和选择理想的国际中间商提供了充足的依据。

选择国际中间商要着眼于长远的规划，不能简单地考虑中间商的知名度、经营实力等常用和静态的指标。国际中间商的选择标准一般包括目标市场的状况、所处的地理位置、经营条件、业务能力、信誉、合作态度等。

1. 目标市场的状况

企业选择中间商的目的就是要把自己的产品打入国际目标市场，让那些需要企业产品的国外最终用户或消费者能够就近、方便地购买或消费。因此，企业在选择销售渠道时，应当注意所选择的中间商是否在目标市场拥有自己需要的销售通路，如是有分店、子公司、会员单位或忠诚的二级分销商；是否在那里拥有销售场所，如店铺、营业机构。国际中间商应对自己的实力和特长有清醒的了解，有固定的服务对象，应与目标市场的顾客建立起良好的关系，国际中间商的销售对象应该与企业的目标市场一致，这样生产企业才能够利用国际中间商的这一优势，建立高效率的营销服务网路。

2. 地理位置

国际中间商要有地理区位优势，所处的地理位置应该与生产商的产品、服务和覆盖地区一致。具体地说，如果是批发商，其所处的地理位置要交通便利，便于产品的仓储、运输；如果是零售商则应该具有较大的客流量，消费者比较集中，道路交通网络完备，交通工具快捷等特点。

3. 经营条件

国际中间商应具备良好的经营条件，包括营业场所、营业设备等。例如，零售商营业场所的灯光设施、柜台等设施应齐全，才能有效地支持零售商的业务经营。

4. 经营能力与特点

国际中间商的业务能力是决定销售成功与否的关键因素。需要对中间商的经营特点及能够承担的销售功能进行全面考察。一般来说，专业性的连锁销售公司对于那些价值高、技术性强、品牌吸引力大、售后服务较多的商品具有较强的分销能力。各种中小百货商店、杂货商店在经营便利品、中低档次的选购品方面力量很强。只有那些在经营方向和专业能力方面符合所建分销渠道要求的中间商，才能承担相应的分销功能，组成一条完整的销售渠道通路。在考察中间商的业务能力时，需要从中间商的经营历史、员工素质及经营业绩合作态度等方面进行考量。

>> 小案例 >>

艾普森公司的中间商策略

日本的艾普森公司是制造电脑打印机的大厂家。当时该公司准备扩大其产品线，增加经营各种计算机，该公司总经理杰克·沃伦（Jack Whalen）对现有的经销商颇不满意，也不相信他们有向零售商店销售其新型产品的能力，因此他决定秘密招聘新的经销商以取代现有的经销商。沃伦雇用了一家名为赫展拉特尔司（Hergenrather & Company）的招募公司，并给予下述指示：①寻找在黑色商品（电视机等）或白色商品（电冰箱等）方面有两步经销经验（工厂到经销商再到经销商）的申请者。②申请者应是领袖型的人，他们愿意并有能力建立其自己的经销机构。③他们将获得8万美元的年薪加奖金及375万美元的资金用于帮助他们建立企业。他们每人各出资25万美元，每人均可持有企业的股票。④他们将只经营艾普森公司的产品，但可经营其他公司的软件。每个经销商将配备一名负责培训工作的经理和一个设备齐全的维修中心。

招募公司在寻找合格的和目的明确的、有希望的候选人时遇到了很大困难。他们在《华尔街日报》上刊登的招聘广告（不提及艾普森公司的名），吸引了近1700封请求信，但其中多半是不合格的求职者。于是，该公司用电话簿上用黄纸印刷的商业部分电话号码得到目前的经销商的名称，并打电话与他的第二常务经理联系。公司安排了与有关人员会见，并在做了大量工作之后提出了一份最具资格的人员名单。沃伦会见了他们，并为其12个经销区域选择了12名最合格的候选者。招募公司为其招聘工作得到了25万美元的酬金。最后的步骤要求终止艾普森公司现有的经销商。招募是在暗中进行的，因此这些经销商对事态的发展一无所知。杰克·沃伦通知他们将在90天期限内交接工作，他们当然感到震惊，因为他们曾作为艾普森公司最初的经销商与之共事多年。但是他们并没有订立合同。沃伦知道他们缺乏经营艾普森公司扩大电脑产品线和进入必要的新流通渠道的能力。他认为舍此别无他法。

资料来源：http://www.doc88.com/p-31473076835.html

三、国际分销渠道的管理

根据一定的影响因素，选择合理的分销模式，是国际营销分销系统合理化的重要方面。中间商功能及其管理模式的不同，将会影响国际企业对中间商的选择。选择不同的中间商就构成不同的分销模式。在分销模式确定之后，在既定的分销系统中去选择、激励和控制中间商。

（一）分销模式的选择

1. 标准化与多样化的选择

（1）标准化分销模式。标准化分销模式是指企业在国外市场上采取同样的产品销售方式。采用这一做法的主要优点是可以实现规模经济效益，营销人员能较容易利用自己的经验来提高营销效率。但其缺点是忽视了各个目标市场的差异，从而丧失了市场机会。

（2）多样化分销模式。多样化分销模式指企业根据所要进入的目标市场的国别不同，采用不同的分销模式，以增强企业产品在各目标市场的竞争能力。

采用该模式的原因是多方面的。首先，各国的分销结构不同，如批发商、零售商的数量、特点不一样，要求企业在不同的国家采用不同的分销模式。例如，企业在甲国所采用的渠道，乙国根本不存在；在许多发展中国家，中间商数量较少，或已成为竞争对手的独家经销商。这时，企业就需要根据各市场国的不同情况，重新设计分销模式。其次，各国消费者的特点也有所不同，促使企业采用不同的分销模式。再次，竞争对手的渠道策略也可能要求企业采取不同的分销模式，如竞争对手长期在某国采用一种渠道模式，使该国只接受这一模式，当企业进入该国时，也只能仿效竞争对手的做法。最后，企业自己的因素也会影响对分销模式的设计，如企业规模大小、产品组合、渠道经验及整体营销战略等。

2. 渠道长度的决策

渠道长度是指中间商层次多少。最短的渠道可由生产者直接将商品出售给最终用户。我们称它为直接分销。最长的渠道要经过出口商、进口商、批发商、零售商等诸多层次才能使产品抵达最终用户，称为间接分销。对企业来说，究竟选择什么样的分销模式，取决于多种因素。

（1）产品特点。一般来说，技术性强、价格高的商品，需要较多的售前售后服务的商品，如机械设备、汽车和家电等，采用较短的渠道，以避免层层转手，维修、服务等无人负责。保鲜要求高的产品，应尽快送达顾客手中，也应采用较短渠道。而单价低、标准化的产品，如日用品等，一般适宜较长渠道。

（2）市场状况。顾客数量少而购买力集中，购买量大时，宜用短渠道；反之，则宜用长渠道。此外，目标市场国的渠道结构也应考虑到。多数发达国家渠道较发展中国家要短，如尤尼莱佛公司在印度的分销渠道模式：尤尼莱佛公司→印度进口代理商→存货商→零售商→消费者。当然，有些发达国家中的渠道也较长，如宝洁公司在意大利的分销渠道和尤尼莱佛公司在印度的渠道几乎一样长。日本的分销渠道甚至更复杂、更长。

（3）企业条件。企业规模大，拥有较强的推销力量，可以少使用或不使用中间商，渠道较短；企业规模小，推销力量有限，有必要使用较多中间商，渠道较长。

此外，渠道的长短还取决于企业的经营目标、业务人员素质、国家法规的限制等因素。

3. 渠道宽度决策

渠道的宽度是指分销系统中每个层次上使用的中间商的数目的多少。企业在制定宽度决策时，有三种选择。

（1）广泛分销。广泛分销又称密集性分销，即在某一市场上使用尽可能多的中间商，加宽分销渠道。在国际市场上，日用品等价格低、购买频率高而量小的商品，工业标准件，如小工具、螺母等，多采用广泛性分销。其优点是市场覆盖面宽，缺点是对价格、销售方式等难以控制，且中间商的责任心较差。

（2）独家分销。独家分销是在目标市场上仅指定一家中间商经营其产品，授予对方独家经营权。名牌、高档消费品，技术性强、价格高的工业品，多采用这一分销模式。其优点是中间商积极性高，责任心强。缺点是市场覆盖面窄，风险较大，市场的开拓完全取决于一家中间商的经营成果。

（3）选择性分销。选择性分销是指在目标市场上精选少数符合要求的中间商，经销本企业产品。它适用于许多商品，特别是消费品中的选购品、特殊品和工业品中的零部件。进入国际市场初期，当企业缺乏经验时，可采用该模式选择几个中间商进行试探性销售，等条件成熟后，再进行调整。采用该模式时，若中间商选择适当，可以兼得上面两种形式优点；反之，则难以避免其缺点。

国际分销模式的目标是提高效率获得更多的利润。但要合理地进行分销模式选择与实施，还需要考虑：开发渠道和维持渠道的费用高低；建立渠道的预期资金规模；企业对整个分销渠道的控制程度；产品市场覆盖面；分销模式的适应性及连续性等。

（二）渠道成员的管理

一个企业选择了渠道方案后，必须对每个中间商（即渠道成员）加以选择、激励和评估，并随着时间的推移，调整其渠道方案以适应环境的变化。这就是渠道成员的管理过程。渠道成员管理好坏，直接关系渠道的分销效率。

1. 渠道成员的寻找

对初次从事国际营销的企业来说，与国外中间商建立联系，并从中发现、发展中间商是企业首先进行的工作。广泛的、稳定的国外客户联系，是国际企业的宝贵财富。与国外中间商建立联系的方式即渠道成员的寻找途径。

（1）主动建立联系。一是通过查阅国内外报刊广告、行业名录等，主动发函联系；二是通过专业报刊、杂志登载广告，自我介绍，招徕客户。

（2）通过国外商会介绍。请国外企业主联合会、商会、同业公会等介绍客户，请原有的国外客户介绍其他行业的客户等。

（3）通过银行介绍。请经营外汇的银行和驻本国的外国银行介绍。银行信息灵通，对各国工商企业界非常熟悉，由其介绍客户较为稳妥。

（4）通过国内外的展览会、交易会建立联系。

（5）函请驻外商务机构和各国驻本国商务机构介绍；函请联合国有关机构介绍。

（6）与国外企业直接挂钩。直接与国外大型的贸易公司、百货公司、跨国公司等联系，沟通业务关系。

（7）通过私人关系介绍。

2. 渠道成员的选择

制造商为了选定的渠道招募合适的中间商，其吸引力有所不同。某些企业毫不费力，如丰田公司就很容易找到不计其数的经销商。但另一种情况是企业历尽艰辛才能找到合适的中间商。爱克发在日本市场上举步维艰，直至最后打入大荣连锁超市才得以好转。要在印度市场上站稳脚跟，分销合作是必不可少的，甚至大公司在寻找分销商或经销商时也有困难。可口可乐公司进入印度的案例无可争议地表明了正确选择分销商的重要性，可口可乐公司收购了印度第一号的软饮料制造商坦萨，才获得了整个分销系统和 60 个罐装厂，迅速进入了印度市场。

不管中间商发展是难是易，必须确定选择中间商的标准，因为这直接关系到产品在国际市场上的销路、信誉、经济效益和发展潜力。选择的一般标准包括以下几类。

（1）经济实力。中间商的经济实力在很大程度上决定了它的经营能力。没有足够的财力作为保证，中间商很难履约、守信，特别是那些自负盈亏的经销商，一旦发生资金短缺，往往会弃信毁约。因此，选择中间商应考虑审查它的经济实力、财务状况。这可以通过审查其资产负债表、注册资本情况、公司性质等情况得到。当然，对中间商的经济实力不能一概而论。例如，对于经销商，应重视其经济实力，成交额一般不宜超过其资产额，以免发生不测。对于一般国外经纪人，因他只起一个桥梁作用，并不涉及商品所有权，可不必关心其经济实力。

（2）中间商的经营能力。由于国外中间商的社会地位、经历、经营风格、人员素质和渠道分布等各不相同，其经营能力也各有差异。而经营能力的高低关系到产品销售量的大小，可以通过考察中间商历年的经营实绩来了解其经营能力。

（3）中间商的专业知识。中间商对自己经营范围内的产品、市场、分销渠道等有关情况的了解和专业知识，有助于产品的销售。在科技日新月异，新产品层出不穷的今天，考察中间商的专业知识更为重要。特别是在高科技产品、机电产品、耐用消费品等方面，由于对服务要求高，缺乏专业知识的中间商很难搞好营销。

（4）中间商的商业信誉。信誉是产品营销的灵魂。对中间商信誉的了解，可以通过国内外银行、咨询机构、驻外商务机构等进行。对于那些资信状况不清楚的客户，应慎重对待，切不可急于求成。

（5）中间商的合作态度。买卖双方之间的友好合作，是巩固业务关系和扩大市场销售的基础。双方合作是一个双向选择的结果。俗话说强扭的瓜不甜。所以厂商应考虑中间商的合作态度，选择那些乐意合作，能积极配合，努力经营的中间商。

（6）人员、装备和设施。中间商所雇佣的人员、装备和设施也应当予以考察。从事分销活动的人员的数量和质量如何，是否具有良好的公共关系，以及分销商的设施和装备是否被适当安置，都直接影响到中间商的经营能力。

（7）未来销售增长潜力。通过观察中间商目前的经营状况和销售增长情况，分析其未来的发展潜力，发展潜力大的中间商，可以作为备选渠道成员。

（8）提供信息的能力。中间商比企业更直接接触用户，更了解市场，能为企业提供更多的市场供求信息和有关竞争的信息。一般来讲，规模大、实力强、人员素质高的中间商在这方面的能力也强一些。

以上各项只是选择分销渠道的一般标准。企业在选择时，应考虑自身的经营目标、产品、市场和竞争等具体情况，拟定更为详细的考察标准，选择真正合格的中间商作为渠道成员。

3. 渠道成员的激励

给中间商以适当的激励，目的是促使双方友好合作，互惠互利，更进一步加强中间商的责任心，提高其积极性。激励措施主要包括以下几种。

（1）降低价格。降低卖给中间商的价格，使其更有利可图。这种做法很有效，但问题是，以后再调高很困难。同时，若渠道成员是代理商，降价有利于其推销产品。但在代理产品数额不变情况下，代理商的收益可能会减少，所以，代理商有时不希望产品降价销售。

（2）授予中间商以独家经营权。这样可以使经销商在同行业竞争中，占有一定优势，从而提高其经营积极性，加强其对产品的促销宣传。若中间商是大企业或名牌产品的独家经销商，还可以树立在市场上的声誉和地位。

（3）为中间商培训推销和服务人员。当企业产品技术性较强，推销和服务都需要一定专门技术时，这种培训就显得尤为重要，如福特汽车公司在向拉美国家出售拖拉机的过程中，为其经销商培训了大批雇员。培训内容主要是拖拉机和设备的修理、保养和使用方法等。此举使福特公司加强了与其经销商的关系，提高了经销商的服务能力。在工业用品的市场上，该措施已成为重要的非价格竞争手段。

（4）广告促销方面的支持。企业可以出资在市场上做广告，或出资请中间商在当地做广告或给以广告津贴，都有利于促进中间商的销售。

（5）向中间商提供信贷帮助，或允许其延期付款。

（6）帮助中间商进行市场调研，提供经营咨询。

（7）给成绩突出的中间商一定的奖励，如给予奖金或奖品、实行特别折扣、利润分成、开展经销竞赛、增加津贴等。

上述各种形式都能不同程度地激发国外中间商的经营积极性。企业在采用之前，要进行调查研究，比较其成本与收益，考察其可行性；同时，不同的中间商、同一中间商在不同时期，其需求是不同的，企业应具体分析，选择最能满足其需求的方式来激发其积极性。

4. 渠道成员的调整和更换

（1）渠道成员的调整。企业不仅要制定良好的渠道系统并使之投入运行，还需要定期修改渠道系统，使之适应市场不断出现的新情况。当消费者的购买方式发生变化、市场扩大或缩小、产品进入生命周期的下一阶段及竞争状况发生变化时，都需要对现有的渠道结构进行调整。调整渠道可能发生在三个方面：增加或去掉某些渠道成员；增加或去掉某些市场渠道；或者在所有市场制定全新的渠道策略。对于第一层次的渠道调整，一方面是由于某些中间商不能很好地完成销售任务，违背了企业的经营意图；另一方面原因是企业变换进入市场方式，需要增减渠道成员。在国外的市场上更换或者增减中间商，往往要花费较高的代价，这是由于许多国家都对经销商或代理商进行法律保护，双方在解除代理或经销协议时，企业通常要付给中间商各种补偿费用，甚至今后几年的利润。企业做出增加或除掉某些市场渠道的决策，往往会影响整个系统。除掉某些市场渠道会减少销售量，使单位成本上升；一些人员和设备被闲置起来；竞争者会抢占这些市场的份额等。企业必须考虑所有这些影响因素。最困难的决策是对整个分销渠道的修改，如企业决定用自有的经销商代替独立的经销商等，这些决策可能在更大程度上改变企业的营销组合，需要渠道管理者更仔细地分析，以做出正确的决策。

企业走向国际化的进程也是一个不断改变分销渠道的过程。在企业进军国际市场初期，对国外的市场不够了解，缺乏国际营销的经验，自己从事海外分销的困难较大，企业通常利用贸易公司来为自己进行海外营销。同时，企业自己也派联络人员到国外目标市场去调研，掌握情况，以便日后实现由企业自己来进行直接营销。谨慎而有远见的一些日本大公司，如佳能、理光等无一例外地都从与贸易公司、分销商打交道开始。一旦对自己产品的质量和成本竞争力建立信心以后，就开始致力于改变自己低效的营销方式，逐步越过贸易公司和经销商，开始自己直接营销，推动业务发展。

（2）渠道成员的更换。没有一条渠道能保证产品在市场上的永远竞争优势。当国外的中间商不能很好贯彻企业的意图，或不能完成既定的销售额，消费者购买模式发生改变，新的分销渠道出现，市场扩大等情况出现时，更换渠道成员，修改渠道是必不可少的。

但是，在国外市场上更换中间商并非易事，往往要付出很大代价。如在洪都拉斯，企业如终止一个代理协议，必须向该代理商支付相当于五年的毛利，并补偿该代理商所进行的一切投资和各种附加开支。在比利时，则必须在实际终止前三个月通知将被终止的经销商或代理商，并赔偿其名誉损失费、开展业务费、辞退雇员费等。在奥地利，没有正当理由终止代理协议须向代理商支付 1~15 年的佣金作为赔偿。因此，企业在做出这种决策时，必须权衡利弊，综合分析。

（三）国际分销渠道的控制

将产品委托给中间商后，出口企业应当进行适当的控制。中间商作为独立的商业机构，往往同时销售很多家企业的商品，他们关心的是高利润，快周转。他们完全可能不重视某个企业产品的销售，从而可能使该企业丧失市场机会。所以加强对中间商的控制，对企业来说是很重要的。另外，企业还应从渠道成本、覆盖率及持续性三个方面对国际分销渠道进行控制。

1. 渠道成本

国际分销渠道的成本包括渠道开发成本和维持成本。前者是一种一次性支出，后者是连续的产品营销成本。近年来，渠道成本普遍具有增长趋势，这对企业开辟新市场极为不利，如何降低营销成本成为众多企业关注的中心。一般认为企业可以通过缩短分销渠道来降低分销成本，而实际情况并非全都如此。有些企业确实通过缩短分销渠道降低了成本，但有的企业是通过较长的渠道才使分销成本得以控制的。另外，不同的渠道方式成本不同。当企业的产品要开拓一个新市场时，使用代理商或经销商来推销产品，比使用企业自己的推销人员成本低。但随着销量的增长，使用代理商的成本增长加快，比企业自己推销的成本增长要快，使企业利用自己的推销人员销售产品更合适。

2. 覆盖率

分销渠道覆盖程度决定了出口企业产品的竞争力、市场份额和销售量。较高的渠道覆盖率并不意味着单纯地理上的高覆盖率，因为这往往伴随着很高的营销成本。在进口国人口稠密地区，在细分市场上提高渠道覆盖率，是控制渠道覆盖率的有效措施。

3. 持续性

企业建立产品的国际分销渠道，支付了各种成本，总是希望各个渠道成员能够长期、高效地为企业服务。企业不断地激励渠道成员，与之加强各方面的合作，也是希望能够比较长期地与中间商保持良好关系，控制分销体系的持续性。影响分销体系持续性的因素有中间商本身的原因和市场竞争的因素。经营不具备长期性、经营品种经常变化、规模较小的中间商因市场变化或经营不善而倒闭也是常有的。这使分销渠道的连续性得不到保证。另外，激烈的市场竞争会使中间商转向竞争对手一边。竞争对手利用优惠的条件，甚至使用其他压迫手段使中间商中止与原企业的合作关系，使原企业遭受损失。所以，企业一定要选择合适的国外中间商，并与之加强合作，同时要为他们提供较好的条件，使之能长期为企业服务，从而保持企业国外分销渠道的持续性。

>> 小案例 >>

飞利浦和 TCL 的渠道合作

飞利浦电子是世界上最大的电子公司之一，2003 年的销售额达 290 亿欧元，在医疗诊断影像和病人监护仪、彩色电视、电动剃须刀、照明及硅系统解决方案领域世界领先。飞利浦拥有 166 800 名员工，在 60 多个国家里活跃在医疗保健、时尚生活和核心技术三大领域。飞利浦早在1920年就进入了中国市场。从1985年设立第一家合资企业起,飞利浦就秉承扎根中国的长期承诺,将照明、消费电子、家庭小电器、半导体和医疗系统五大业务全部带到了中国,将世界领先的技术、产品和服务同步带到了中国市场。截至2012年,飞利浦已成为中国电子行业最大的投资合作伙伴之一,累计投资总额超过34亿美元,在中国建立了35家合资及独资企业,在全国设有60多个办事处,共有20 000多名员工。2003年公司在中国的营业额达到75亿美元,国际采购额达到38.3亿美元。

飞利浦在中国的渠道模式经历了很长的一段辗转之路。1997年之前,飞利浦在华南市场一直是采取直接建设,掌控主流渠道,再向终端铺货的方式,年销售额始终徘徊在700万元左右。出于在国外飞利浦代理制的普及和普遍成功,从1997年年底开始,飞利浦决定在华南市场实行区域总代理制。

1997~1999年,由于飞利浦充分给予代理公司优惠的代理政策,飞利浦的代理区域的销售直线上升,销售额也连年翻倍,1999年达到2.3亿元,飞利浦"两广"市场占有率一路上升至10%。这一阶段总代理制为飞利浦取得了丰硕的业绩,应该说是一个双赢的阶段。但随着国内彩电市场竞争加剧,整体价格大幅下滑,飞利浦的盈利开始回落。2001年,飞利浦开始酝酿渠道收复、产品升级行动,其目的就是欲以低点毛利要挟代理商,降低渠道成本,增进零售价格竞争力。

2002年,飞利浦更换代理商,由双方共同出面来管理市场。然而,作为外资企业,飞利浦的人员成本和市场管理成本居高不下,仍然无法扭转微利的局面。最终,飞利浦决定将华南7省区域渠道代理委托TCL。2003年8月,飞利浦电子公司与TCL集团宣布,两大品牌公司将在中国5个省市的市场进行彩电销售渠道的合作。这意味着,飞利浦彩电将搭乘TCL的销售网络,进一步实现覆盖中低端的二级市场的目标。

2004年年初,飞利浦设在广州的视听产品华南办事机构正式解散,飞利浦华南7省彩电销售业务彻底转交国内彩电巨头TCL公司代理。飞利浦由此前的厂商共同管理渠道变成由TCL独立进行渠道和销售管理,双方更广泛和更深入的渠道合作正在展开。

中国实战营销策划的著名人士刘永炬在接受《财经时报》记者专访时认为:像飞利浦这样的跨国企业在中国出现的渠道"短板",与其对中国市场竞争环境的水土不服有关。人们总是很"迷信"跨国公司,实际上在面对中国这样一个特殊环境的市场,跨国公司也并不太会"玩",因为他们熟悉和擅长的,是在一个已经成熟化的市场中进行运作,而中国市场并不成熟。从20世纪90年代开始直到现在,中国市场仍然是处在一种满足需求的阶段,基本上需求是不用拉动的。这个阶段的特点就是销售力要大于市场力,也就是说,渠道的作用可能会大于市场推广的作用。满足市场需求主要是依靠渠道,因此,需求越大,渠道的优势也就越大。虽然在一些大城市可能会出现某类商品的饱和,但在中国广大的中小城市和农村市场中,需求仍然旺盛。加之中国地域宽广、差异大,文化也呈区域化特点,以及消费者对需求方式的融合,这些都对跨国企业形成巨大的挑战。2003年松下的董事长在中国市场的营销策略上讲了一句话,大意是:下雨了,我们也要打伞。这说明一些跨国企业已经意识到,必须根据中国市场的特殊环境,做相应的营销策略的改变。

刘永炬还指出,站在市场的角度,飞利浦"借用"TCL的渠道的利弊在短期内看不出来，很难说"借用渠道"是否就更容易取得市场的成功。在这种市场氛围之下，只注重渠道建设，而忽略其他，只会维持短暂的市场成功。当市场进一步成熟，消费者对品牌及个性化产品的需求上升时，渠道的优势就会被削弱。因此，目前渠道得势的状态只是被中国消费市场长期需求旺盛的惯性所引发，未来的竞争究竟是不是"渠道为王"，还要依赖于市场的变化来决定。但过分依赖渠道将会导致生产企业在未来市场竞争中处于被动。以家电市场为例，短短数年中，渠道已经形成一股强大的独立势力。在进一步的扩张中，渠道企业就把生产企业控制了，以至于某渠道企业要封杀某品牌之类的新闻时常见诸媒体。正常的市场营销无疑是生产企业考核经销商、考核渠道，而在中国的家电市场中，已经变成了渠道成员考核生产企业。家电企业在现实的无奈中，也在担心哪一天会被渠道给"玩"死。另外，一件商品的价值应该是由产品价值加上品牌价值构成的，而在渠道控制市场的情形之下，品牌价值被搁置，各厂家都在拼价格。长此以往，生产企业将失去未来发展的潜力。因此，已有不少国内生产企业开始自建渠道，如格力的联合经销体。但如果没有实力的生产企业与渠道决裂，就意味着毁灭，历史上长虹、康佳都曾因渠道问题而产生阵痛。

资料来源：http://wenku.baidu.com/view/5cfb1edda58da0116c1749de.html?re=view

【任务小结】

在跨国公司实施全球化战略的路途上，在什么阶段选用什么样的渠道策略的影响因素是很多的。不仅需要衡量公司自身的实力，而且要衡量目标国的各种影响因素。一旦确定好了分销渠道，跨国公司必须要拥有管理和驾驭或适应各种影响变量的能力，如目标国的文化、销售渠道的人员沟通、对于中间商实力的考察等各种因素。

【相关知识】

互联网分销渠道

互联网是跨国公司的一个重要分销手段，也是企业和消费者寻找产品的一个渠道。计算机软硬件公司、书籍和音乐零售商是最早使用这种销售方式的"电子营销者"（e-marketers）随着网络受众的急剧增加，网络分销越来越受到企业关注。

随着网络经济时代的到来，在企业经营管理模式的深刻变革中，企业的分销渠道变革与建设成为人们广泛关注和讨论的焦点议题。在激烈的市场竞争中，企业拥有的分销渠道网络及其发展成为获得竞争优势的关键资源。有研究表明，分销渠道创造的价值通常要占到商品和服务总价值的 15%~40%，这表明了通过变革分销渠道来创造新的价值空间和竞争力的潜力。

在网络经济时代，任何企业如果不主动利用互联网，不积极投身到电子商务中去，不顺应网络经济的要求构建新的企业分销渠道模式，必将在 21 世纪的市场竞争中产生生存危机。

我国企业应以积极的态度，把握网络经济发展的机遇，以顾客导向和互联网构建和整合企业的分销系统，以赢得 21 世纪市场竞争的优势。

1. 坚持顾客导向，发挥提供产品和服务的双重功能

在互联网时代，交易方式的最大特征是"顾客主导"，即购买意愿完全掌握在顾客手中。这就要求我国制造企业的经营管理模式必须由原来的以产品为中心转向以客户为中心，同时也迫使渠道必须提供新的服务形式来适应这种新需求的出现。

销售渠道不仅包括产品的销售，而且还包括服务的销售，渠道应该具备为消费者提供产品和服务的双重功能。柯达数千家彩扩店的迅速推进，目标就是要让消费者得到"您只需按下快门，其他由我们来做"的便利。对产品售后的延伸服务，为柯达迅速占据彩色胶卷市场的半壁江山提供了保证。

2. 建立扁平化的渠道结构

渠道扁平化作为潮流，是市场规则使然。最大限度地减少供应链环节，降低成本，提升利润，同时给渠道合作伙伴盈利空间，是当代企业渠道建设和发展的方向。IBM 公司面对经销商的直销计划和电子化支持的渠道策略就顺应了时代的潮流，也使 IBM 渠道更加扁平化。分销渠道扁平化，缩短供应链，降低成本，这应是今后我国企业分销渠道建设的共同追求。

3. 建立客户关系管理系统

在网络经济时代，企业可以利用互联网技术正确分析客户的需求，为客户提供尽可能多的服务，从而能够在最大范围内抓住客户，提高客户的忠诚度。企业通过构建客户关系管理系统，能够改善与客户关系有关的商业流程，提供个性化的服务，提高效率和客户满意度，缩短销售周期和销售成本，增加收入，开拓市场。如在国际市场享有盛誉的 Oracle 公司的客户关系管理系统包括采用客户智能、融会贯通的交流渠道和基于互联网技术的应用体系结构，从而帮助企业实现高效率的客户关系管理，通过提高客户的价值、满意度和忠诚度，来拓宽市场，提高企业的盈利幅度。

4. 实现供应链管理

供应链管理是在企业资源规划（enterprise resource planning，ERP）基础上构筑与客户、供应商的互动系统，它可以实现产品供应的合理、高效及高弹性。经销商可以通过网络了解产品的供货周期、订单的执行情况等，企业则可以及时了解各经销商的产品库存、销售情况，提高决策的准确性、及时性，缩短供应链的运作周期，降低交易成本。通过构筑产品信息数据库，建立统一的产品研发系统平台，可以使参与设计的人员共享信息，共同完成开发设计工作。而企业的最终用户和合作伙伴，也能参与到研发设计环节中来。同时，产品的设计信息将直接进入生产制造系统，与供应链上的采购、销售等环节连接起来，简化工作流程、缩短上市周期。

5. 建立关系型渠道

在渠道市场，一个有效的渠道伙伴关系，将是企业与渠道伙伴共同赢得竞争优势、获取更大销售收入和夺取更大市场份额的关键所在。关系营销的核心是建立长期的合作关系。基于长期合作、长期利益而建立的关系营销，将使渠道成员和厂家共同致力于产品的成长和发展、市场的拓展和延伸、品牌的培养和维护等，双方将会从提高产品市场占有率的高度来共同落实渠道的促销策略，实现渠道增值。

6. 通过互联网实现企业营销整合

整合是指通过网络与原料商、制造商、消费者建立密切联系，并通过网络收集传递信息，从而根据消费需求，充分利用网络伙伴的生产能力，实现产品设计、制造及销售服务的全过程。

【实践能力拓展】

（一）案例

搭建扁平化销售体系——佳能的成功分销之路

2002~2005 年是佳能在中国发展的第二阶段，此阶段佳能建设中国销售网络，使产品广泛覆盖市场成为可能。2002 年 5 月，佳能（中国）获得了 10% 的内销权，即可以销售佳能在中国生产的全部产品中的 10%。2002 年，佳能在中国生产的产品占其全球产品的 60%，10% 的内销权意味着佳能（中国）可以在中国销售其全球产品的 6%，而当时佳能在中国大陆地区的销售额只占其全球销售额的 1.2%。而此前，佳能（中国）主要行使投资职能。佳能在这 3 年内完成了销售代理、物流、IT 管理及售后服务体系的整理和建设，初步形成了较完善的销售构架。

在获得内销权以前，佳能在中国的销售主要通过代理渠道来进行。佳能的代理体系分为三层：总代理、二级代理和经销商、最终用户。但代理制下渠道费用过高，直接面对最终用户的经销商利润较低，导致积极性低。2002 年佳能（中国）获得内销权之初，由于自身渠道不完善，大部分产品通过代理渠道销售，限制了其在中国市场销售的扩大。2003 年，佳能在中国市场 70% 的产品由佳能（香港）操作。

而 2003 年，索尼率先推行在卖场设专柜、直接面对终端的销售方式，成为索尼在当时能够保持中国市场占有率第一的重要原因。

于是从 2003 年开始，佳能开始通过取消总代理和二级代理，向由分公司负责经销商供货转变。当年 9 月起，佳能取消"中恒讯视"作为其全国数码相机产品总代理的身份，直接通过二级代理、经销商服务于用户。

渠道扁平化的变革使佳能在中国市场的份额迅速提升。分公司直接供货可以让消费者享受更为周到的售后服务，经销商也能获得更好的营销和技术支持，佳能则能获得及时的市场反馈。2003 年年底，佳能的市场份额上升到了 22%。

为促进佳能渠道扁平化变革顺利实施，佳能首先提升了中国在销售中的地位。

2002 年，佳能亚洲营销集团总部从香港搬到北京，佳能（中国）升级为亚洲营销中心。随着佳能（中国）职能的转变，其香港和新加坡公司的职能大部分转移到北京。佳能（中国）负责除日本以外的亚洲市场的全部营销决策。

其次，佳能划分销售区域，增加销售部门，保证渠道覆盖中国各个重要的地区市场。2002 年起，佳能将中国市场分为以北京、上海、广州为中心的三个销售区域。陆续在三个区域建立 16 家分公司，分别负责华北、华东和华南区的营销活动，承担各区域总部职能。2005 年，佳能的销售部门员工从不足 70 人增加到超过 800 人。

在物流方面，2002~2005 年佳能相继投入约 13 亿元，建立覆盖全国的物流配送网络，保证产品顺利传递给终端消费者。2003 年，三大销售区域均建立物流分销中心，分别覆盖华北、华东、华南的客户。到 2005 年，佳能的物流体系已经能保证全国范围 48 小时内送达，而在此之前则需要约一周的时间。

佳能（中国）公司前总裁足达洋六甚至希望"取消一级代理，通过二级代理、经销商服务于用户。二级代理也要逐步被取消。最后是我们通过自己的渠道直接服务于最终用户"。2003 年，在佳能渠道调整之初，佳能的渠道调整目标是最终实现完全直销。

但是，佳能从中国市场的情况出发，转变了完全直销的战略规划，决定缓慢推进直销。直销需要建立庞大的销售部门，并对销售人员进行培训，因此其比例过大会造成销售成本很高。另外，重新建设渠道也会浪费经销商已经建立起来的人际网络。直至 2005 年，佳能在中国市场直销比例仅占其销售总额的 1%，远低于以往计划达到的 20%。

资料来源：http://www.globrand.com/2008/81956.shtml

（二）案例分析

根据一定的影响因素，选择合理的分销模式，是国际营销分销系统合理化的重要方面。佳能公司所面临的市场有的适合直销的模式，有的不适合直销而更适合传统的代理商和经销商的模式，这最终决定了佳能要想在现阶段更好地生存下去就必须选择多样化的分销模式。在决定分销渠道的长短方面，佳能公司凭借公司强大的既有品牌的影响力和经济实力，具有斩断某些中间销售环节的能力，但是完全缩短分销渠道到直销，则是公司的推销能力目前所不能及的，庞大的培训成本与现有渠道的市场优势则决定佳能的销售渠道可以朝着短平快走去，而在现阶段不可能实现完全的直销。在渠道的宽度选择上，佳能公司显然属于选择性分销，直销自己所能把握的部分市场，重点利用现存的一些渠道资源。这种直销和传统销售的结合的方式，是佳能对于市场准确的判断而做出的合理的行为。

（三）实践困境讨论

从以上案例及分析结果来看，有以下问题值得我们讨论。

1. 扁平化的销售体系为何受欢迎？

渠道扁平化的销售体系是最大限度地减少供应链环节，降低成本，提升利润，同时给渠道合作伙伴盈利空间，是当代企业渠道建设和发展的方向。佳能公司面对代理制下渠道费用过高，最终用户的经销商利润较低而积极性低下的情况，顺应了时代的潮流，也使佳能渠道更加扁平化。分销渠道扁平化，缩短供应链，降低成本，这应是今后国际企业分销渠道建设的方向。

2. 为什么会有直销加传统分销模式的存在？

对一个公司而言，具体选择什么样的分销模式，是由很多因素决定的。例如，产品特点，市场状况和企业的条件。佳能的产品属于普通的家用小型消费品这一特点，适合直接面对大众消费者。通过直营店进行宣传，并可以积累客户的口碑效应，适合走直销的方式，再加上公司渠道费用高，经销商利润低的市场现实，迫使企业在某些合适的区域，压缩中间商，直接面向客户进行销售。然而传统的销售渠道现有的市场和资源，浪费掉也是不明智的选择。所以佳能最终选择了直销加传统分销的模式也是必然的。

【情景实训】

国际渠道策略影响因素分析

1. 实训名称

国际渠道策略影响因素分析。

2. 实训目的

根据企业内外环境，判断影响国际渠道策略选择的因素。

3. 实训内容

下面内容是关于肯德基进入中国市场的描述，每一段相应地描述了影响其分销渠道模式选择因素，请根据描述内容填写相应的影响因素。

（1）肯德基打入中国市场首先集中精力占领辐射能力最强的大城市。开发中国市场，不但需要技术资源，更重要的是需要宝贵的管理资源。最为关键的是，要打入中国市场就必须选择一个特定的投资地点，肯德基通过全面、深入的市场调查，确认进入中国市场，必须以大城市作为目标市场：用100%的精力进攻北京，然后是上海、杭州等地。（　　）

（2）肯德基以"从零开始特许经营"作为一种有效的方式在全世界拓展业务。2000年8月，中国地区第一家"不用从零开始经营"的肯德基特许经营加盟店正式在常州溧阳市授权转交，至2004年1月，已有11家"不从零开始经营"的肯德基餐厅被授权加盟。肯德基在中国的发展潜力是巨大和难以估量，没有哪一个企业能够完全占有中国市场，肯德基依靠热爱肯德基品牌的加盟者来共同发展中国的肯德基，从而达到最有效的发展潜能。（　　）

（3）坚持做到员工100%的本地化并不断投入资金、人力进行多方面各层次的培训。从餐厅服务员、餐厅经理到公司职能部门的管理人员，公司都按照其工作的性质要求，安排科学严格的培训计划。为使管理层员工达到专业的快餐经营管理水准，肯德基还特别建立适用于餐厅管理的专业训练基地。使员工特别注重发挥团队精神，依靠其团队合作达到的高效率，从而保证了营业高峰期服务的正确和迅速。（　　）

（4）肯德基产品上市及推广的视觉宣传活动主要锁定在平面广告宣传和媒体广告宣传上，情感融入使肯德基电视广告宣传在中国能够深入人心。中国人想家、重团圆、重感情。肯德基巧妙地将情感表现融入产品宣传，将亲情、爱情、友情与产品牵线，将产品的特色融于简洁的系列故事情节中，让人留下美好的记忆。（　　　）

4. 实训步骤

（1）把全班同学分成三组。
（2）每组填写各组认为正确的影响因素。
（3）小组内讨论，找出最佳解决方式，并记录下来。

5. 实训要求

每组成员必须熟练掌握影响企业分销渠道模式选择因素。这些因素主要有目标市场的状况、地理位置、经营条件、经营能力与特点。

任务四　国际促销策略

【学习目标】
◇　熟练掌握国际广告决策的内容；
◇　熟练掌握国际人员推销优点、缺点；
◇　能运用国际销售促进进行促销活动；
◇　能熟练运用国际公共关系策略。

【任务描述】
视觉促销让内容更互动

2008 年，沃尔玛曾推出 Project Impact 项目，试图通过改造店面、改变产品的摆放等方式来促进销量。尽管当时沃尔玛的尝试失败了，但是视觉促销加上客流、灯光、颜色、标志等，的确能给销售带来意想不到的效果。内容营销人可以利用视觉促销的概念来更有效地展示他们的内容，也能够带来更好的用户体验。以下是一些内容营销人使用最多的视觉促销技巧。

（1）内容包装。好的包装能够突出产品的特质，抓住消费者的注意力。其要点包括：①使用高清的图像；②提供引人入胜的标题；③使用一些视觉化符号或标记；④要有明确的行动号召。

（2）内容分类。数字内容体验中，如何组织内容带来互动参与？主要有以下几点：①利用吸引人眼球的不同设计对内容进行分类，并充分利用空白；②充分考虑消费者是如何浏览页面的。

（3）流量。零售商很都重视流量，但是如何把购物者吸引到店里？主要有以下几点：①优化移动端；②提供简单、吸引人的导航标志；③尽量把内容放在消费者目光所及之处，不要等着他们来找内容。

（4）交叉销售。超市一般会把糖果、苏打、杂志等放在收银台的位置，因为交叉销售是非常有效的技巧。内容营销人也可以采用这个技巧：①利用相关、新近的及流行的元素来推荐内容；②让消费者轻松就能阅读到下一章的内容；③根据消费者的兴趣爱好、行为习惯，尽可能地定制化内容。

资料来源：http://www.conothinking.com/xmtyx/2573.html

思考：

（1）你认为零售商店视觉促销的关键点在什么地方？

（2）零售企业如何利用新媒体进行更好地促销？

【任务实施】

国际促销与国内促销不同之处在于企业所处环境不同，国际市场营销人员应特别注意巨大的环境差异对促销方式的影响。有人曾这样形容过促销："现代企业不进行促销活动，犹如美女在黑暗中向心爱的人抛媚眼。"这样的比喻非常贴切，促销显然是企业产品成功的助推利器，但促销的产品未必能成功占领市场，因而合适促销方式的使用显得尤为重要。在国际市场上，国际广告、国际人员推销、国际销售促进和国际公共关系是四种常规的促销手段。

一、国际广告策略

（一）国际广告的含义

国际广告是指跨国企业为了配合市场营销活动，在所选定的目标市场国所做的商品广告。国际广告的目的是使企业产品尽快进入目标市场国，为产品赢得声誉，扩大产品的销售，实现企业营销目标。从本质上来说，国际广告是一种信息传播行为。

国际广告与其他的促销手段相结合，可以更好地实现产品销售目标。其可以为人员推销打下基础，提升企业、产品和品牌的知名度。由于广告设计是专门针对某一商品进行的，目的是使接触广告的目标群产生购买的心理，所以，广告对消费品的促销作用比工业品的促销作用更大。

（二）国际广告应考虑的问题

国际广告与国内广告原理相同，只是由于受到文化、风俗习惯、传播媒介、竞争及各国政府的限制等，国际广告考虑的问题更为复杂。

1. 标准化广告策略和差异化广告策略

在国际市场上的跨国企业都面临着国际广告标准化或差异化的选择。标准化是指企业在不同国家的目标市场上，使用主题相同的广告宣传。国际广告的差异化是指企业针对各国市场的特性，向其传送不同的广告主题和广告信息。典型的标准化的国际广告有美国万宝路香烟和麦当劳快餐店的广告宣传；典型的差异化广告有雀巢公司，其在世界各地雇佣了 150 家广告代理商，为其在 40 多个国家的市场上做各种主题的咖啡广告宣传。

企业采用国际广告的标准化和差异化策略取决于消费者购买产品的动机，而不是广告的地理条件。当不同市场对相同的广告做出相同程度的反应时，即对同类产品的购买动机相似时，或企业采取全球营销战略时，公司就可采用"标准化"的广告策略。标准化策略并不排斥就地区差异进行一定程度的修改。当消费者对企业产品购买动机差异很大时，或企业实行差异化国际营销战略时，应采用差异化广告策略。

国际广告标准化的主要优点包括：可以降低企业广告促销活动的成本；充分发挥企业人、财、物的整体效益；易于与企业营销总目标保持一致并以统一的整体形象传递给目标市场国，从而增强消费者对企业及产品的印象。国际广告标准化的缺点是没考虑到各国市场的特殊性，特别是在特殊性成为矛盾的主要方面时，标准化的策略更显得力不从心。

由于不同国家或地区存在着不同的政治、经济、文化和法律环境，消费者对产品需求动机差异甚大。因此，根据不同的市场特点，设计不同的广告主题，传递不同的信息，以迎合不同消费者的需求，如莱威牌牛仔裤在 70 多个国家打开销路，就采用地区性或区域性的差异性广告策略。

国际广告差异化策略的主要优点在于：适应不同文化背景的消费者的需求；利于克服当地市场的进入障碍；针对性较强。差异化策略的缺点是企业总部对各国市场的广告宣传控制较差，甚至出现相互矛盾，影响企业形象。

目前，跨国公司倾向于采用"差异化广告"。很多有实力的跨国公司为了控制广告成本及世界范围的促销活动，都力求实行广告标准化，由总部研制一套典范性的广告方案，然后把其推向子公司，每个子公司以这个广告主题为基础，对其进行适当改变。这样，既控制了跨国公司在全世界所做广告的主题，也照顾了地方市场的特点。

无论是选择标准化还是差异化广告策略，其目的都在于将有关信息传递给消费者，使消费者理解及接受这些信息，促进企业产品的销售。

2. 形象广告策略与产品广告策略

不管是标准化广告或差异化广告都要根据具体广告目标去进一步制定更加具体的广告策略，以使它更加具有可行性。

形象广告策略是广告主的广告目标为了塑造企业及其产品、商标的形象，并巩固和发展这一形象，使消费者对企业及其产品产生信赖和感情，而不是单纯地为了销售产品。

产品广告策略是广告目标在于推销产品，其核心是要采用各种方式介绍、宣传产品的特点和优点，利用各种劝说内容和形式，诱导人们购买，如各种削价销售广告、抽奖广告等。

形象广告与产品广告并不是截然分开的。形象广告的最终目标也是推销企业的产品，获得更大的利润，而产品广告也必须考虑产品形象，企业形象的树立，绝不能与产品、企业的形象背道而驰。

3. 理性广告策略与情感广告策略

理性广告是指广告诉求定位于受众的理智动机，通过真实、准确、公正地传达企业、产品、服务的客观情况，使受众经过概念、判断、推理等思维过程，理智地做出决定，如在央视热播的加多宝的广告："怕上火，喝加多宝。"就是一则典型的理性广告。

情感广告是指通过某种联想，把产品和人们的日常生活紧密相连，使人产生温馨的生活情感。例如，炊具品牌"爱仕达"的"7点回家吃饭"就是一则情感广告："人们步履匆匆往家的方向走去，贤惠的妻子已经做好了可口的饭菜，时钟指向7点，爸爸正好回家，一家三口其乐融融共享晚餐。画外音响起：7点，没什么比回家吃饭更重要。"

（三）国际广告的主要限制性因素

1. 语言差异

语言差异是目标市场消费者理解国际广告的最大障碍之一。不同国家之间的语言差异很大，即便是同一语言背景的国家，也存在一定的语言差异。美国的广告语言除了英语外，还有西班牙语、意大利语、日语等；而新加坡的广告语言主要有英语、汉语、马来语和泰米尔语等。

从本质上讲，同一事物或现象在不同的语言文化环境中可能被赋予了不同的含义，进而造成交流障碍。例如，国内某企业在向英国出口羊绒被时，由于翻译不当，致使产品严重滞销。究其原因，是由于该企业将品牌"山羊"译为"goat"，而"goat"在英文中有"色鬼"之意，因而使英国人对该品牌产品"敬而远之"。

2. 风俗习惯差异

文化背景不同，相应的风俗习惯就有很大的差异，同一广告在不同国家会有不同的反应。例如，在西方国家和中国等国家，男女共进晚餐的广告画面是没有任何问题的，但在中东等国家，这种情况是不能接受的。同样，一国或地区之内的亚文化之间的风俗习惯差异也值得国际营销人员重视，如中国香港就有10多种不同的早餐方式。

3. 各国政府对广告的管理差异

国际广告除了受语言、风俗习惯、经济发展水平等因素的影响外，还要受到各国政府对其的法律法规限制。世界各国对国际广告的管理差异主要体现在商品种类、广告内容、广告时间和广告税率等方面。

（1）商品种类。很多国家都对广告商品种类做了明确规定，香烟、酒类、打火机、巧克力等广告是许多国家禁止播放的广告。于是，不少广告商通过变通的方法试图绕过目标市场国的政府管制。例如，烟草和酒精饮料在西欧是严格限制做广告的，一些欧洲香烟制造商采用投资于娱乐行业、为体育赛事出资赞助、用香烟商标命名饭店、电影院等办法，把产品和娱乐、体育联系在一起，弱化单纯的产品传播，以避免政府的商品种类限制。

（2）广告内容。对广告内容的管理主要体现在广告内容的语言表达和表现方式上。比较性广告在德国禁止使用，如果某个产品使用了比较广告，随时都有可能被起诉。沙特阿拉伯对广告内容的限制主要体现在：禁止内容为占星术或算命的书、出版物或者杂志的广告；避免令儿童感到害怕或困扰的广告；禁止使用比较性的广告宣传；女性只能出现在与家庭事务有关的广告中，而且外表必须文雅以体现女性的高贵；妇女必须穿合适的长裙，除了面部和手掌可以露出外，身体的其他部分必须遮盖住。

（3）广告时间。各国政府对广告播出时间的限制各有差别。科威特政府控制的电视广播公司，每天的广告播出时间只有 32 分钟，而且只能在晚上播出；德国对广告时间的规定是除周末和节假日外，每天只允许播 20 分钟的商业广告，而且只能在晚上 6~8 点集中播放；意大利的规定是电视商业广告每年播放次数不能超过 10 次，每次播放的间隔时间不能少于 10 天。

（4）广告税率。广告税率是各国政府对广告进行控制的手段之一。意大利对广播和电视征收 15%的税率，对报纸广告征收 4%，对户外广告征收 10%~12%；奥地利对广播和电影院广告征税最高达 30%，对印刷物和电视广告征税为 10%，对赠奖征 10%。中国广告业税目的适用税率为 5%。

（四）国际广告决策内容

国际广告决策内容涉及选择什么广告媒体、使用哪个广告机构及如何选择广告内容。

1. 广告媒体决策

常用的国际广告媒体有杂志、报纸、电视和广播，这四大媒体优缺点非常明显，跨国企业往往根据费用、传播范围等选择相应的广告媒体。随着互联网的普及和人们经济生活的范围扩大，互联网和户外广告媒体的使用逐渐增多。

（1）互联网。互联网被称为除杂志、报纸、电视和广播的"第五大媒体"。互联网具有信息量大、信息传播速度快、储存时间长、交互式沟通和集视觉与听觉于一体等特点，具有传统广告不可比拟的传播效果。利用互联网把广告和电子商务结合起来，成为商业发展的重要方向。

（2）户外广告。户外广告类型很多，如广告牌、招贴画、霓虹灯、车体广告等。户外广告的优点是形象生动、保存时间长和成本费用低；缺点是广告针对性差、信息表达的形式与内容受限制、促销效果难以评估。在实际中，许多国家对户外广告的位置、尺寸及其颜色常常有不同的限制。而且许多商业区建筑物很多已设满了户外广告，企业找到合适的地点也比较困难。公交车体往往是使用频率很高的户外媒体，当人们乘车时，不管愿意不愿意，都会有意或无意看到广告。车体广告进入消费者视野的频率很高，缺点是信息传播针对性不强。

小案例

五粮液冠名川航首架 A330　中国白酒"飞进"国际市场

2010 年 11 月 5 日，由五粮液冠名的川航首架 A330 宽体客机在成都双流国际机场首飞，这是五粮液进军国际市场，引领"中国白酒金三角"走向世界的"新尝试"。

据介绍，此架 A330 飞机被命名为"五粮液"号，主要执行马尔代夫、首尔、日本等世界热点旅游目的地航班任务。"五粮液"号是四川航空为五粮液量身定做，除机身整体冠名外，五粮液还覆盖了机舱内广告。据悉，双方将进行为期 3 年的合作。

五粮液总裁唐桥在首飞仪式上说，冠名川航可以利用川航航线资源，让更多的人感受中国传统文化和中国白酒文化的神韵和魅力，这是五粮液推动"中国白酒金三角"建设，进军国际市场的一次创新和尝试。

唐桥表示，作为中国白酒行业的领军者，五粮液已经连续 16 年位居"中国最有价值品牌 100 榜"食品行业榜首，品牌价值高达 526.16 亿元。推动中国白酒走向世界，打造中国"波尔多"，五粮液责无旁贷。五粮液将通过各种机会和渠道，将中国白酒的魅力和神韵传递给世界各地，引领中国白酒走向世界。

资料来源：新华网四川频道，http://www.sc.xinhuanet.com/content/2010-11/05/content_21326029.html

2. 广告机构决策

在国际市场上，有三种广告机构类型。一是跨国企业本土的广告公司；二是东道国的广告公司；三是国际广告公司。这三类广告公司各有优缺点。本土广告公司和跨国企业文化背景一样，和企业容易沟通，能够很快理解企业的主旨和产品的表现特色，但对东道国的消费者的需求未必能够切实掌握；东道国的广告公司对目标市场国消费者的消费心理可能摸得很清楚，但未必能和企业很好沟通；国际广告公司的国际广告制作经验可能非常丰富，但需要和跨国企业努力沟通及详细调查目标市场国消费者的消费心理。基于此，跨国企业选择哪一个广告公司，是企业根据自己营销实践情况来定的。实践证明，世界上很多著名的大企业大多是携手本国的广告公司共同开拓国际市场。

3. 广告主题决策

一般情况下，广告主题的重复播送能增强受众的印象。日本松下电器公司经常反复播送其电器广告，美国宝洁公司反复播送其化妆品广告，从而增强受众的印象，引起其购买行为。需要注意的是，某些产品重复播送广告次数的增加，会使受众产生厌烦心态，使印象逐渐变浅，而且容易造成产品老化的形象。因此，国际广告时常面临着一个主题是否变化的问题。

（五）国际广告的步骤

跨国企业制作国际广告的目的是向目标顾客更好地传递企业及产品信息，从而使顾客认可企业并喜爱企业产品。为了更好地达到这个目标，跨国企业需要对国际广告的步骤进行规划。

1. 进行营销研究，实施广告目标定位

广告目标定位是企业在进行营销研究的基础上，综合产品特色和消费者需求，确定合适的广告主题、确切的广告诉求点等。定位正确是营销成功的前提条件之一。对于广告来说，广告的诉求点是有的放矢，根据产品特色，诉求点直达消费者心理深层。

2. 为目标市场开发最有效的信息

广告的目的是向消费者传递快而准确有效的信息，企业试图以第一时间告知目标市场有关产品的一切信息。而有效信息是消费者最为关心的，也是能为消费者解决消费需求的信息。

3. 编制预算

传统媒体或现代媒体各具优缺点，而媒体的优缺点又和广告付费的多少有极大的关系。企业无论采用哪种媒体做广告，都需要支付费用，区别就在于多与少的问题。跨国企业必须根据自己经费的情况决定广告的费用预算。

4. 实施活动

实施活动是制定国际广告的第四个步骤。当前三个步骤准备妥当以后，企业就可以着手开展广告活动。

5. 广告效果评估

广告效果的评估可以从两个方面反映出来。一是企业产品销量的提高，这是最直接的广告效果；二是企业及产品声誉的提高，这种效果需要调查之后才能获得的间接的广告效果。跨国企业通过广告效果的评估及时调整国际广告以更好地传播产品信息。

二、国际人员推销策略

（一）国际人员推销的含义与特点

1. 国际人员推销的含义

国际人员推销是指企业派出推销人员，或委托、聘用当地人员，向国外顾客介绍商品、洽谈贸易，以达到传递产品信息、促进产品销售目的的活动。

人员推销是一种古老但很重要的促销形式，企业经常使用推销人员进行生产资料和技术性较强和耐用消费品的推销。

2. 国际人员推销的特点

与其他促销手段相比，国际人员推销具有以下几个特点。

（1）信息传递的直接性、双向性。人员推销和消费者是直接面对面，因为中间不存在信息传递媒介，产品及企业各方面的信息是直接传递给消费者，一般不会产生信息误解。推销人员是工作在营销工作第一线的人，是最了解消费者需求状况的人员，在其介绍、推销产品的过程中，推销人员不仅把相关产品信息传递给消费者，消费者亦会把自身需求及产品偏好等方面信息反馈给推销人员。

（2）促销的针对性和灵活性。推销人员在推销前，通常要选择最有可能成为顾客的人进行推销，以便实现推销目标，这样促销的针对性比较强；在推销过程中，买卖双方当面洽谈，推销人员可以根据实际情况灵活对待；通过交谈和观察，推销员可以掌握顾客的购买动机，有针对性地从某个侧面介绍商品特点和功能，抓住有利时机促成交易；可以根据顾客的态度和特点，有针对性地采取必要的协调行动，满足顾客需要；面对面的交谈能让推销员及时发现问题，解答顾客疑虑，从而使顾客信任推销员。

（3）沟通方式富有人情味，关系持久。推销工作并不是冷冰冰的单纯交易，推销人员真心为消费者着想，获得消费者的好感，建立深厚的友谊，彼此信任，彼此谅解。相比其他促销手段，人员推销这种促销方式最富有人情味，推销人员与消费者往往也能关系持久。

（二）推销人员的管理

1. 国际推销人员的选拔

（1）选拔标准。对推销人员的要求，既有素质方面的，也有能力方面的。总体来讲，对推销人员的选拔标准是思想品质端正、心理素质过硬、业务素质熟练。而对国际推销人员来说，除了要具备一般推销人员的基本素质和能力外，还需要具备以下几点要求。

市场营销技能。市场营销是一门技术性很强的学科，虽然它看起来并不像一般的工科技术那么明显。市场营销的技能包括市场调研、营销策划、市场数据处理、用户心理分析和市场前瞻性的把握、口才、人际关系处理能力等。

>> 小案例 >>

施乐公司推销传真机

施乐公司是传真设备的先驱。早期的传真设备又叫远程复印件，施乐公司的销售人员向顾客推荐的重点都是关于产品的特点：传输率、回位能力、远程自动操作等，但是，由于价格昂贵，销售一直没有起色。当时英国石油公司正在开发北海油田，每天派一架直升机两次往返钻井平台收集数据，把数据带回岸上交由地理学家分析。因为数据以复杂的图表记载，无法转化成文字，也就无法通过电报设备传输。施乐公司的销售人员及时发现了英国石油公司的需求：如果有远程复印件，公司就不需要每天派直升机飞来飞去；如果有远程复印件，数据可以很快传递给海岸上的地理学家；如果有远程复印件，传输资料的成本只要原来的一小部分。很快，施乐公司就和英国石油公司签订合同。几个星期内，其他石油公司也纷纷和施乐公司签约。施乐公司以传真技术能够节省顾客的时间和成本为出发点满足顾客的需求，不仅做成几百万美元的订单，也为石油公司节省大量时间和成本。后来，施乐公司又成功开发出国家安全部门、大学、医院等客户。

资料来源：杨金凤，王悦. 现代推销学[M]. 杭州：浙江大学出版社，2014

文化差异的领悟力。文化差异是跨国营销的软性障碍，世界上没有任何一个国家规定国际企业进行跨国营销必须要遵循自己国内的文化要求，可是跨国企业必须要"入乡随俗"，否则只有碰壁的后果。国际推销人员要理解他国的文化，必须理解本土文化，尊重不同国家或地区的文化差异性。

协调能力。因为是在不同于国内的环境中进行营销活动，国际推销人员面对的同事可能来自不同文化背景，为了更好地完成企业规定的营销目标，国际推销人员需要具备运用其知识和技能协调员工共同开发和完成合理的营销计划的能力。

（2）国际推销人员的来源。国际推销人员的来源有三个：一是本国的推销人员；二是东道国的推销人员；三是第三国的推销人员。

2. 国际推销人员的培训

国际推销人员的培训和国内企业对推销人员的培训有所不同，因为国际推销人员的来源复杂。推销人员的来源不一样，培训的重点就不一样。对本国的推销人员，培训的重点是东道国的营销环境熟悉与分析；对东道国的推销人员，培训的重点是跨国企业及产品的知识；对于第三国的推销人员，培训的重点包括跨国企业及产品的所有知识、目标市场国的市场环境等。

3. 国际推销人员的结构

国际推销人员的结构是指国际推销人员的分派和安排。一般情况下，国际推销人员有四种结构。

（1）地区型结构。地区型结构比较简单，是常用的结构。每个推销员负责一两个地区内本企业各种产品的推销业务。这种结构的优点是容易考核推销人员的工作成绩，有利于企业节约推销费用。因为划定国际市场销售地区，目标明确。缺点在于当产品或市场差异性较大时，推销人员不易了解众多的产品和顾客，会直接影响推销效果。

（2）产品型结构。每个推销人员专门推销一种或几种产品，而不受国家和地区的限制。如果企业的出口产品种类多，分布范围广，差异性大，技术性能和技术结构复杂，采用这种形式效果较好，因为对产品的技术特征具有深刻了解的推销人员，有利于集中推销某种产品，专门服务于有关产品的顾客。但这种结构的最大缺点是，不同产品的推销员可能同时到一个地区（甚至一个单位）推销，这既不利于节约推销费用，也不利于制定国际市场促销策略。

（3）顾客型结构。按不同的顾客类型来组织推销人员结构。由于国际市场顾客类型众多，因而国际市场顾客结构形式也有多种。例如，按服务的产业区分，可以对机电系统、纺织系统、手工业系统等派出不同的推销员；按服务的企业区分，可以让甲推销员负责对A、B、C企业推销的任务，而让乙推销员负责对D、E、F企业销售产品；按销售渠道区分，批发商、零售商、代理商等，由不同的推销人员包干；按客户的经营规模及其与企业关系区分，可以对大客户和小客户、主要客户和次要客户、现有客户和潜在客户等，分配不同比例的推销员。采用这种形式的突出优点是，企业与顾客之间的关系密切而又牢固，因而有着良好的公共关系，但若顾客分布地区较分散或销售路线过长时，往往使推销费用过大。

（4）综合型结构。综合型结构是采用上述三种结构形式来组织国际市场推销人员。在企业规模大、产品多、市场范围广和顾客分散的条件下，上述三种单一的形式都无法有效地提高推销效率，则可以采取综合型结构。

4. 国际推销人员的考核

国际推销人员的考核有两个指标。一是直接的推销效果，如推销的产品数量、推销的成本、新客户的销量比率等；二是间接的推销效果，如访问顾客的人数与频率、产品与企业知名度的增加程度等。

当然，国际推销人员的考核要考虑文化因素的影响。尽管推销工作的效果好坏通常要看个人的业绩，使用的指标往往是销售额、销售量、利润率、销售增长率等指标，但在注重集体主义的国家里，人们看重的是团队业绩而不单纯是个人的努力。这样的话，单纯考虑个人的业绩，就很难界定团队中的其他因素对销售效果的影响，如团队的凝聚力、团队配合的默契度等。

5. 国际人员推销的工作步骤

国际人员推销的工作步骤包括以下几个方面。

（1）寻找顾客。面对陌生的国度，推销人员首要的任务是通过合适的途径找到顾客。国际推销人员可以通过以下机构寻找顾客。第一，国外老顾客；第二，国际银行；第三，本国政府驻外机构；第四，国际商会组织；第五，国际广告代理公司；第六，国际市场咨询公司。

>> 小案例 >>

处处留心皆机会

怀特是一家汽车公司的推销员，有一次他问一位顾客做什么工作时，这位顾客回答说："我在一家螺丝机械厂上班。"

"别开玩笑……那您每天都做些什么？"

"造螺丝钉。"

"真的吗？我还从来没见过怎么造螺丝钉。哪一天方便的话我真想上你们厂看看，您欢迎吗？"

怀特只想让顾客知道：他很重视顾客的工作，尊重顾客。因为在这之前，可能从未有任何人怀着浓厚的兴趣问过他这些问题。相反，一个糟糕的汽车推销员可能嘲弄他说："你在造螺丝钉，你大概把自己也拧坏了吧，瞧你那身皱皱巴巴的脏衣服。"

等到有一天怀特特意去工厂拜访这位顾客的时候，看得出这位顾客真的是喜出望外。他把怀特介绍给年轻的工友们，并且自豪地说："我就是从这位先生那儿买的车。"怀特呢，则趁机送给每人一张名片。正是通过这种策略，怀特获得了更多的生意。

资料来源：钟立群. 现代推销技术[M]. 北京：电子工业出版社，2005

（2）了解顾客。了解顾客是人员推销的第二步骤，因为只有了解顾客，才能投其所好给予顾客想要的产品和服务。在推销实践中，推销人员需要通过一些相关的调查知晓顾客的一些基本情况，为接下来的接近顾客做准备。

（3）接近顾客。如何接近顾客往往是推销人员很头疼的事情。推销人员可以通过自我介绍、请他人引见、电话预约等方式。

（4）介绍产品。产品介绍是打动顾客的关键步骤。顾客的需求是真实存在的，问题是推销人员提供的产品是否吻合顾客的需求。在介绍产品时，产品的优缺点及产品特色是介绍的重点。无论如何，推销人员一定要诚恳，真心为顾客着想，才能赢得顾客的信任和认可。

（5）应付异议。推销工作的一条黄金法则：不与顾客争吵。在面谈中顾客往往会提出各种各样的购买异议。这些异议可分为需求异议、财力异议、权力异议、产品异议和价格异议等。这些异议需要推销人员一一应对。

（6）促成交易。解决了顾客的异议后，关键时候要趁热打铁，使顾客当即做出购买决策，否则，有些顾客会再三犹豫，可能就耽误购买产品。

（7）事后跟踪。产品卖给顾客之后，并不意味着推销工作的结束。优秀的推销人员善于事后跟踪，以了解顾客对产品的使用情况及是否满意，为争取忠诚顾客奠定良好的基础。

三、国际销售促进策略

（一）国际销售促进的含义与特征

1. 国际销售促进的含义

国际销售促进是企业在国际目标市场中，为刺激市场需求，扩大销售而采取的能迅速产生激励作用的促销措施，包括赠券、折扣、奖售、提供样品、现场表演等多种方式。销售促进最大的作用就是通过某种购买条件、营销刺激，以极强的诱惑力，使中间商或消费者迅速做出购买决策，产生即时购买效应。

国际广告在企业国际营销过程中发挥了重要作用，但广告对消费者购买行为的影响往往是间接的，而销售促进往往促使消费者立即做出购买决策。跨国企业在国际市场上进入一个新市场时，如能把销售促进和广告手段结合起来运用，获得成功的可能性更大。

2. 国际销售促进的特征

（1）促销效果见效快。作为一种常规的促销方式，和其他的促销手段相比，销售促进见效快，可以在短期内刺激目标市场需求，使销售量大幅度地增长。在营销实践中，优质名牌和具有民族风格的产品使用销售促进的效果更佳。

（2）针对性强。销售促进是向国际市场消费者提供了一个特殊的购买机会，希望能够唤起消费者的广泛注意，所以促销信息针对性强。

（3）促销手段灵活多样。为了更好地刺激消费者的需求，销售促进的手段灵活多样，能极大地刺激消费者的购买欲望。

（二）国际销售促进的有效形式

销售促进的方式很多，主要分为三大类：一是针对最终消费者；二是针对中间商；三是针对推销人员。

1. 以消费者为核心的销售促进

以消费者为核心的销售促进是以各种方式增加消费者的购买欲望，包括有奖销售、折扣、代价券、减价、现场表演、分期付款、赠送礼品等。

（1）有奖销售。有奖销售是利用顾客存在侥幸心理，在售货后采用摇奖或中奖标记直接封在商品包装上，对已购货的顾客中幸运者予以高额奖励的办法。

（2）折扣。折扣是降价的一种变相形式。即商品价格不变，实际付款时允许顾客少付一部分货款，或者收款时再以某种方式退回部分货款。

（3）代价券。代价券是折扣的一种方式，国外持券人可以在购买某商品时免付一定数额的钱。这种方式比直接减价更灵活、更有利。价格降低后，将来再提高不容易，而发放代价券，则可以视销售情况，减少或取消代价券。

2. 以中间商为核心的销售促进

以中间商为核心的销售促进形式是出口企业为激发中间商（包括出口商、进口商及国际中间商）的销售积极性而采取的措施，包括购货折扣、合作广告、推销奖金、联营专柜、举办展览会和帮助设计橱窗等。对于刚进入国际市场或国际市场名气不大的产品，通过中间商进行促销是一种有效的方式。以中间商为核心的销售促进目的是促进企业和中间商的有效合作，提高中间商经营本企业的效率，鼓励中间商积极进货，积极推销，尽力推销产品。

3．以国际推销人员为核心的销售促进

以国际推销人员为核心的销售促进方式是跨国企业为了鼓励推销人员积极推销新产品，开拓新市场和发展新客户的促销措施。在实践中，企业可以在红利、利润分成和高额补助等方面给推销员优惠条件；也可以采取推销竞赛、奖金、提成等促销形式。除此之外，对于表现出色的推销员企业可以给予精神和荣誉上的奖励。

（三）国际销售促进的影响因素

销售促进以短期刺激消费者需求、增加销售量为明显特征，但是不同国家或地区有各种各样的销售促进影响因素。

1．东道国政府的限制

很多国家对企业实施销售促进的方式加以限制。一些国家明文规定，企业在当地市场上进行销售促进活动要事先征得政府部门的同意；一些国家对销售促进的形式进行限制，规定赠送的物品必须与推销的商品有关；一些国家则限制企业销售促进活动的规模。例如，法国政府规定：禁止抽奖，免费赠送的物品不得超过消费者所购买商品价值的 5%。

销售促进的形式多种多样，但是由于各国政府的限制，销售促进方式各不相同。有研究表明：法国最有效的销售促进方式是降价、贸易折扣和免费样品；匈牙利、荷兰和希腊三国最有效的方式是贸易折扣；巴西最有效的方式是附送礼品。此外，跨国企业往往根据东道国的具体情况采取合适的销售促进方式，避免与当地政府法规相冲突。

2．经销商的合作态度

经销商对出口企业销售促进的合作态度在很大程度上决定了销售促进的成功率大小。很显然，在异国他乡实施销售促进活动，需要得到当地经销商或中间商的支持与协助。例如，赠品或优惠券是由经销商代发；现场示范方式或商店陈列是由零售商来负责，这些活动没有中间商的合作是不可能进行的。

3．市场的竞争程度

企业在国际市场实施销售促进措施，有时是出于扩大市场份额的主动竞争行为，有时是迫于竞争压力的被动竞争行为。市场的竞争激烈程度、竞争对手在促销方面的动向或措施，将会直接影响跨国企业的销售促进措施。例如，竞争对手采取销售促进措施以扩大产品销售额，企业若置之不理，很可能会失去一部分消费者。

当企业进军海外市场时，为推广产品而进行的销售促进措施有可能会受到当地竞争者的反对或阻挠，甚至会通过当地商会或政府部门利用法律或法规的形式加以禁止。例如，美国通用电气公司通过与当地企业合资的方式成功打入日本空调市场。通用电气公司在日本市场上采取的行之有效的促销措施是：对推销成绩突出的经销商提供海外免费旅游度假的机会，对购买数量达到一定额度的顾客赠送彩色电视机。可是，随后当地电器生产厂商

利用贸易协会通过决议，禁止以海外旅游形式作为奖励措施，并限制赠品的最高价值，这些决议得到日本公平贸易委员会的许可。

（四）国际销售促进策略的制定

只有设计周详的销售促进计划，才能使销售促进的效果发挥到最大极致。国际销售促进策略的制定必须结合产品、市场等方面的情况，慎重确定销售促进的地区范围，鼓励的规模、途径、期限、时机、目标和预算等，在销售促进活动结束后，还需要对销售促进的效果进行实时评价。

1. 销售促进刺激的程度

促销要想取得成功，必须具有一定程度的刺激。相对来说，刺激程度越高，引起的销售反响也会越大，但这种效应也存在递减的规律。因此，企业应在对以往的促销实践进行分析和总结的基础上，结合新的环境条件确定适当的刺激程度和相应的开支水平。

>> 小案例 >>

一次大伤元气的促销活动

Maytag 公司是美国一家具有百年历史的大型家电企业，在美国家电行业中排名第 4 位。该公司以生产洗衣机著称，其设在英国的子公司 Hoover 公司则以生产吸尘器而闻名。

1992 年该公司在英国开展了一场促销活动，该公司向顾客承诺：凡在某日期之前购买该公司指定产品超过 100 英镑者，公司免费赠送去欧洲某地的往返飞机票一张，超过 250 英镑者，公司免费赠送去美国纽约的往返飞机票一张。Maytag 公司提供免费往返机票的票价明显超过了上述 100 英镑或 250 英镑。因此，全英格兰有 50 万顾客踊跃购买了该指定产品，其中 20 万顾客符合公司的上述规定，这一数字大大超过了该公司当初的预料，但为了避免因失约而被顾客告上法庭，该公司只好忍痛付出母公司全年销售额的 1/10，即 5 000 万美元的巨资兑现承诺，由于这一促销活动的失误，Maytag 公司大伤元气。

资料来源：秦波. 国际市场营销学[M]. 北京：对外经济贸易大学出版社，2012

2. 销售促进的鼓励对象

国际市场上，销售促进鼓励对象可以是任何人，也可以是特定的人，商品的购买者或消费者通常是被鼓励的对象。鼓励对象的选择意味着销售促进活动控制的范围应该多大、哪些人是促销的主要目标等问题，这些问题选择正确与否都会直接影响到促销的最终效果。

3. 销售促进的途径

不同的销售促进方式可以通过多种途径来实施，而不同的实施办法又会产生不同的效果。例如，商品目录附优待券，既可以放在商品包装中，也可以在商店分发，还可以附在报纸杂志广告中，也可以邮寄。显然，这几种途径中的每一种覆盖面和费用都不同，因此就需要进行比较，衡量哪一种途径最为有利。

4. 销售促进的时机

产品不同、市场不同、销售条件不同，销售促进的时机亦不同。企业销售促进措施必须在适当的时机推出，才能取得较好的效果。确定销售促进的时间一方面是要确定销售促进开始的时机，如西方许多国家的圣诞节前后往往是销售促进活动开展的最佳时节；另一方面还要确定销售促进的持续时间，因为销售促进的持续时间过长，不但达不到刺激的目的，而且可能给企业增加负担，而销售促进过短，则难以实现相应的促销目标。一般认为销售促进的时间在一周以内为宜，但具体操作中应根据市场特点和产品特点灵活掌握。

5. 销售促进的目标

销售促进的目标是企业市场营销总目标和促销组合目标的具体化。根据市场特点和促销对象的不同，销售促进的目标亦有所差异。对消费者的促销目标主要是鼓励经常和重复购买，吸引新购买者试用，建立品牌知晓和兴趣等；对中间商的促销目标主要是鼓励他们大量进货、增加储存，特别是季节性产品，争取建立固定的产销关系等；对推销人员的促销目标，主要是鼓励其大力推销新产品，开拓新市场，发掘潜在顾客，尤其是推销时令积压产品等。

6. 销售促进效果评价

企业可用多种方法对销售促进效果进行评价。评价程序随着市场类型的不同而有所差异。例如，企业在测定对零售商促销的有效性时，可根据零售商销售量、商店货档空间的分布和零售商对合作广告的投入等进行评估。企业可通过比较销售绩效的变动来测定对消费者促销的有效性。在其他条件不变的情况下，销售的增加可归功于销售促进活动的影响。

四、国际公共关系策略

（一）国际公共关系的含义与任务

1. 国际公共关系的含义

公共关系（public relations，PR）是指一个企业或组织为了搞好与公众的关系，增进公众对企业的信任和支持，树立企业良好的声誉和形象而采取的各种活动和策略。公共关系也被称为"塑造企业形象的艺术"。其实质是一种促销手段，其最终目的是促进和提高企业的产品销售。因为良好的公众关系，可以保证企业经营的稳定性和较强的凝聚力。同时也会受到消费者的青睐，提高企业的销售业绩。

企业在跨国经营中，随时可能出现一些例外情况，和企业的目标或利益产生冲突，遇到这种时候，企业就要善用公共关系，加强与东道国政府官员的联系，了解他们的意图，懂得他们的法律，处理好突发的事件，协调好和东道国及目标市场消费者的关系，以求得企业经营活动的长期发展。

2. 国际公共关系的任务

企业在国际营销中开展公共关系活动的最主要目的就是树立企业良好的社会形象和声誉。为达到这一目的，公共关系部门应完成以下四项任务。

（1）改善企业与外界各方的关系。企业的生存与发展，需要与其他企业进行交流与合作。企业利用公关手段，增进企业之间的交往与合作；企业需要加强与传播媒介的关系，大众传播媒介承担着传播信息、引导舆论等社会职能，传播媒介对企业的报道对公众具有极强的引导作用，因而也在很大程度上影响企业的公众形象；通过公关手段，改善与消费者的关系是跨国企业竭力追求的活动；公共关系部门必须加强与目标市场国政府官员的联系，识别他们的意图，了解所在国的法律，争取相互之间的谅解，以求得企业的生存和发展。

（2）树立企业良好的社会形象。企业宣传是公关活动的中心任务。良好的企业形象对企业的生存和发展具有重要意义，开展公共关系有助于树立企业形象，如通过新颖别致的对外宣传和广泛的交往可以联络公众的感情，通过支持赞助公益事业可以显示企业的社会责任感等。企业之所以要通过各种公关活动来塑造良好的公众形象，当然归根到底还是企图通过各种活动，特别是各种赞助和社会公益活动来显示本企业是个"社会好公民"，从而间接提高销售量。

（3）收集反馈意见。通过建立与公众的联系制度，答复公众向企业提出的各种询问，提供有关企业情况的材料，对任何来访、来电和来信的人，进行迅速、有礼、准确、友好的接待和处理。美国一些企业提出并坚持"24小时接待服务"和定期访问顾客制度，在社会公众中产生了良好的影响，效果极好。

（4）平息企业或产品的危机。公共关系在处理企业营销战略发生失误或出现较大问题时会显现出巨大的威力；当出现不利于企业发展的社会活动和社会舆论时，公共关系就可以进行纠正和补救。各个企业应当根据不同时期不同市场的情况，确定公共公关具体内容、任务和方法。值得注意的是，国际公共关系的作用虽然重大，但它不能弥补产品和企业本身缺陷，更不能取代广告、人员推销和销售促进策略。

（二）国际公共关系常见策略

在实际的营销工作中，公关关系的常见策略有以下几种类型。

1. 导入型公关策略

适用于企业初建时期或新产品投入期。这时公共关系的主要目的是尽快提高企业和产品的知名度，形成目标市场公众对企业和产品良好的第一印象。公关工作的重点在于宣传、沟通，向公众介绍企业及其产品或服务，使公众对企业、企业的新产品或服务有所认识、引起兴趣，争取尽可能多的公众了解、信任、支持企业和产品。导入型公关一般可借助开业庆典、开业广告、新产品展销、新服务介绍、免费试用、免费招待参观、赠送宣传品、折价酬宾、社区活动等形式来进行。

2. 稳定型公关策略

稳定型公关策略的目的在于与公众保持长期的、稳定的、良好的相互关系。具体的实施策略包括以下几种。

（1）通过优惠服务和感情联络来维系与公众的关系，通过提供各种优惠服务吸引目标公众的再合作。企业可以向购买企业产品超过一定数量者免费赠送一定价值的礼品或服务，这种做法适用于已经建立了业务往来的组织和个人。

（2）保持企业和产品一定的提及率，如定期广告、组织报道、提供新闻片等，以使公众不致淡忘企业。这种做法不是直接宣传企业，促销产品，而是以低姿态的宣传为主，公众在不知不觉中了解企业的情况，有利于加深其对企业及产品的印象。

（3）参与或组织一些影响较大的公关宣传或活动，如捐资助学、资助文体活动和社会公益活动等，进一步强化企业的良好形象，更好地维系与公众的关系。

>> 小案例 >>

赞助"创意英国"

2003 年，"创意英国"活动在中国正式启动，这是一项由英国文化协会和英国政府主办的活动，旨在展现英国的最新创意与创新精神，为当代英国的创造与革新思想提供一个更为广阔的发展空间，让中国更好地了解现代英国。该项活动共有五个赞助商：百安居、BP、葛兰素史克公司、壳牌公司和泰晤士水务，共投入 5 000 万英镑，活动完全是公益性的，大部分免费向公众开放。

葛兰素史克是"创意英国"活动中的五名赞助商之一，同时也是"DNA50 周年"项目的主要赞助人。通过赞助支持"创意英国"系列活动之一"DNA50 周年"巡展，葛兰素史克让更多人熟悉了他们领先的研究领域和医药方面的专长。葛兰素史克还展示了它对中国的承诺，展示了它在科学、创新和新药品领域保持优胜的决心。

资料来源：郭国庆. 国际营销学[M]. 北京：中国人民大学出版社，2008

实际当中，企业可以单独采用一种方法，也可以将不同方法加以组合运用。例如，可通过某一公关活动，提高企业形象；通过宣传报道，向公众经常提示；通过优惠服务，使公众得到实惠，从自身利益需要出发去主动维持与其他企业的关系；等等。

3. 冲突型公关策略

冲突型公关策略也称危机公关。当企业与公众、企业与环境之间发生摩擦或冲突事件，进而影响到企业经营或品牌声誉时，企业为挽回不利影响或提升自身形象，必须考虑采取一定的冲突型公关策略加以应对。国外最新研究表明，如果企业未预先制定完善的公关战略，并且未在危机的最初阶段对其态势加以控制的话，危机造成的连锁反应将是一个加速发展的过程——从初始的经济损失，直至苦心经营的品牌形象和企业信誉毁于一旦。

（三）国际公共关系活动程序

国际企业开展公关促销活动，必须遵循一定的程序，目的在于确保国际公关促销活动收到预期的效果。

1. 相关公众调查研究

相关公众调查研究是为了收集、了解目标市场公众对本企业的意见和态度，分析企业及其产品在公众中的形象和知名度，总结经验教训，发现问题。企业可以自行设立机构收集相关公众信息，也可以委托公关关系代理机构进行调查。美国、日本、西欧等国家都有专门的公共关系咨询公司和市场调研机构，帮助企业在国际市场上调查了解有关方面的问题。

2. 拟定公关活动目标

拟定公关活动目标是指组织通过策划和实施公关传播活动所追求和渴望达到的一种状态或目的，是公共关系全部活动的核心和公关工作努力的方向。整个公关实务工作的过程就可以理解为制定公关目标和实现目标的过程。

确定公共关系总目标和各项具体目标是制订公关活动计划的重要环节，是指导组织公共关系实务工作的关键，是组织公共关系全部活动的核心。根据公共关系的主要工作内容，派生出公共关系的三大基本目标，即形象设计与塑造、关系协调、传播与沟通，其中形象设计与塑造是整个公关工作的核心目标。具体公关活动的目标，则因不同的任务和要求而有所不同。

3. 有效沟通信息

有效的沟通信息在企业公共关系中起着非常重要的作用。企业进行公关活动的目的是内求团结、外求发展，为达到此目的，有效信息沟通就成为企业公关活动成功的桥梁。有效信息沟通包括三方面的关键因素：一是信息发出者发出的信息力求准确、及时；二是信息渠道保证畅通；三是信息接受者能正确理解信息原意。当然，三方面达到高度一致并不容易，所以企业在进行公关活动时，及时和公众沟通非常必要。

4. 公关活动效果评估

公关活动效果评估是整个企业公共关系活动流程的最后一个阶段。这个阶段同调查研究阶段首尾相连，使企业公共关系活动呈现出一个有始有终的完整过程。公关效果评估的关键是评估的方法和评估的内容，评估的方法有个人观察反馈法、目标管理法、舆论调查法等；评估的内容主要有公关目标、公关经济效益、公关社会效益、公关计划等方面。企业往往通过对公关效果的评估，在总结成功与失败的经验教训基础上，为进一步开展公关活动提供依据。

【任务小结】

不同国家文化环境、政治环境、法律环境等宏观环境的巨大差异，将企业和消费者隔离开来，因此，国际促销中的有效沟通非常重要。国际企业通过各种方式将企业的信息传递给国际市场上的消费者或用户，以达到扩大本企业产品销售目的的一切方式，构成了国际促销活动。国际促销策略主要包括广告、人员推销、销售促进及公共关系四种方式。

国际广告是企业最重要的促销方式。国际广告使用最多的是电视、广播、报纸、杂志四大媒体。人类进入 21 世纪以来，随着互联网在全球的普及，企业利用互联网做广告的业务活动发展十分迅速。企业国际广告必须做出全球标准化或地方化策略的选择；广告媒体的选择不仅要考虑媒体的传播覆盖面、媒体特点、发布时间、费用等，还要特别考虑各个国家的文化及法律对广告的限制等因素。

国际人员推销是企业派出或委托推销人员向国际消费者面对面介绍、宣传产品，以促进企业产品销售。国际人员推销管理主要包括招聘、培训、激励、评估等环节。国际人员推销的工作过程包括：寻找顾客、了解顾客、接近顾客、介绍产品、应付异议、促成交易和事后跟踪等过程。

国际销售促进是企业为了刺激需求，扩大销售而采用的能迅速激励消费者产生购买决策的促销方式。一般分为对消费者的销售促进、对中间商的销售促进和对销售人员的销售促进三种类型。由于国际销售促进是即时能起到促销作用的手段，因而销售促进的规模、对象、途径和时机应该慎重选择。

国际公共关系在国际促销中起着非常重要的作用，尤其在塑造品牌形象、处理危机事件方面功不可没。国际公共关系的对象涉及消费者、分销商、政府机构、新闻界、企业员工等方面。国际公共关系的活动内容主要有改善与消费者的关系、加强与新闻媒介的关系及加强与当地政府的关系等。

【相关知识】

国际促销策略的本土化研究

本土化现已成为跨国公司顺利实现全球化战略的根本保障。许多跨国公司在中国的本土化促销中，大胆创新，在对中国文化精髓透彻把握、对中国消费者消费需求特点深入了解的基础上，将促销策略的本土化运用得炉火纯青。

1. "广告"策略的本土化

在国际市场营销中，有许多通过广告促销策略迅速进入国际市场的企业，他们当中更多地采用包含中国文化元素，更容易与目标消费者沟通的创意和传播策略。从广告用语、诉求主题、广告模特的挑选、媒体的选择等都尽可能做到本土化，以期引起消费者的共鸣。这是因为不同的国家和地区，有不同的社会制度、政策法令、消费水平、传统风俗、习惯、自然环境、宗教信仰，以及由此形成的不同的消费观念及市场特点。可口可乐的一大优势就是根据所在国的风俗习惯、民族节日实时地推出符合当地情况的、行之有效的广告策略。

在中国他们邀请谢霆锋、潘玮柏、林心如等拍广告，迎合国人追星的心理需求；在春节来临之际，推出乡土浓厚的"泥娃娃阿福贺新年"的动画广告，向顾客赠送对联；随后又推出中国传统十二生肖、春节剪纸等新包装，一句"带我回家"的广告词，抓住了无数消费者的心，传递了中国人的传统价值观念——合家欢乐，满足了中国消费者的情感需求；在法国以高贵奢华为号召的人头马，进入中国后将广告口号改为"人头马一开，好事自然来"，迎合了中国吉祥文化心理。

2. "公关"策略的本土化

在国际营销中，国际公共关系具有涉外性、针对性和跨文化传播这三大特点，公共关系的地位越来越重要。复杂的国际市场竞争，使跨国公司面临比国内更加困难的公共关系，企业谋求长远发展必须针对东道国的生活习俗、宗教信仰、社会文化等特征，开展有针对性的公共关系活动，与社会各界建立融洽的关系，树立良好的社会公民形象。跨国公司为了融入中国市场都非常重视与政府、民众的关系，从而最大限度地减少在外投资的风险和成本。政府高层公关对跨国公司在中国的发展起到了很大的作用，被许多跨国公司称为进入中国市场的"敲门砖"。跨国公司有计划地与政府高层进行沟通，目的是让中国政府及时了解跨国公司在中国的发展计划，得到政府在政策或资源方面的支持。跨国公司高层公关本土化策略的另一表现，是利用中国本土公关公司为其进行公关策划。联合利华公司就是通过中国环球公共关系公司为其策划执行以"本土化"为目的的系列公关活动。

可口可乐在中国开展一系列公关活动，从树立良好纳税人形象到致力于支持教育、体育、文娱、环保等，特别是在边远贫困山区设立和扶持希望小学的战略性举措，既关怀了孩子，教育了员工，又感动了社会，使可口可乐受到当地政府、媒体的认同，能在中国持续发展与壮大；宝洁的促销策略也非常注重贴近消费者进行营销沟通，1990 年 5 月的海飞丝南北笑星歌星光耀影屏活动，1994 年、1995 年飘柔之星全国竞耀活动，拉近了和中国消费者的距离，大大提高了宝洁的知名度。

3. "人员推销"策略的本土化

同广告、公共关系促销策略相比，人员推销策略是一种更直接的促销策略。在人员推销策略中，推销人员的素质直接关系到推销的效果及企业的形象，因此应选择合适的人员来从事这项工作，并进行有计划的培训。跨国公司取得成功的前提就是将本土人才和全球经验相结合，将建立强大的本地人才队伍作为赢得竞争优势的重要手段。

据统计，可口可乐公司在全国共聘用了 15 000 名本地员工，从可口可乐中国区总裁到普通员工几乎都是中国人，占公司员工总数的 99.5%；联合利华在中国的管理层中有 97%是中国人，联合利华坚信，启用本土的经理人员拉近了与顾客的距离，这样才能完成满足世界各地不同需求消费者的经营目标。

越来越多的跨国公司实施人才本土化战略，除了对本地人才的使用，还包括对本地人才的培养。例如，微软中国研究院、爱立信中国研究院、摩托罗拉大学等都是这些成功的国际巨头对中国员工的培训部门。

4. "营业推广"策略的本土化

在国际通行的各种促销方式中,营业推广是指能够迅速刺激需求及鼓励购买的各种促销形式,是短时间的、刺激性强的手段,一般不单独使用,常常配合其他促销方式使用,它不像广告和公共关系那样需要一个较长的时期才能见效。中国人一般对价格比较敏感,跨国公司的促销更多地采用以下几种手段。

(1)样品赠送。此方法适用于新产品推广阶段,免费向顾客发送样品,供其试用。夏士莲产品上市推出时,联合利华就一边同时播放广告,一边向居民家中派发样品以供试用。

(2)附赠赠品。在顾客购买某种产品时,免费赠送其他商品,以刺激顾客的购买欲望,如瑞士雀巢咖啡进入中国市场就采用了较受中国内地消费者欢迎的买一赠一。

(3)特价包装。以低于正常水平的价格和特别的包装方式向消费者销售产品,如"强生"沐浴露产品的促销包装瓶上标明"加送200"毫升。

(4)广告特制品。将印有广告商名字的有用物品作为礼物送给消费者。礼品包括购物袋、T恤衫、帽子、笔、日历、钥匙链及茶杯。这是一项相当有效的促销,据美国一项调查结果表明,63%的消费者会使用这些特制品,且超过3/4的人记得特制品公司的名字。

(5)联合促销。联合促销是两个或两个以上的公司合作开展促销活动,可以以较少的费用获得最大的促销效果。可口可乐1999年选择中国新年大好时机联合促销:购买可口可乐至规定数量,可获赠贺年礼品一份(酷极糖果、台丰花生和奇巧巧克力)。

(6)现场参观示范。可口可乐依据"参观生产线—企业文化—可乐吧免费品尝可乐饮料—可乐天地参与互动游戏"的流程,组织安排不同的消费群体参观厂房的直接宣传。

(7)展销会。在国际营销中,采用参加国际商展、博览会、贸易洽谈会的促销策略,同采用广告、公共关系、人员推销等促销策略相比,具有费用少、见效快、效果好的特点。商品通过展览和示范,可以集中消费者和经销商的注意力和购买力,增加达成交易的机会,扩大知名度。茅台酒第一次在巴拿马万国博览会展台亮相,即步入了国际名酒的前列。由于竞争的加剧,许多厂商不断地开发出新的营业推广方式,使其类型不断增多,如会员制、延期付款、特价日优待、购物积分、限时折价等。

资料来源:徐楠,廖成林. 国际促销策略的本土化研究及启示[J]. 技术经济与管理研究,2012,(6):61-64

【实践能力拓展】

(一)案例

忽视了"中国特色"的伊莱克冰箱广告

当伊莱克斯冰箱漂洋过海从瑞典挺进中国时,广告界人士无不仰目视之。因为在知名的戛纳国际广告节上,中国广告三进三没,而伊莱克斯吸尘器广告不仅在1997年获了奖,还被称为夸张手法运用的典范之作。伊莱克斯冰箱来到中国，带来了同样使用夸张手法的广告，并在中央电视台黄金时段每晚播放两次（第一次在焦点访谈之后，第二次在黄金剧场之后），可谓声势浩大，然而播放之后的效果却没能如人所愿。

伊莱克斯冰箱的电视广告表现手法和其获奖的吸尘器广告风格相同，都采用了情节型夸张手法，从全球电视广告的发展趋势看，情节型电视广告已经形成潮流，在最具权威的国际戛纳广告节上，1996年、1997年连续两年获奖的影视广告作品，几乎全是情节型广告。所谓情节型电视广告，是指用艺术作品中情节的表现形式来塑造广告形象。其主要艺术表现手法有：悬念、夸张、幽默、比喻、荒诞、象征。伊莱克斯吸尘器广告是：吸尘器的开关刚一打开，楼下的张先生竟然隔着楼层被吸上了屋顶。虽然夸张的有些过分，但正是这种夸张，使受众明白无误地记住了产品的有点——吸力强大，也吸引了戛纳评委们的视线。

而伊莱克斯冰箱的广告则用夸张的手法塑造了一系列可怕的画面。阴暗的房间里，一台破旧的黄绿色冰箱发出急促的噪声，冰箱被震的左右摇晃，冰箱上的玩具被震落，鱼缸被震得水花四溅，冰箱上站立的一只白色鹦鹉吓飞了，狗被吓得吼叫，摇床里的婴儿吓哭了，这一切交织成的恐惧声把房间主人吓醒，殃及到身后的书橱，书橱摇晃，冰箱上幸存的一瓶花最后也重重地掉落在地。此时，伊莱克斯新境界冰箱出现，一切恢复宁静，连婴儿熟睡时的放屁声音都听得清清楚楚，从而推出："伊莱克斯新境界冰箱，超静音设计，从内到外，安安静静，听了再买。"冰箱的特点是突出了噪声小。但这一系列场面分明是家里遭到了浩劫，哪里会使人联想到是一台冰箱的噪声所为，夸张得有些不合逻辑，这也正违背了情节型电视广告"情节必须生活化合乎逻辑"这一基本原则，更何况情节型电视广告要求的是通过生动有趣的情节紧紧抓住受众；或是通过情节"制造"出人们大都有过的生活经历和情感，以此来打动受众，引起心灵上的共鸣；或者是通过情节刻画人物来感染受众。

资料来源：http://www.doc88.com/p-98477315234.html

（二）案例分析

伊莱克斯冰箱广告在中国之所以没有达到预期的效果，是因为其广告没有打动中国消费者的心。伊莱克斯冰箱广告所有画面都在诉求一个特点：噪声小。但是外国冰箱低噪声的设计在中国消费者心目中并不占多少优势。因为国产冰箱在低噪声的广告诉求上已让消费者非常熟识。例如，海尔冰箱：噪声一半，省电一半；美菱冰箱：保鲜出力、不出声；科龙冰箱：噪声更低、制冷更强；上菱冰箱：绿色环保、静音设计等。所以，伊莱克斯冰箱低噪声的广告设计不能引起消费者的注意也在情理之中。

随着市场经济的发展，中国消费者更关注自身的健康。而伊莱克斯冰箱广告忽视了中国大众崇尚赏心悦目的审美习俗，一味追求强烈的感官刺激，强调画面的视觉冲击力和震撼力。我们不否认其广告风格在欧美国家播出时会受欢迎，但由于地理环境、文化背景不同，其恐怖的夸张、恶作剧式的幽默难以被中国消费者接受。所以，一个即使质量很好的"洋品牌"，如果产品广告不能"本土化",不能在国外市场上取得预期的成功是毫不奇怪的。

(三)实践困境讨论

关于国际广告策略,有以下问题值得讨论。

1. 企业在制作国际广告时,如何权衡标准化与差异化的问题?

目前国际上关于国际广告的策略的选择主要有两种观点,即标准化观点和本地化观点。无论是标准化还是差异化,均有优缺点。由于不同的国家、地区经济、社会文化、政治法律环境的不同,在国际营销中,有许多标准化广告失败的例子。例如,巴西人从不穿白衣服,所以在巴西强调洗涤剂"洁白"就毫无意义;带着硬边帽的英雄男子汉形象不会感动拉丁美洲人,因为当地人推崇的是衣着得体的行政长官形象。可见,标准化策略没有考虑到国际市场的特殊性,特别是在特殊性是矛盾的主要方面时,这种策略显得力不从心,所以很多企业在此种情况下考虑采取差异化的广告策略。但差异化策略也存在致命的缺陷,那就是企业总部对各国市场的广告宣传控制较差,甚至出现相互矛盾,影响企业形象,如西方某航空公司采用国际广告差异化策略后,在一国的广告中,宣传该公司服务的高级和机内设施的豪华,而在另一国的广告中,则宣传该公司机票的实惠,结果损害了公司的整体形象。另外,广告本地化会导致较高的成本,只有当本地化广告宣传能有效促进销售量,企业才可望获得更多利润。所以,在国际营销实践中,绝对的标准化或本地化都是不可取的,国际广告部门需要充分考虑各种因素和权衡利弊后灵活综合运用这两种策略。

2. 跨文化广告传播应注意哪些关键事项?

在一个国家成功的广告移植到另外一个国度不一定能获得同样的成功,原因就在于不同国家文化、法律、风俗习惯的差异等。因此,企业进行跨文化广告传播时应注意一些特别关键的事项。第一,宗教信仰。宗教是自然力量和社会力量在人们意识中的一种虚幻的反映,它是文化的核心组成部分之一,而且是一种深层的文化积淀。世界上有三大宗教:基督教、伊斯兰教与佛教。它们有不同的教规和教义,影响人们的认知、价值观念和行为准则,从而影响着人们的消费行为。第二,东道国法律。世界各国有不同的法律体系,不同国家法律对国家广告的硬性规定,必须遵守。例如,意大利禁止比较性广告。不允许弄虚作假和欺骗行为。食品广告法禁止使用令人对产品质量、成分或营养价值产生误解的名词、语句或设计,所有广告在登载之前,必须经政府审批。第三,风俗习惯。风俗习惯是特定社会文化区域内历代人们共同遵守的行为模式或规范。它影响到消费者生活的方方面面,不同风俗习惯的消费者在服饰、居住、节日、饮食、人际关系等都表现出独特的心理特征、伦理道德、行为方式和生活习惯。风俗习惯对消费者消费方式、消费行为具有重要的影响。因此,跨文化广告传播必须了解目标市场消费者的风俗习惯,有针对性地进行促销,否则会得不到当地消费者的认同,起不到促销甚至是相反的效果。

【情景实训】

如何进行降价促销

1. 实训名称

"围魏救赵"降价促销。

2. 实训目的

通过实训，使学生了解促销降价的技巧。

3. 实训内容

"围魏救赵"降价术

20 世纪 90 年代，一名香港商人投资 200 万港币在广州花园酒店附近兴建第一家南海海鲜酒店，却生意平平。不久后，他在另一处开设一家南海渔村，但也不顺利，头三个月就亏了 50 多万元。一天他在西濠三马路看时装店，一家生意兴隆，另一家却相当平淡。什么原因？他走进那家生意兴旺的一家，原来里面除了高档货外，还有几款特价服装。他受到了启发。于是拿出了"海鲜美食周"的点子——每天有一款海鲜是特价，售价远远低于同行的价格。当时基围虾的市场价格每 500 克为 38 元，他们降价为 18 元。不出所料，这一招一举成功，很多食客就冲着一款特价海鲜走进了南海渔村大门。原本准备亏本降价，但由于吃的人多，每月销出 4 吨基围虾和大量的其他海鲜，反而赚了不少。因此，渔村门庭如市，顾客络绎不绝，生意越来越兴旺。

资料来源：邓樵. 现代企业营销[M]. 广州：中山大学出版社，1997

4. 实训步骤

将学生分成 4 组，分析讨论上面的案例材料，讨论以下问题，以小组为单位提交讨论报告。讨论报告应包括以下内容。

（1）评估降价商品对顾客的吸引程度。

（2）计算降价商品可能损额与因降价而吸引顾客多消费其他商品所带来的利润的差额。

5. 实训要求

全体学生必须分组完成实训项目。每一个学生在小组中有明确的分工，认真阅读案例，收集、分析资料。要求小组进行分析讨论案例中的企业为何进行降价促销、降价选择的时间、降价的范围等。

参 考 文 献

陈怀超，陈安. 2014. 跨国公司国际市场进入模式的理论梳理与评析[J]. 未来与发展，（3）：20-25.

陈文汉. 2011. 国际市场营销理论与实务[M]. 北京：人民邮电出版社.

陈转青. 2014. 国际市场营销学[M]. 大连：大连理工大学出版社.

邓樵. 现代企业营销[M]. 广州：中山大学出版社，1997.

邓勇，陈倩，叶生洪. 2012. 消费者世代划分标准研究综述[J]. 中国商贸，（35）：246-247.

迪尔 T，肯尼迪 A. 2008. 企业文化——企业生活中的礼仪与仪式[M]. 李原，孙健敏译. 北京：中国人民
    大学出版社.

甘碧群，彭星闾. 2006. 国际市场营销[M]. 北京：高等教育出版社.

郭国庆. 2008. 国际营销学[M]. 北京：中国人民大学出版社.

郭国庆. 2012. 国际营销学[M]. 第二版. 北京：中国人民大学出版社.

怀特 M. 2011. 国际营销案例——警示篇[M]. 吴文清，姜欣译. 北京：中国人民大学出版社.

霍杰，蒋周文，杨洪青. 2011. 心理距离对跨国公司进入模式的影响[J]. 商业研究，（3）：54-60.

基坎 W J，格林 M C. 2005. 全球营销学[M]. 北京：中国人民大学出版社.

杰恩 S C. 2006. 国际营销案例[M]. 宋晓丹，等译. 北京：中国人民大学出版社.

津科特 M R，朗凯恩 I A. 2007. 国际市场营销学[M]. 曾伏娥，刘颖斐译. 北京：电子工业出版社.

李辉，姚丹，郭丽. 2013. 国际直接投资与跨国公司[M]. 北京：电子工业出版社.

李文陆. 2011. 国际市场营销学[M]. 杭州：浙江大学出版社.

李亚雄. 2010. 国际市场营销学[M]. 杭州：浙江大学出版社.

李亚雄，张启明，徐剑明. 2007. 国际市场营销学[M]. 杭州：浙江大学出版社.

卢森斯 F，多 J P. 2009. 国际企业管理文化、战略与行为[M]. 赵曙明，程德俊译. 北京：机械工业出版社.

鲁特 F R. 2005. 国际市场进入战略[M]. 古玲香译. 北京：中国人民大学出版社.

罗茜文. 2010. 华为的创新之路给中国通信企业带来的启示[J]. 移动通讯，（Z1）：13-16.

钱晋，钱钶，段珺. 2011. 国际市场营销学[M]. 南昌：江西高校出版社.

秦波. 2012. 国际市场营销学教程[M]. 北京：对外经济贸易大学出版社.

桑福德 L S，泰勒 D. 2008. 开放性成长 商业大趋势：从价值链到价值网络[M]. 刘曦译. 北京：东方
    出版社.

王朝辉. 2011. 国际市场营销学：原理与案例[M]. 大连：东北财经大学出版社.

王培志. 2002. 市场营销学案例教程[M]. 北京：经济科学出版社.

吴定祥. 2010. 企业文化整合：跨国并购中的一道难题[J]. 对外经贸实务，（5）：68-70.

吴晓云，焦勇兵. 2007. 国际市场进入模式研究：一种网络的观点[J]. 商业经济与管理，（6）：43-50.

徐楠，廖成林. 2012. 国际促销策略的本土化研究及启示[J]. 技术经济与管理研究，（6）：61-64.

闫国庆. 2007. 国际市场营销学[M]. 北京：清华大学出版社.

杨楠. 2008. 国际市场营销学[M]. 上海：立信会计出版社.

张静. 2010. 跨国公司伦理冲突与沟通：机制与方法[J]. 国际观察，（2）：65-72.

周雪光. 2003. 组织社会学十讲[M]. 北京：社会科学文献出版社.

Gulati R. 1999. Network location and learning：the influence of network resources and firm capabilities on alliance formation [J]. Strategic Management Journal，20(5)：397-420.

Jensen M. 2003. The role of network resources in market entry：commercial banks' entry into investment banking [J]. Administrative Science Quarterly，48(3): 466-497.

Johanson J，Mattsson L G. 1988. Internationalization in industrial systems：a network approach [A]//Hood N，Vahlne J E. Strategies in Global Competition. London：Croom Helm.

Ojala A. 2009. Internationalization of knowledge-intensive SMEs：the role of network relationships in the entry to a psychically distant market [J]. International Business Review，18：50-59.